한권 완벽대비

일본어 능력시험 N2

정현혁 · 사카이 마유미 공저

제이엔씨
Publishing Company

머리말

2010년 이후 개정된 일본어능력시험이 10년의 세월이 지나 지금은 일본어 학습자라면 누구나가 자신의 일본어 능력을 확인하기 위하여 이 시험에 응시하고 있다. 특히 한국에서는 일본 취업을 위한 최소한의 일본어 능력 조건이 일본어 능력시험 N2 레벨 이상이어서 일본어 능력시험 N2 시험이 더욱 중요시되고 있다. 이러한 흐름에 발맞추어 이번에는 일본어 능력시험 N1 대비서에 이어 일본어 능력시험 N2 대비서를 출판하게 되었다.

본서는 다른 기존의 한권으로 끝내는 일본어 능력시험서와 달리 "언어지식", "독해", "청해" 실전문제를 각각 4회에 걸쳐 집중적으로 풀어보고 그에 따른 세세한 해설을 통해서 실전감각을 익히는데 집중하였다. 또한 단어학습을 두어 일본어 능력시험 N2는 물론 N1까지 넓게 커버할 수 있도록 하였다. 이 밖에도 학습자들의 한자상식과 단어의 쓰임을 심화학습하는 의미에서 "한자 상식 퀴즈"와 "유의어 바르게 사용하기"란을 마련하였다. 구체적인 구성은 다음과 같다.

- 일본어 능력시험 N1,N2 문제유형파악 및 대비요령
- 실전 문제풀이(언어지식/독해/청해)
- 한자 상식 퀴즈
- 유의어 바르게 사용하기
- 단어학습
- 정답 및 해설

본서가 일본어 능력시험 N2 취득을 원하는 학습자들과 일본 취업희망자들에게 도움이 되기를 기대하며 내용에 대한 기탄없는 의견을 주기 바란다.

끝으로 본서가 출판되기까지 많은 배려와 노고를 아끼지 않으신 도서출판 제이앤씨의 윤석현 사장님께 이 자리를 빌어 심심한 감사의 말씀을 드린다.

2020년 8월
저자 씀

목 차

제1과   일본어 능력시험(JLPT) N1·N2의 문제유형파악 및 대비요령   5

제2과   **言語知識** 실전문제, 단어학습(동사Ⅰ)   31

제3과   **読解** 실전문제, 단어학습(동사Ⅱ)   41

제4과   **聴解** 실전문제, 단어학습(동사Ⅲ)   55

제5과   **言語知識** 실전문제, 단어학습(동사Ⅳ)   65

제6과   **読解** 실전문제, 단어학습(イ형용사)   77

제7과   **聴解** 실전문제, 단어학습(ナ형용사Ⅰ)   91

제8과   **言語知識** 실전문제, 단어학습(ナ형용사Ⅱ)   101

제9과   **読解** 실전문제, 단어학습(부사Ⅰ)   113

제10과   **聴解** 실선문세, 단어학습(부사Ⅱ)   127

제11과   **言語知識** 실전문제, 단어학습(명사Ⅰ)   137

제12과   **読解** 실전문제, 단어학습(명사Ⅱ)   149

제13과   **聴解** 실전문제, 단어학습(외래어)   163

부록   정답 및 해설   173

야마가타시(山形市)의 분쇼칸(文翔館)

일본어 능력시험(JLPT) N1 · N2의 문제유형파악 및 대비요령

학습목표

☐ 일본어능력시험(JLPT) 소개
☐ 일본어능력시험(JLPT) N2 실전문제풀이
☐ 일본어능력시험(JLPT) N1, N2 문제유형 파악 및 대비요령

일본어능력시험(JLPT) 소개

* 일본어 능력시험(JLPT)이란?

일본어 능력을 객관적으로 측정하여 공적으로 인정받는 제도를 요청하는 목소리가 일본어 학습자 사이에서 높아지자 이러한 요망에 부응하기 위하여 일본 국내 및 해외에서 일본어를 모국어로 하지 않는 사람을 대상으로 1984년부터 일본어능력시험(JLPT)을 실시하게 되었다. 이 시험이 2010년부터 새롭게 바뀌었는데 구체적인 내용은 다음과 같다.

1. 기존의 능력시험 1급에서 4급까지의 레벨이 한 단계 더 늘어나 5단계로 바뀌었으며 연 1회(12월)가 연 2회(7월, 12월)로 실시하게 되었다. 새로 신설된 N3은 기존의 능력시험 3급과 2급의 레벨차이를 보완하기 위한 것이다.

JLPT N1	합격라인은 기존시험과 거의 변함이 없지만 기존 1급보다 조금 더 높은 수준까지 측정할 수 있게됨.
JLPT N2	기존의 2급과 거의 비슷한 수준.
JLPT N3	기존의 2급과 3급 사이의 수준 (신설).
JLPT N4	기존의 3급과 거의 비슷한 수준.
JLPT N5	기존의 4급과 거의 비슷한 수준.

2. 매회 다른 난이도로 말미암아 발생하는 형평성 문제를 해결하기 위한 대책을 마련하였다.

3. 기존의 시험이 단순한 일본어에 대한 지식위주의 시험이었다면 새로운 시험은 실질적인 문제 해결능력을 묻는 문제를 중점으로 출제되었다.

4. 각 과목당 기준점수가 있으며 이것이 미달하면 총득점이 높아도 합격할 수 없는 과락제도가 도입되었다.

5. 종합득점에서 청해가 차지하는 비율이 기존의 4분의 1에서 3분의 1로 높아졌다.

	개정 전	개정 후
과목별 점수	400점 만점 문자/어휘(100점) 독해/문법(200점) 청해(100점)	180점 만점 언어지식(문자/어휘/문법)(60점) 독해(60점) 청해(60점) N4,N5는 언어지식(문자/어휘/문법)·독해(120점)·청해(60첨)

* 시험과목과 시험시간

레벨	시험과목(시험시간)		
N1	언어지식(문자/어휘/문법)/독해(110분)		청해(60분)
N2	언어지식(문자/어휘/문법)/독해(105분)		청해(50분)
N3	언어지식(문자/어휘)(30분)	언어지식(문법)/독해(70분)	청해(40분)
N4	언어지식(문자/어휘)(30분)	언어지식(문법)/독해(60분)	청해(35분)
N5	언어지식(문자/어휘)(25분)	언어지식(문법)/독해(50분)	청해(30분)

* 시험점수

레벨	배점구분	득점범위
N1	언어지식(문자/어휘/문법)	0~60
	독해	0~60
	청해	0~60
	종합배점	0~180
N2	언어지식(문자/어휘/문법)	0~60
	독해	0~60
	청해	0~60
	종합배점	0~180
N3	언어지식(문자/어휘/문법)	0~60
	독해	0~60
	청해	0~60
	종합배점	0~180
N4	언어지식(문자/어휘/문법)/독해	0~120
	청해	0~60
	종합배점	0~180
N5	언어지식(문자/어휘/문법)/독해	0~120
	청해	0~60
	종합배점	0~180

* 언어지식(문자/어휘/문법)/독해, 청해

1. 언어지식

1) 문자/어휘

問題 1　_____の言葉の読み方として最もよいものを、1・2・3・4から一つ選びなさい。

　1　地球全体が窮乏から脱し、暮らしが安定することが必要だ。

　　1 きゅうびつ　　　2 きゅうひつ　　　3 きょうぼう　　　4 きゅうぼう

問題 2　_____の言葉を漢字で書くとき最もよいものを、1・2・3・4から一つ選びなさい。

　2　就職のために、たくさんのしかくを取っておきたい。

　　1 視覚　　　　　　2 資格　　　　　　3 死角　　　　　　4 四角

問題 3　次の文の(　　　)に入れるのに最もよいものを、1・2・3・4から一つ選びなさい。

　3　今の仕事は楽しいが、収入は(　　　)安定だ。

　　1 欠　　　　　　　2 未　　　　　　　3 不　　　　　　　4 非

問題 4　次の文の(　　　)に入れるのに最もよいものを、1・2・3・4から一つ選びなさい。

　4　最近経済発展によって国民生活の(　　)が高くなった。

　　1 偏差　　　　　　2 水準　　　　　　3 標準　　　　　　4 基準

問題 5　_____の言葉に意味が最も近いものを、1・2・3・4から一つ選びなさい。

　5　今日は特別に授業時間をちぢめることにした。

　　1 拡大する　　　　2 短縮する　　　　3 蓄積する　　　　4 構築する

問題 6 次の言葉の使い方として最もよいものを、1・2・3・4から一つ選びなさい。

6　あながち

　1　彼はあながち約束の時間に現れる。

　2　隣りのおじさんはあながち留守だった。

　3　子供の意見があながちまちがっているとはいえない。

　4　晴れた日には、彼女はあながち散歩に出かけたりする。

2) 문법

問題 7 次の文の(　　　)に入れるのに最もよいものを、1・2・3・4から一つ選びなさい。

7　論文(　　　)、マニュアルは比較的平易な英語で書くべきである。

　1　で　　　　　　2　であろうと　　　　3　ではあるまいし　　　4　どころか

問題 8 次の文の＿＿＿＿＊＿＿＿に入れるのに最もよいものを、1・2・3・4から一つ選びなさい。

8　現代社会では＿＿＿＿＿＿　＿＿＿＿＿＿＿、＿＿＿＿＿＿＿　＿＿＿＊＿＿、防ぐもの、コントロールすべきものと考えられているきらいがある。

　1　視線　　　　　2　プライバシーと　　　　3　というと　　　　　4　結び付けられ

問題 9 次の文章を読んで、(　9　)から(　10　)の中に入るのに最もよいものを、1・2・3・4から一つ選びなさい。

　　恋に年齢はない。六十過ぎても、七十代八十代になっても、恋の情熱は変わらない。

　　若い人が聞いたら、「えっ、ウソー」と(　9　)かもしれない。わたしも若い頃は、老年の恋なんて、よっぽどの例外で、ウス気味がわるいとさえ思っていた。恋に年齢はない、というしぜんで当たりまえのことがわかっていなかった。自分が六十代になってみると、やっと実感でわかってきた。

　　いくつになっても、愛し愛されたいしぜんな欲求を失わないでいるかぎり、恋心は老化しない。

　　作家野上彌生子は、五十歳のとき日記に書いている。

　　「人間は決して本質的には年をとるものではない気がする。九十の女でも恋

は忘れないものではないであらうか」

　その通りだと思う。

　わたしが九十になって、たぶん体のあちこちに故障が出ているとしても、心は自由だ。

　(10)体がきかないぶん、心のはたらきは活発になり想念の世界がひろがって、プラトニックラヴの三昧境をたのしむことになるのでは?　九十まで長生きして、ボケないでいればの話だけれど。

　野上彌生子は、六十代後半に熱烈な恋をした。恋文を交わしてはっきりと相思相愛をたしかめあったのは、六十八歳のとき。

　人生の終りに近くなって、こういう日が訪れるとは夢にも考えたろうか、と彌生子が日記にしるしている大恋愛は、同い年の相手が亡くなるまで十年間続いた。

『婦人公論』1999.7.7による

9

1 目をまるくする　　2 目をほそめる　　3 目を三角にする　　4 目にする

10

1 ところで　　　　2 むしろ　　　　3 そこで　　　　4 そして

3) 독해

問題 10　次の文章を読んで、後の問いに対する答えとして最もよいものを、1・2・3・4から一つ選びなさい。

　JR中央線からオレンジ色の通勤形電車「201系」がまもなく姿を消しそうだ。1979(昭和54)年のデビュー以来、長年親しまれてきたが、今年3月末までに最新型のE233系が80編成688両投入され、お目にかかる機会がめっきり減った。JR東日本八王子支社などによると、中央線高架化工事の関係でしばらくは2~3編成残るが、塗装なしのステンレス製車両が首都圏通勤電車の大半を占める中、惜別の声が高まりそうだ。　　　　　　　　　　　　　　　　　　　　　　　　　　　　『産経新聞』による

11 JR中央線からオレンジ色の通勤形電車「201系」が姿を消すようになる理由はどれか。

1 オレンジ色の通勤形電車「201系」が人々から嫌われるようになったから。

2 中央線高架化工事の関係上、オレンジ色の通勤形電車「201系」が合わないから。

3 人々が塗装なしのステンレス製車両を好むから。

4 今年3月末までに最新型のE233系が80編成688両投入されるから。

問題 11 次の文章を読んで、後の問いに対する答えとして最もよいものを、1・2・3・4から一つ選びなさい。

　京都市教委は14日、市立小学校全179校の5、6年生以上を対象に、来年度から「英語活動」の授業時間を週1回の頻度で実施する方針を明らかにした。脱「ゆとり教育」を明確にした新しい学習指導要領(2011(平成23)年度から実施予定)が年35回の英語活動導入を定めているのを先取りしたもので、政令指定市では初めてという。

　市教委によると、全国でも学校単位で英語学習を取り入れる小学校が年々増えており、2006(平成18)年度はすでに全国で9割以上の小学校が5、6年生向けの英語学習を実施。市教委でもすでに2005(平成17)年度から、「総合的な学習の時間」を用いて全小学校で英語活動を導入。2007(平成19)年度は平均年22時間実施しているが、今回授業の回数を増やすことを決めた。

　増加された授業時間に対応するため、市教委は独自で教科書を用意したほか、英語活動用の教員研修も予定しているという。また、国から派遣される外国語指導助手(ALT)も活用し、授業の充実を図る予定という。

　市教委は「国際化が進展するなか、英語による日常会話や世界文化の理解がさらに重要となる。世界の京都として英語活動の導入を促進したい」としている。

『産経新聞』による

12 ①京都市教委は5、6年生以上を対象に、来年度から「英語活動」の授業時間を週1回の頻度で実施する方針を明らかにしたというが、そうした最も適当な理由はどれか。

1 京都市が政令指定市になっているから。

2 国際化の進展に伴い、英語による日常会話や世界文化の理解がさらに重要となった

から。

3 英語活動用の教員研修をするために。

4 国から派遣される外国語指導助手(ALT)を活用するために。

13 市教委で実施している内容としてあっているのはどれか。

1 2006年度から「総合的な学習の時間」を用いて全小学校で英語活動を導入してい
る。

2 増加された授業時間に対応するため、英語活動用の教員研修を行った。

3 増加された授業時間に対応するため、独自で教科書を用意した。

4 2007年度は英語学習を平均年35時間実施している。

問題 12 次の文章を読んで、後の問いに対する答えとして最もよいものを、1・2・3・4から一
つ選びなさい。

突然で恐縮だが、鳥肉を料理した経験がおありだろうか。普通の鳥肉なら、あと
で洗剤で洗わないと、脂で手がぬるぬるになる。ところが、素手で扱っても、あ
とは水洗いだけで十分という鳥がいる。

それだけ、脂分が少ないわけだが、それが、高知県で改良された①「土佐ジロー」
だ。小ぶりな殻の中に、大きな黄身の入った有精卵が、なかなかの評判だが、最
近では、肉のヘルシーさも注目されている。

最初にその名を聞いた時には、なぜタローでなくてジローなんだろうと、不思議
に思ったものだった。だが、聞いてみると、土佐の地鳥とロードアイランド種の
掛けあわせなので、「ジロー」と命名されたのだという。そうか、次男坊の意味で
はなかったのかと、変な所で感心してしまった。

②そのジローが、空を飛ぶことになった。といっても、羽根を使って飛ぶわけ
ではない。ジローにはかわいそうだが、冷凍肉となって、飛行機でパリに飛ぶこ
とになったのだ。つれあいとして、高知の赤牛も一緒に飛ぶ。

この赤牛は、文字通り赤毛の牛で、県内には、五千頭近くが飼育されているが、
松阪を代表に、まったりとした肉が評価される、和牛の世界では、長い間悲哀を
かこってきた。が、これもまた、脂肪の少ないヘルシーさで、名誉回復のチャン
スを迎えている。

こうして、ジローと赤牛がパリに飛ぶきっかけを作ったのは、高知市内のホテルのシェフだった。土佐のいごっそうを絵に描いたような、良き頑固さを持った彼は、古里の食材にこだわってきた。そのあげく、土佐ジローと赤牛をパリに持ちこんで、本場の人達に、土佐のフランス料理を味わってもらいたいと、思いたったのだ。

　鳥が飛ぶ、牛が飛ぶといえば、シャガールの絵の中にも、動物や花束が空に浮かぶような、幻想的な構図がよく出てくる。考えてみれば、わが県立美術館は、シャガールの版画のコレクションで知られているし、作品の中には、土佐和紙を画材に使ったものもある。それならば、こんなご縁もこじつけられるのではないかと、鳥や牛が空を飛ぶ計画を聞きながら、ふと思いついた。

　ただ、相手も名だたる農業国だから、日本から食材を持ちこむ話が、そう簡単に進むわけもない。そのうちに、この話も、頭の中からすっかり消えていた。

　九月二十四日の夜から、翌二十五日の未明にかけてのことだった。高知市を中心に、記録的な集中豪雨に見舞われた。あろうことか、県立美術館まで水につかってしまったのだ。幸い、シャガールの作品は事なきを得たが、一階に展示されていた県民の作品が、被害を受けた。

　結果的に、二万二千棟以上が水につかるという、県庁所在地としては、神戸以来の災害になった。浸水被害だから、水が引いてしまうと、見た目は落ちつきを取り戻す。だが、高齢社会の中での災害だけに、被災された、一人暮しのお年寄りの心のケアなど、残された課題は数多い。

　こうして、災害への対応に追われていた先月の初め、くだんのシェフが知事室に現れた。フランス駐在の松浦大使が、パリの公邸で、土佐ジローと赤牛によるフランス料理の夕べを催して下さることになったというのだ。あわせて、淡麗辛口が売り物の土佐の日本酒も、振る舞われるという。

　それでは、早速試食会をということになって、ジローの育ての親のお百姓さんや畜産の専門家、それに、パリに同行して下さる、料理研究家の本間千枝子さんらが顔を揃えた。ジローも赤牛も、自然の中で育っているから、ヘルシーの面は（　③　）だ。ただ、それだけに、ぱさついた感じを与えないための工夫が、大切になる。「つなぎに卵を使ったら」とか、「冷凍で持ちこむから、それを計算にいれないと」と、暖かいアドバイスが飛ぶ。

　僕も何か言わないとと思って、ジローの肉は、なぜ、普通の鳥肉とは歯ごたえが

違うのかを聞いてみた。それは、飼育の期間が長いからという答えだったので、「老化しているってことですか」と口を滑らせたら、「違います。熟成していると言って下さい」と、たしなめられてしまった。

　水害の後遺症をかかえる中で、④こうした明るい話題は嬉しい。難をのがれた、県立美術館のシャガールの絵の中に、鳥や牛ならぬ、「空を駆けるロバ」という作品がある。一九一〇年に、彼が、パリに出て初めて描いた油絵で、出世作の一つと言われるものだ。

　パリの大使公邸での晩餐会には、フランス政府の要人もお見えになるという。この文が、読者の皆さんの目にとまる頃には、すでに結果は出ているが、「空を駆けるロバ」と同じ様に、空を駆ける土佐ジローと高知の赤牛が、土佐のフランス料理の、出世作になることを願っている。

橋本大二郎「空を飛ぶ鳥と牛」『文藝春秋』12月号による

14　①「土佐ジロー」と呼ばれたのはなぜか。

1　土佐にはジローという名前の人が多いから。

2　土佐の地鳥とロードアイランド種の掛けあわせの意味で。

3　小ぶりな殻の中に、大きな黄身の入った有精卵がみごとだから。

4　肉のヘルシーさが注目されているから。

15　②「そのジローが、空を飛ぶことになった」とは、どういう意味か。

1　病気で飛べなかったジローが飛ぶようになった。

2　ジローがグライダーに乗って飛ぶようになった。

3　ジローが特別訓練をうけて空を飛ぶようになった。

4　冷凍肉となって、飛行機でパリに飛ぶことになった。

16　（　③　）に入る最も適当な言葉はどれか。

1　お裾分け　　　　　2　お墨付き　　　　　3　お手上げ　　　　　4　お澄まし

17　④こうした明るい話題とは、どういう話題なのか。

1　集中豪雨の中でもシャガールの作品は何の被害も受けなかったこと。

2　お年寄りが浸水の被害から落ちつきを取り戻したこと。

3 高知市内のホテルのシェフによって土佐ジローと赤牛がパリにまで渡って知られ
るように　なったこと。

4 県立美術館のシャガールの絵の中に「空を駆けるロバ」という作品があること。

18 文章の内容とあっているものはどれか。

1　筆者は土佐ジローと高知の赤牛が、土佐のフランス料理の出世作になることを
願っている。

2 パリの公邸でのフランス料理の夕べでは、土佐ジローと赤牛だけが登場する予定
だ。

3 土佐ジローを料理してから洗剤で洗わないと、脂で手がぬるぬるになる。

4 土佐ジローが普通の鳥肉と歯ごたえが違うのは、老化しているからだ。

問題 13 次のAとBの意見文を読んで、後の問いに対する答えとして最もよいものを、1・2・
3・4から一つ選びなさい。

A

ふるさと納税には賛成したくない。日本では長年中央官庁が権限を握って
いて、東京の大企業が圧倒的に有利な条件のもとで経済の仕組みができている
から、言葉は悪いが「合法的奴隷制」によって地方には金が流れにくい社会が築
かれてしまっているから問題ですなあ。

公共事業だって実際につくってるのは地場のゼネコンなのに、ちょっとし
た規模になると鹿島、竹中、清水、大成とかが乗り込んでくる。実際につくっ
てるのは下請けなのに。まあ役人と癒着しているんですな。他の産業でも(テ
レビとかもね)、こうした不公正なことをしている限り、「地方は自分で稼げ」
と言っても、ちょっと説得力に欠けるとおもう。法人税を還流させるのではな
く、その地方の消費税をその地方に使わせるって方がいいような気もするがど
う?

B

賛成。地方では、出産や育児、学費などなど、子供に対して税金から様々
な補助をしている。しかし大人になって納税してもらえる歳になってから都会

へ行かれてしまうと、いわゆる育て損になってしまう。

　子供の頃に補助をした自治体が、大人になってからの納税を受け取るのが筋。いっそ、出産から学費その他、一人の子供が大人になるまでどれだけの補助金が掛かったか、毎年集計して記録してみたらどうだろう。その補助金がマイナスの間は、負担した地方へ納税して返す。

　掛かった補助金を返し終わったら、都市でもどこでも、住んでいる地域に納税するようにすればいい。

19　ふるさと納税について、Bが賛成する最もふさわしい理由はどれか。

1　地方には金が流れにくくなっているから。

2　地方がその地方の子供に税金を使って多様な補助をしているから。

3　東京の大企業が圧倒的に有利な条件のもとで経済の仕組みができているから。

4　地方でどれほど子供に補助金をかけたか集計して記録するために。

20　AとBの二つの文章を以下のようにまとめる場合①と②に入るものの組み合わせとして適切なのはどれか。

「Aの筆者は（　①　）と考えているが、Bの筆者は（　②　）と考えている。」

1　①　ふるさと納税は慎重におこなうべきだ

　　②　ふるさと納税には無理がある

2　①　法人税を還流させるべきだ

　　②　補助金を毎年集計して記録すべきだ

3　①　当然ふるさと納税すべきだ

　　②　地方の消費税をその地方に使わせるべきだ

4　①　経済の仕組み上、地方は自分で稼ぐことがむずかしい

　　②　地方が補助したから納税すべきだ

問題 14　次の文章を読んで、後の問いに対する答えとして最もよいものを、1・2・3・4から一つ選びなさい。

　コンピュータの2000年問題ということが、言われはじめて久しいけれど、何が起こるかは、結局当日にならないと100パーセントはわからないらしい。

<u>私は、この際、何かが起こったらいいんじゃないかと思う。</u>人命にかかわらない範囲であれば、なるべく困ってしまうようなことが、あっちでもこっちでもバンバン発生して、日本じゅうで「とほほー」と新年の幕が開くというのも、悪くないんじゃないか、と。

　やじうま根性でも、いじわるでもなく、何かが起こるということは、何かを考えるきっかけになる、と思うから。とくに子どもたちにとって、電気のない夜、電話のつながらない一日、テレビが見られない日々、水の出ない洗面所……なんていうのは、②実に困ったことだけれど、実は新鮮なことでもあるのではないだろうか。

　私自身、幼いころ、停電の夜というのは、ちょっと怖いけれど、家族でいれば、それはそれでとわくわくするものだった。外を見ると、街灯はもちろん、家々の明かりもみんな消えて真っ暗。「夜って暗いんだあ」と、しみじみ思った。ろうそくの周りに集まると、きまって母が、昔の台風の話をする。

　「お父さんはね、台風で隣の家の瓦が飛んでいるっていうのに、部屋の隅で本を読んでいたのよ。信じられる？」「しょうがないじゃないか、じたばたしたって。それより、お母さんこそ、天の神様に祈りを捧げたりして、ヘンだったよ、あはは」そんな会話がなされるうちに、ぱあっと電気がついたときの、心のなかまで照らされるような眩しさ。でも一方で、ろうそくのゆらゆらした炎や、父と母とにくっついて守られている感じも、悪くなかったなあと思ったりする。

　最近は停電も少なくなって、部屋でろうそくを灯すといえば、ムードのためと思っている若い人も多いらしい。そんな昨今だからこそ、2000年を迎えるにあたっては、文明の利器のすべてがストライキを起こすというのも、悪くないのではないだろうか。

　某所の大停電があってから約八ヶ月後には、ちょっとしたベビーブームがあったというのは、とてもいい話だと思う。世紀末の停電や断水や、その他のさまざまな困ったことも、意外な展開を見せてくれるかもしれない。

　なによりも、すべてをあたりまえだと感じている子どもたちに、すべては決してあたりまえなんかじゃないことを、身をもって理解してもらえる、絶好のチャンスだろう。

　二十一世紀も終わりに近づいて、彼らが人生を振り返ったとき、「あのときは、ひどかった。でも実は、ちょっとわくわくしてたんだ。月の明るさを、初めて感

じた体験だったなあ」──たとえばそんなふうに思い出されれば、なかなか素敵な世紀末といえるのではないだろうか。

俵万智(たわらまち)「二十一世紀の子どもたちへ」『小説すばる』1月号によ

21　筆者が、①のような考え方を持つようになった最も適切な理由は何なのか。

1 やじうま根性をもっているから。

2 停電の夜の思い出を持っているから。

3 何かが起こることが楽しいと思ったから。

4 何かを考えるきっかけになると思ったから。

22　②の実に困ったことに入らないことは何なのか。

1 夜なのに電気のないこと。

2 電話のつながらないこと。

3 楽しく遊べる公園のないこと。

4 テレビの見られない日々があること。

23　筆者が、21世紀を迎える子供たちに、最も望んでいることは何なのか。

1 筆者のような停電を経験してほしい。

2 筆者のようにやじうま根性をもってほしい。

3 コンピュータの2000年問題を100％分かってほしい。

4 すべてがあたりまえじゃないことを身をもって理解してほしい。

問題 15 次のページは、「第35回こども絵画コンクール」の案内である。松本君は、今回このコンクールに応募しようと思っている。下の問いに対する答えとして最もよいものを、1・2・3・4から一つ選びなさい。

24　中学生である松本君が応募に注意すべきものではないものはどれか。

1 応募する時は、一人一点ずつであること。

2 中学生はCG部門のみ応募ができること。

3 応募作品が展示される時があるということ。

4 専用の応募画用紙に絵を描かないといけないこと。

25 中学生である松本君に該当するものはどれか。

1 CG部門の作品制作につきましては、画像の2次使用をしないこと。

2 A4サイズの用紙に絵を書くこと。

3 小学生も参加できるということ。

4 コンピュータの機種・ソフトに注意すること。

第35回　こども絵画コンクール

| テーマ | ドキドキ！わくわく！

【保護者さまへ】

未来を担うこどもたちの心豊かな成長をお手伝いしたい。そんな思いから生まれた「こども絵画コンクール」は、今年で35回目を迎えました。過去34年間で応募総数は977万点を超え、ルーヴル美術館での展示も12年目を迎えます。こどもたちの感性がのびのびと育ってくれることを願って…今年もたくさんのご応募をお待ちしています。

| 資　格 | 幼児・小学生・中学生(中学生はＣＧ部門のみ)

| 部　門 |
- 幼児0才～4才部門
- 幼児5才～6才部門 (未就学児童)
- 小学校1・2年生部門
- 小学校3・4年生部門
- 小学校5・6年生部門
- ＣＧ(コンピュータグラフィックス)部門※

※〔ＣＧ部門は幼児・小学生・中学生が対象です。〕

| 応募方法 | 専用の応募画用紙に絵を描き、スミセイメイトにお渡しください。ＣＧ部門についてはA4サイズの用紙に出力し、専用の応募画用紙に貼ってください。

(機種・ソフトは問いません。データでの応募はご遠慮ください。)

| その他 |
1. 応募作品はご本人のもので、未発表のもの1人1点に限ります。
2. 応募作品の著作権は応募者にありますが、使用権は主催者が保有します。
3. 当社関係者の応募の制限はしません。厳正な審査を行います。
4. ＣＧ部門の作品制作につきましては、画像の2次使用はご遠慮ください。
5. 応募作品を展示する場合があります。予めご了承ください。

2. 청해

問題 1

この問題では、まず質問を聞いてください。それから話を聞いて、問題用紙の1から4の中から、最もよいものを一つ選んでください。

1番
1 水曜日の午後
2 火曜日の午後
3 木曜日の午後
4 水曜日の午前

問題 2

この問題では、まず質問を聞いてください。そのあと、問題用紙のせんたくしを読んでください。読む時間があります。それから話を聞いて、問題用紙の1から4の中から、最もよいものを一つ選んでください。

1番
1 23万円
2 13万円
3 10万円
4 7万円

問題 3

この問題では、問題用紙に何も印刷されていません。この問題は全体としてどんな内容かを聞く問題です。話の前に質問はありません。まず話を聞いてください。それから質問とせんたくしを聞いて、問題用紙の1から4の中から、最もよいものを一つ選んでください。

―メモ―

問題 4

　　この問題では、問題用紙に何も印刷されていません。まず文を聞いてください。それから、その返事を聞いて、1から3の中から、最もよいものを一つ選んでください。

—メモ—

問題 5

　　この問題では、長めの話を聞きます。この問題には練習はありません。メモをとってもかまいません。まず話を聞いてください。それから二つの質問を聞いて、それぞれ問題用紙の1から4の中から、最もよいものを一つ選んでください。

1番
質問1
1　アサツキ
2　タッポロ
3　カントリー
4　ヒリンビガー

質問2
1　アサツキ
2　タッポロ
3　カントリー
4　ヒリンビガー

일본어능력시험(JLPT) N1, N2 문제유형 파악 및 대비요령

* 일본어능력시험(JLPT) N1, N2 문제유형 파악

1) 일본어 능력시험(JLPT) N1유형

시험과목		유형	문항수
언어 지식 · 독해 (110분)	문자 · 어휘	문제1. 한자읽기문제	6
		문제2. 문맥에 맞는 적절한 어휘 고르는 문제	7
		문제3. 주어진 어휘와 비슷한 의미의 어휘를 찾는 문제	6
		문제4. 제시된 어휘의 의미가 올바르게 쓰였는지를 묻는 문제	6
	문법	문제5. 문장의 내용에 맞는 문형표현 즉 기능어를 찾아서 넣는 문제	10
		문제6. 나열된 단어를 의미에 맞게 조합하는 문제	5
		문제7. 글의 흐름에 맞는 문법 찾아내기 문제	5
	독해	문제8. 단문(200자 정도) 이해	4
		문제9. 중문(500자 정도) 이해	9
		*문제10.장문(1000자 정도) 이해	4
		문제11.같은 주제의 두가지 이상의 글을 읽고 비교통합이해	3
		*문제12.장문(1000자 정도의 논평 등) 이해	4
		문제13.700자 정도의 글 읽고 필요한 정보 찾기	2
청해 (60분)		문제1. 과제해결에 필요한 정보를 듣고 나서 무엇을 해야하는지 찾아내기	6
		문제2. 대화나 혼자 말하는 내용을 듣고 포인트 파악하기	7
		문제3. 내용전체를 듣고 화자의 의도나 주장을 이해	6
		문제4. 짧은 문장을 듣고 그에 맞는 적절한 응답 찾기	14
		문제5. 다소 긴 내용을 듣고 복수의 정보를 비교통합 하면서 내용 이해하기	4

*: N2와 다른 유형

2) 일본어 능력시험(JLPT) N2유형

시험과목		유형	문항수
언어 지식 · 독해 (105분)	문자 · 어휘	문제1. 한자읽기문제	5
		*문제2. 한자쓰기문제	5
		*문제3. 파생어와 복합어를 묻는 문제	5
		문제4. 문맥에 맞는 적절한 어휘 고르는 문제	7
		문제5. 주어진 어휘와 비슷한 의미의 어휘를 찾는 문제	5
		문제6. 제시된 어휘의 의미가 올바르게 쓰였는지를 묻는 문제	5
	문법	문제7. 문장의 내용에 맞는 문형표현 즉 기능어를 찾아서 넣는 문제	12
		문제8. 나열된 단어를 의미에 맞게 조합하는 문제	5
		문제9. 글의 흐름에 맞는 문법 찾아내기 문제	5
	독해	문제10. 단문(200자 정도) 이해	5
		문제11. 중문(500자 정도) 이해	9
		문제12. 같은 주제의 두가지 이상의 글을 읽고 비교통합이해	2
		*문제13. 장문(900자 정도) 이해	3
		문제14. 700자 정도의 글 읽고 필요한 정보 찾기	2
청해 (50분)		문제1. 과제해결에 필요한 정보를 듣고 나서 무엇을 해야하는지 찾아내기	5
		문제2. 대화나 혼자 말하는 내용을 듣고 포인트 파악하기	6
		문제3. 내용전체를 듣고 화자의 의도나 주장을 이해	5
		문제4. 짧은 문장을 듣고 그에 맞는 적절한 응답 찾기	12
		문제5. 다소 긴 내용을 듣고 복수의 정보를 비교통합 하면서 내용 이해하기	4

*: N1와 다른 유형

1. 언어지식(문자/어휘/문법) · 독해(N1 : 71문제/N2 : 75문제)

1) 문자/어휘

● 문제 1 유형: 한자읽기문제(N1 : 6문제/N2 : 5문제)

問題 1 ＿＿＿＿の言葉の読み方として最もよいものを、1・2・3・4から一つ選びなさい。

| 1 | 地球全体が窮乏から脱し、暮らしが安定することが必要だ。

1 きゅうびつ　2 きゅうひつ　3 きょうぼう　4 きゅうぼう

> **정답**　4
>
> **해설**　きゅうぼう : 窮乏 궁핍.
> きょうぼう : 凶暴 흉폭. 共謀 공모. 狂暴 광폭.
> くらし : 暮らし 생활.
> あんてい : 安定 안정.
> 지구 전체가 궁핍에서 탈피해 생활이 안정되는 것이 필요하다.

● 문제 2 유형: 한자쓰기문제(N1 : 없음/N2 : 5문제)

問題 2 ＿＿＿＿の言葉を漢字で書くとき最もよいものを、1・2・3・4から一つ選びなさい。

| 2 | 就職のために、たくさんのしかくを取っておきたい。

1 視覚　　　　　2 資格　　　　　3 死角　　　　　4 四角

> **정답**　2
>
> **해설**　視覚(しかく) : 시각.
> 資格(しかく) : 자격.
> 死角(しかく) : 사격할 수 없는 범위.
> 四角(しかく) : 사각.
> 취직을 위해서 많은 자격증을 따 두고 싶다.

● 문제 3 유형: 파생어와 복합어를 묻는 문제(N1 : 없음/N2 : 5문제)

問題 3 次の文の(　　　)に入れるのに最もよいものを、1・2・3・4から一つ選びなさい。

| 3 | 今の仕事は楽しいが、収入は(　　　)安定だ。

1 欠　　　　　2 未　　　　　3 不　　　　　4 非

● 문제 4 유 형: 문맥에 맞는 적절한 어휘 고르는 문제(N1:7문제/N2:7문제)

問題 4 ( )に入れるのに最もよいものを、1・2・3・4から一つ選びなさい。

4 最近経済発展によって国民生活の_____が高くなった。

   1 偏差   2 水準   3 標準   4 基準

정답	2
해설	예) 최근 경제발전에 의해 국민생활의 수준이 높아졌다.

● 문제 5 유형: 주어진 어휘와 비슷한 의미의 어휘를 찾는 문제(N1:6문제/N2:5문제)

問題 5 _____の言葉に意味が最も近いものを、1・2・3・4から一つ選びなさい。

5 今日は特別に授業時間をちぢめることにした。

   1 拡大する   2 短縮する   3 蓄積する   4 構築する

정답	2
해설	예) 오늘은 특별히 수업시간을 단축하기로 했다.
	1. かくだいする(拡大する) : 확대하다.
	2. たんしゅくする(短縮する) : 단축하다.
	3. ちくせきする(蓄積する) : 축적하다.
	4. こうちくする(構築する) : 구축하다.

● 문제 6 유형: 제시된 어휘의 의미가 올바르게 쓰였는지를 묻는 문제(N1:6문제/N2:6문제)

問題 6 次の言葉の使い方として最もよいものを、1・2・3・4から一つ選びなさい。

6 あながち

   1 彼はあながち約束の時間に現れる。

   2 隣りのおじさんはあながち留守だった。

   3 子供の意見があながちまちがっているとはいえない。

   4 晴れた日には、彼女はあながち散歩に出かけたりする。

> **정답** 3
>
> **해설** 強ち(あながち) : [아래에 부정의 말을 수반하여]반드시
> 1. 그는 반드시 약속 시간에 나타난다.
> 2. 옆집 아저씨는 반드시 계시지 않는다.
> 3. 어린 아이의 의견이 반드시 틀리다고는 말할 수 없다.
> 4. 맑은 날에 그녀는 반드시 산책을 나가거나 한다.

2) 문법

● 문제 7 유형: 문장의 내용에 맞는 문형표현 즉 기능어를 찾아서 넣는 문제(N1 : 10문제/N2 : 12문제)

問題 7 次の文の(　　　　)に入れるのに最もよいものを、1・2・3・4から一つ選びなさい。

[7] 論文＿＿＿＿＿＿＿、マニュアルは比較的平易な英語で書くべきである。

1 で　　　　　　　　　　　　　　　　2 であろうと

3 ではあるまいし　　　　　　　　　　4 どころか

> **정답** 3
>
> **해설** であろうと : －이라도
> ではあるまいし : －도 아니고
> どころか : －는 커녕
> 논문도 아니고 매뉴얼은 비교적 평이한 영어로 써야만 한다.

● 문제 8 유형: 나열된 단어를 의미에 맞게 조합하는 문제(N1 : 5문제/N2 : 5문제)

問題 8 次の文の＿＿＿＿ ＊ ＿＿＿＿に入れるのに最もよいものを、1・2・3・4から一つ選びなさい。

[8] 現代社会では＿＿＿＿ ＿＿＿＿、＿＿＿＿ ＿＿＊＿、防ぐもの、コントロールすべきものと考えられているきらいがある。

1 視線　　　　　　　　　　　　　　　2 プライバシーと

3 というと　　　　　　　　　　　　　4 結び付けられ

> **정답** 4
>
> **해설** きらいがある : －경향이 있다.
> 현대사회에서 시선하면 프라이버시와 결합되어 막는 것, 컨트롤 해야만 하는 것이라고 생각되는 경향이 있다.

問題 9 次の文章を読んで、(9)から(10)の中に入るのに最もよいものを、1·2·3·4か
ら一つ選びなさい。

恋に年齢はない。六十過ぎても、七十代八十代になっても、恋の情熱は変
わらない。

若い人が聞いたら、「えっ、ウソー」と(9)かもしれない。わたしも若い頃
は、老年の恋なんて、よっぽどの例外で、ウス気味がわるいとさえ思ってい
た。恋に年齢はない、というしぜんで当たりまえのことがわかっていなかっ
た。自分が六十代になってみると、やっと実感でわかってきた。

いくつになっても、愛し愛されたいしぜんな欲求を失わないでいるかぎ
り、恋心は老化しない。

作家野上彌生子は、五十歳のとき日記に書いている。

「人間は決して本質的には年をとるものではない気がする。九十の女でも恋
は忘れないものではないであらうか」

その通りだと思う。

わたしが九十になって、たぶん体のあちこちに故障が出ているとしても、
心は自由だ。

(10)体がきかないぶん、心のはたらきは活発になり想念の世界がひろがっ
て、プラトニックラヴの三昧境をたのしむことになるのでは？ 九十まで長生
きして、ボケないでいればの話だけれど。

野上彌生子は、六十代後半に熱烈な恋をした。恋文を交わしてはっきりと
相思相愛 をたしかめあったのは、六十八歳のとき。

人生の終りに近くなって、こういう日が訪れるとは夢にも考えたろうか、
と彌生子が日記にしるしている大恋愛は、同い年の相手が亡くなるまで十年間
続いた。

「婦人公論」1999.7.7号

---

9   答：1

1 目をまるくする   2 目をほそめる   3 目を三角にする   4 目にする

10 答 : 2

1 ところで   2 むしろ   3 そこで   4 そして

해석

사랑에는 나이가 없다. 60이 넘어도, 70대,80대가 되어도 사랑의 열정은 변하지 않는다.

젊은 사람이 듣는다면 「그게 정말...」이라고 하면서 놀라 눈을 동그랗게 뜰 지도 모른다. 나도 젊었을 때는 노년의 사랑 따위 전적으로 예외적인 것으로 왠지 기분 나쁠 정도로 까지 여겨왔다. 사랑에 나이가 없다고 하는 자연스럽고 당연한 것을 몰랐었다. 내 자신이 60대가 되어서야 겨우 실감함으로써 알게 되었다.

몇 살이 되어도 사랑하고 사랑 받고 싶은 자연스러운 욕구를 잃어버리지 않는 한 사랑하는 마음은 노화하지 않는다.

작가 노가미 미오코는 50살 때의 일기에 쓰고 있다. 「인간은 결코 본질적으로는 나이를 드는 것이 아닌 것 같은 생각이 든다. 90세인 여인이라도 사랑은 잊지 않는 것은 아닐까」

그렇다고 생각한다. 내가 90이 되어, 아마도 몸의 여기저기가 망가져 있다고 하더라도, 마음은 자유다. 오히려 몸이 말을 안 듣는 만큼 마음의 활동은 활발하게 되어 상념의 세계가 넓어져, 플라토닉 러브 삼매경을 즐기게 되는 것은 아닌지? 90살까지 살아 치매에 걸리지 않았을 때의 이야기이지만

노가미 미오코와 60대 후반에 열렬한 사랑을 했다. 연애편지를 주고받고 확실하게 서로 사모하고 사랑했던 것이 68세때의 일.

인생의 끝이 가까워지면서 이러한 날이 오리라고는 꿈에서라도 생각했겠는가 라고 미오코가 일기에 기록하고 있는 대연애는 같은 나이의 상대가 죽을 때까지인 10년간 계속되었다.
부인공론 1999년 7월7일에 의함

해설   目をまるくする : 놀라서 눈을 동그랗게 뜨다.

目をほそめる : 기쁘거나 귀여운 것을 보고 웃음짓다.

目を三角にする : 눈을 부라리다.

目にする : 보다.

そうしそうあい(相思相愛) : 서로 사모하고 사랑함.

---

3) 독해

- 문제 10 유형 : 단문(200자 정도) 이해(N1 : 4문제/N2 : 5문제)

- 문제 11 유형 : 중문(500자 정도) 이해(N1 : 9문제/N2 : 9문제)

- 문제 12 유형 : 장문(1000자 정도) 이해(N1 : 4문제/N2 : 3문제)

- 문제 13 유형 : 같은 주제의 두가지 이상의 글을 읽고 비교통합이해(N1 : 3문제/N2 : 2문제)

- 문제 14 유형 : 장문(1000자 정도의 논평 등) 이해(N1 : 4문제/N2 : 없음)

- 문제 15 유형: 700자 정도의 글 읽고 필요한 정보 찾기(N1:2문제/N2:2문제)

2. 청해(N1:37문제/N2:32문제)

- 문제 1 유형: 필요한 정보를 듣고 나서 무엇을 해야하는지 찾아내기(N1:6문제/N2:5문제)

- 문제 2 유형: 대화나 혼자 말하는 내용을 듣고 포인트 파악하기(N1:7문제/N2:6문제)

- 문제 3 유형: 내용전체를 듣고 화자의 의도나 주장을 이해(N1:6문제/N2:5문제)

- 문제 4 유형: 짧은 문장을 듣고 그에 맞는 적절한 응답 찾기(N1:14문제/N2:12문제)

- 문제 5 유형: 다소 긴 내용을 듣고 복수의 정보를 비교통합하여 내용 이해(N1:4문제/N2:4문제)

* 일본어능력시험(JLPT) N1, N2 대비요령

1. 문자, 어휘, 문법 문제는 수험자 자신이 자신이 있는 문제 유형부터 풀어가는 것이 좋다. 특별히 자신이 있는 유형이 없는 경우 순서대로 풀어가는 것을 권장한다.

2. 문법문제 중에 지문이 긴 [글 흐름에 맞는 문법 찾아내기]문제는 지문을 읽는 시간이 걸리므로 언어지식 문제 중 가장 나중에 푸는 것이 바람직하다.

3. 독해문제는 지문이 짧은 문제부터 풀어가는 것이 효율적이다.

4. 청해문제는 문제유형의 성격을 명확히 파악한 후 문제 지시에 따라 풀이해 갈 필요가 있다. 특히 회화문 중에 숫자나 요일, 위치 등이 나올 경우는 시험지에 메모를 해 두면 문제 풀이에 도움이 된다.

5. 청해문제의 회화문은 속단하지 말고 끝까지 듣고 답을 선택해야만 한다.

6. 일본어능력시험(JLPT) N1, N2에 자주 등장하는 단어는 사전에 학습해 놓을 필요가 있다.

제2과

야마가타시(山形市)의 도호쿠분쿄다이가쿠(東北文教大学)

言語知識 실전문제,
단어학습(동사Ⅰ)

학습목표

□ 일본어 능력시험 N2의 言語知識 문제풀이와 해설강의
□ 단어학습(동사Ⅰ)

1. 言語知識(文字)

問題 1 _____の言葉の読み方として最もよいものを1・2・3・4から一つ選びなさい。

1　人の手によって書かれた文字には一人ひとり特徴があり、筆跡からその人の性格
　　もわかるそうだ。
　　1 そくせき　　　　2 ふであと　　　　3 ひっせき　　　　4 ひつあと

2　首相は今日午前、アメリカやフランスなど欧米6カ国を歴訪に出発した。
　　1 おうべい　　　　2 くべい　　　　　3 くまい　　　　　4 おべい

3　結局、彼は派閥争いの泥沼にはまり込んだ。
　　1 どろまぬ　　　　2 どろまみれ　　　3 どろいけ　　　　4 どろぬま

問題 2 _____の言葉を漢字で書くとき、最もよいものを1・2・3・4から一つ選びなさい。

4　今日は朝から雲行きがあやしいと思っていたが、案の定、夕方になってふぶきに
　　なった。
　　1 風吹　　　　　　2 吹雪　　　　　　3 風雨　　　　　　4 粉雪

5　上司のきげんをとってばかりいる人は必ずどこかで失敗するものだ。
　　1 紀元　　　　　　2 気元　　　　　　3 機嫌　　　　　　4 危言

6　あのけんか以来、彼女とは連絡をたったままだ。
　　1 建った　　　　　2 絶った　　　　　3 経った　　　　　4 立った

한자 상식 퀴즈

* 다음의 히라가나 표기에 알맞은 한자표기는 어느 쪽?

1) しゅくしょう

   ① 縮小   ② 縮少

2) あぶらあせ

   ① 油汗   ② 脂汗

* 다음의 한자표기어를 올바로 읽은 것은 어느 쪽?

1) 隠れ家

   ① かくれや   ② かくれが

2) 市井

   ① しい   ② しせい

問題 3 (　　　　)に入れるのに最もよいものを1・2・3・4から一つ選びなさい。

7 昨日発表された新製品の発売に関して、問い(　　　)が殺到した。
1 返し　　　　　2 直し　　　　　3 掛け　　　　　4 合わせ

8 僕は、先日仕事で取り(　　　)のつかないミスをしてしまった。
1 返し　　　　　2 込み　　　　　3 入れ　　　　　4 組み

問題 4 (　　　　)に入れるのに最もよいものを1・2・3・4から一つ選びなさい。

9 申し訳ありません。電話が(　　　)ようなので、もう一度かけ直します。
1 悪い　　　　　2 遠い　　　　　3 にくい　　　　　4 難しい

10 災害の際の政府の(　　　)が適切だったかが問われている。
1 応対　　　　　2 応答　　　　　3 対応　　　　　4 呼応

問題 5 _____の言葉に意味が最も近いものを1・2・3・4から一つ選びなさい。

11 会議の途中でいきなり意見を求められて、とまどった。
1 やはり　　　　2 突然　　　　　3 早速　　　　　4 いちいち

12 彼は面倒な仕事は全部私に押し付ける。
1 平凡な　　　　2 重要な　　　　3 難しい　　　　4 厄介な

問題 6　次の言葉の使い方として 最もよいものを1・2・3・4から一つ選びなさい。

13　もったいない

1　まだ使えるのに捨ててしまうのはもったいない。

2　彼女はもったいない人に助けてもらった。

3　そこまでしてもらったら、もったいないばかりです。

4　当選できなくて、とてももったいないです。

14　あいにく

1　あいにく台風も去っていいお天気になりました。

2　彼はあいにくの事故で入院しているそうです。

3　部長はあいにく出張しておりまして、来週にならないと戻りません。

4　その日はあいにくスケジュールがあいているので大丈夫です。

유의어 바르게 사용하기

「あがる」・「のぼる」

| 기본의미 |

낮은 곳에서 높은 곳으로 이동함.

| 포인트 |

「あがる」는 낮은 위치・단계에서 높은 위치・단계로 이동하는 의미로 그 곳에 도달하는 것에 중점이 있음. 「のぼる」는 낮은 위치에서 높은 위치로 이동해 가는 의미로 이동 그 자체에 중점이 있음.

| 사용구분 |

1. 「山に－」(산에－)와 「坂を－」(비탈을－)는 「あがる」「のぼる」모두 사용가능하나 「あがる」는 도달점인 「산 위」, 「비탈 위」에 중점이 있고, 「のぼる」는 도중 상태에 중점이 있음.

2. 「汗をふきふき山道を－」는 「汗をふきふき」(땀을 닦으며)라는 도중의 동작과 함께 사용하면 자연스럽지만 도달점에 중점이 있는 「あがる」는 부자연스러움.

3. 「プールから－」(풀장에서－), 「席次が－」(석차가－)는 물 속에서 나오는 뜻, 또는 단계가 하나 위가 된다는 뜻은 경로를 생각하지 않기 때문에 「のぼる」는 부자연. 도달의 느낌이 강한 「あがる」를 사용함.

4. 「損害は百億円に－」(손해는 백억 엔에－)는 수량이 차츰 높아져 상당한 정도까지 이른다고 하는 의미여서 「のぼる」를 이용함.

松井栄一(2008)『ちがいがわかる 類語使い分け辞典』小学館による

3. 言語知識(文法)

問題 7 次の文の(   )に入れるのに最もよいものを1・2・3・4から一つ選びなさい。

15 金メダルがとれたのは、日々の努力の結果(   )。

1 にすぎない   2 にほかならない
3 よりしかたがない   4 にかかわらない

16 会議が終わり(   )こちらからお電話するようにいたします。

1 やいなや   2 とたんに   3 しだい   4 あげくに

17 部長、野村さんという方が2時に(   )そうです。

1 おみえになる   2 おいでいただく
3 お越しいただく   4 まいられていらっしゃる

問題 8 次の文の___*___ に入る最もよいものを1・2・3・4から一つ選びなさい。

18 スマホの____ ___*___ ____ ____が増加し、コミュニケーションの形態が変化している。

1 SNS   2 普及   3 利用   4 に伴い

19 受験生_____ _____ ___*___ _____を予防することが大切だ。

1 睡眠不足   2 による   3 体調不良   4 にありがちな

20 あの先生は、テキストをきちんと読んで、_____ _____ ___*___ _____教えてくださった。

1 ことの   2 大切さを   3 考える   4 自分の頭で

問題 9 次の文を読んで、(21)から(25)の中に入る最もよいものを1・2・3・4から一つ選びなさい。

　英語には、テレビを「愚者のランプ」とか「愚かな箱」と呼ぶ俗語がある。それを踏

まえてかどうか、作詞家の阿久悠さんが述べていた。「テレビは人格を(21)ので見方には気をつけてください、と明記しなきゃだめだ」と。

　時間の過ごし方に変化をおよぼす。すべてのものが自分と画面との2メートルの距離に見えてしまう。そうした注意書きが必要だというくだりが「テレビ、このやっかいな同居人」という本にある。

　阿久さんが存命なら何を思うだろう。民間会社の調査によれば、女子高生はいま、スマートフォンや携帯電話を1日平均6.4時間も使っている(22)。12時間以上の生徒も1割を超えていた。せんだっての報道に驚いた人は多かろう。

　スマホの普及前、7年前の内閣府の調査では女子高生の携帯使用の平均は124分だった。いまやその3倍に及ぶ。小さな器に吸い込まれる若い時間は膨大だ。

　本の題をもじれば「スマホ、このやっかいな同伴者」となろうか。(23)阿久さんは、テレビに注文をつけながらも、功罪なら「功」がずっと多いと言っていた。テレビという民衆の耳目がなければ、たとえば独裁者が世界中に何人も出ていただろうと。

　スマホもしかり。恩恵を受け、世界を広げ(24)、デジタルの海で溺れぬつきあい方を磨きたいものだ。手のひらで光る機械が「愚者のランプ」か「賢者の利器」かは人(25)。銘ずべきは「囚われるなかれ」である。女子高生に限ったことでなく。

天声人語「手のひらのスマホ」2014.4.28による

21
1 形成されます　　　　　　　　　　2 変えざるを得ません
3 狂わすことがあります　　　　　　4 守らなければなりません

22
1 そうだ　　　　2 に違いない　　　3 おそれがある　　　4 だろう

23
1 といっても　　2 したがって　　　3 それならば　　　4 すなわち

24
1 ることなく　　2 つつ　　　　　　3 ついでに　　　　4 たとたん

25
1 のみならず　　2 にかぎらない　　3 次第　　　　　　4 同様

단어학습(동사Ⅰ)

단어	읽기	뜻
相次ぐ	あいつぐ	잇따르다.
仰ぐ	あおぐ	우러러보다.
仰向ける	あおむける	위를 향하게 하다.
飽きる	あきる	싫증나다.
呆れる	あきれる	기가 막히다.
憧れる	あこがれる	동경하다.
欺く	あざむく	속이다. 기만하다.
あざ笑う	あざわらう	비웃다.
預かる	あずかる	맡다. 보관하다.
預ける	あずける	맡기다. 보관시키다.
褪せる	あせる	바래다. 퇴색하다.
暖まる	あたたまる	따뜻해지다. 훈훈해지다.
扱う	あつかう	취급하다.
誂える	あつらえる	맞추다.주문하다.
当てはまる	あてはまる	들어맞다. 적합하다.
暴れる	あばれる	날뛰다. 난폭하게 굴다.
炙る	あぶる	굽다.
溢れる	あふれる	흘러 넘치다.
甘える	あまえる	응석부리다. 어리광부리다.
操る	あやつる	다루다. 조작하다.
危ぶむ	あやぶむ	위험스럽게 여기다.걱정하다.
荒らす	あらす	어지럽게 하다. 털다.
有り触れる	ありふれる	흔하게 있다. 흔해 빠지다.
慌てる	あわてる	당황하다. 몹시 서두르다.
言い出す	いいだす	말을 시작하다. 말을 꺼내다.
言いつける	いいつける	명령하다. 고자질하다.
意気込む	いきごむ	의욕을 보이다. 분발하다.
弄る	いじる	만지작거리다.

炒める	いためる	기름에 볶다. 지지다.
労る	いたわる	돌보다. 노고를 위로하다.
偽る	いつわる	거짓말하다. 속이다.
営む	いとなむ	영위하다. 경영하다.
挑む	いどむ	도전하다.
威張る	いばる	뽐내다. 으스대다.
受かる	うかる	시험에 합격하다.
受け入れる	うけいれる	받아들이다.
承る	うけたまわる	삼가 받다. 삼가 듣다.
受け継ぐ	うけつぐ	계승하다. 이어받다.
受け付ける	うけつける	접수하다. 받아들이다.
受け止める	うけとめる	받아들이다.
受け取る	うけとる	받다. 수취하다.
受け持つ	うけもつ	담당하다. 담임하다.
疼く	うずく	욱신거리다. 쑤시다.
埋める	うずめる	묻다.
打ち明ける	うちあける	털어놓다.
打ち合わせる	うちあわせる	미리 논의하다.
打ち切る	うちきる	중지하다. 중단하다.
打ち消す	うちけす	부정하다. 지우다.
打ち込む	うちこむ	전념하다.
訴える	うったえる	소송하다. 호소하다.
俯く	うつむく	머리를 숙이다.
促す	うながす	재촉하다. 독촉하다.
頷く	うなずく	수긍하다. 고개를 끄덕이다.
唸る	うなる	낑낑거리다. 신음하다.
埋める	うめる	묻다. 메우다.
裏返す	うらがえす	뒤집다.
裏切る	うらぎる	배신하다. 배반하다.
占う	うらなう	점치다.
売り切れる	うりきれる	다 팔리다. 매진되다.
売り出す	うりだす	팔기 시작하다.

야마가타시(山形市)의 야마데라(山寺)

読解 실전문제,
단어학습(동사Ⅱ)

학습목표

☐ 일본어 능력시험 N2의 読解 문제풀이와 해설강의
☐ 단어학습(동사Ⅱ)

1. 読解(1)

問題 1 次の文章を読んで、後の問いに対する答えとして最もよいものを、1・2・3・4か
ら一つ選びなさい。

図書館の本や雑誌などを借りるには、利用登録が必要です。利用カードを
作ることができるのは、前橋市にお住まいの方か、上記以外にお住まいで、前
橋市内に通勤・通学している方です。

利用カードを作りたい方は、利用カード請求書(本館・各分館にも用意され
ています)と住所・氏名・生年月日が証明できるもの(運転免許証、パスポート
など)をお持ちになり、本館・各分館のカウンターへお越しください。

前橋市内に通勤・通学している方は、この他に学生証か社員証などをご用
意ください。小学生以下の方は保護者が来館して手続きしてください。

---

[1] 文章の説明と合っているのはどれか。

1 利用カードがなくても本が借りられる。

2 小学生は親の利用カードで本が借りられる。

3 利用カードは利用カード請求書とパスポートで作られる。

4 前橋市に住んでいる人だけが利用カードを作ることができる。

「焦りは過ちを増し、後悔は新しい後悔をつくる」。ゲーテは、こんな言葉
も残しているそうだ。ニッポンのことわざで言えば「急いては事を仕損じる」で
ある。

そういう普遍的な教訓があっても、やはり失敗は繰り返されるようだ。ス
マホ決済サービス「セブンペイ」が不正アクセスの標的にされ、多くの人が被害
に遭った。スマホ決済参入に出遅れて焦り、セキュリティーがずさんなまま
サービスを始めたとの指摘がある。

セブンのつまずきを機に、すこし落ち着いてキャッシュレス化のあり方を考えてもいいだろう。とはいえ、もともと現金志向の強いこの国である。キャッシュレス決済そのものに不信感が募って流れが逆戻りしかねない。後悔が新しい後悔をつくらないよう、こここそ焦りは禁物の難所だ。

「春秋」『日本経済新聞』2019.7.9による

2　文の内容と合っているのはどれか。
1　日本人は現金で支払うのを好む傾向がある。
2　キャッシュレス化に歯止めをかけるべきだ。
3　他社に先駆けてスマホ決済に参入しようとした。
4　急いては事を仕損じるということわざはゲーテの言葉から生まれた。

問題2　次の文章を読んで、後の問いに対する答えとして最もよいものを、1・2・3・4から一つ選びなさい。

　　「世界で最も患者数の多い病気」が何か、ご存じでしょうか。世界一の記録を集めた「ギネスブック」に2001年、「世界で最も一般的な病気」として掲載されたのが歯周病です。その害は口の中にとどまらず、認知症や糖尿病、動脈硬化の原因になるなど全身に及ぶことが近年、明らかになっています。　厚生労働省が2011年に行った「歯科疾患実態調査」によると、日本の成人の8割以上に歯周病の症状があったと報告されています。
　　歯周病は、唾液感染する細菌によって引き起こされる感染症です。ヒトの口の中には約700種の細菌がすみついています。
　　歯周病にならないためには、日ごろから口の中のメンテナンスが大切です。メンテナンスの基本は歯磨きです。　以前は「1日3回、食後3分以内に3分間磨く」と言われていましたが、食後すぐは歯の一番外側にある硬いエナメル質が柔らかくなっているため、磨かない方が良いのです。食後はフロスで歯間に残った食べ物のカスを取り除きます。さらに3分は磨きすぎで、2分で十分。夜寝る前と朝起きた時の1日2回、できれば研磨剤が入っておらず殺菌力の強い歯磨き粉を2cm使って2分間しっかり磨く「スウェーデン方式」が推奨されています。

ただ、毎日一生懸命磨いても、それだけではどうしても取り切れない歯垢がたまってしまいます。理想的には3カ月に1回、歯科医院で専門的なクリーニングをするのが理想的です。

　　　　　　　　　白井 清士「世界で最も患者数の多い病気とは？」による

3　歯周病の説明として最も正しいものはどれか。

　1　痛みが全身に及ぶ病気である。

　2　細菌によって感染する病気である。

　3　認知症や糖尿病、動脈硬化が原因となる。

　4　日本人の80パーセント以上に症状がみられる。

4　正しい歯の磨き方はどれか。

　1　朝と夜の一日2回歯を磨く。

　2　食後2分以内に歯を磨く。

　3　3分間しっかり歯を磨く。

　4　研磨剤入りの歯磨き粉で歯を磨く。

한자 상식 퀴즈

* 다음의 히라가나 표기에 알맞은 한자표기는 어느 쪽?

1) ごかく

　　① 互角　　　　　　　② 互格

2) じならし

　　① 地均し　　　　　　② 地馴らし

* 다음의 한자표기어를 올바로 읽은 것은 어느 쪽?

1) 過渡期

　　① かどき　　　　　　② かとき

2) 馴れ初め

　　① なれはじめ　　　　② なれそめ

問題 3 公共放送のNHKを民営化するかについて質問しました。2人の意見を読んで、後の問いに対する答えとして、最もよいものを1・2・3・4から一つ選びなさい。

A

　番組表を見比べてみれば一目瞭然ですが、ＮＨＫでは福祉や健康、科学や文化に関する番組が非常に多いことがわかります。はっきりいって、これほどの大量の低視聴率番組を、民放が流すことは考えられないし、絶対に8時台なんて時間には放送されないでしょう。こういった番組を必要とするのは、決してマジョリティーではなく、視聴率を稼ぐことは出来ないことが確かだからです。

　ブログなどでも「民放とＮＨＫの番組に、もはや大した差は無い」という意見は散見されますが、こうして比べてみれば、明らかに大きな差異があることは明白です。たしかに、民放でも、ＮＨＫに勝るとも劣らない良い番組もありますし、ＮＨＫが不得意な分野もあります。が、絶対量でも、放送される時間帯などでも明らかな差異があるのは認めるべきでしょう。そしてこれらは、民放ではやはり実現できないということも、多くの人は素直に感じていることです。

B

　たしかに、NHKのような有料テレビで放送されているような番組を、民放の無料テレビで放送することはできません。しかし、有料の衛星テレビ放送が、純粋な民間営利企業によって行われています。私は、昔、スカパーのヒストリーチャンネルやディスカバリーチャンネルを見ていました。これらの放送局は、月額たったの525円で、NHKの教養番組と変わらない質のドキュメンタリーを放送しています。NHKを民営化することができるかどうかを論じるのであれば、国営有料放送を、民間無料放送と比べるのではなくて、民間有料放

送と比べるべきです。

　私は、NHKラジオ第一放送だけを国営にして、そこで災害情報(テレビは災害時に弱いので、ラジオのほうがよい)や国会中継(ウェブカメラを設置して、ネットで見ることができれば、それで十分かもしれない)や政府広報など、政府ならではの番組を放送し、それ以外はすべてチャンネルごとに分割民営化するべきだと思っています。もちろん、受信料の強制徴収なども廃止するべきです。

5　2人の考えと合っているのはどれか。

1　AさんもBさんも国営テレビ放送は必要だと考えている。

2　BさんはNHKを完全に民営化するべきだと主張している。

3　AさんはNHKが大量の低視聴率番組を放送していると批判している。

4　AさんもBさんもNHKと民放の無料テレビの番組には違いがあると思っている。

6　AさんとBさんの考え方が最も違う点は何か。

1　視聴率について。

2　教養番組について。

3　受信料の徴収について。

4　災害情報や国会中継について。

유의어 바르게 사용하기

「危ない」・「危うい」

| 기본의미 |

안전이나 존립이 위협을 받아 좋지 않은 결과가 일어날 것 같은 모습.

| 포인트 |

「危ない」는 「危うい」보다도 의미가 넓고, 어떤 일에 대해서 그것이 위해를 끼칠 것 같은 경우에도 사용한다. 이에 비해 「危うい」는 오로지 위험이나 재난이 미칠 것이 가까워져 주체가 존립이나 행위의 계속을 위협받고 있는 상태를 말함.

| 사용구분 |

1. 「命が—」(생명이—)의 예에서는 양쪽 다 사용할 수 있음. 「危ない」가 일상어이고 「危うい」는 문어적 느낌. 「—ところを助かった」(—것을 도왔다.)와 같은 표현도 양쪽 다 사용함.

2. 「物騒な場所だから夜の一人歩きは—」(위험한 장소이니 밤에 혼자 걸어 다니는 것은—)와 같이 이러한 장소 자체가 사람에게 위해나 재난을 미칠 우려가 있거나 위험하다고 하는 경우는 「危ない」를 사용함.

3. 「—間に合った」(—가까스로 가능했다.), 「—セーフ」(—세이프)는 연용형으로 「かろうじて」(간신히), 「やっとのことで」(겨우, 가까스로)의 뜻이 될 경우는 「危うく」가 적당함.

松井栄一(2008)『ちがいがわかる類語使い分け辞典』小学館による

3. 読解(3)

問題 4　次の文章を読んで、後の問いに対する答えとして最もよいものを、1・2・3・4から一つ選びなさい。

> 「俳句とは、脱ぎっぷり！」
>
> 　たしかに、余計なことをだらだらと書き加えるわけにはいかない。なにせ、文字数が決まっているのだから。なにより、俳句とは、物事の説明でも解説でもないのだから。余計な文字をひとつひとつ脱がせていくこと。余計な説明をひとつひとつ引き算していくこと。時に大胆に、時に潔く、時に丁寧に、時に繊細に。そうやって、目の前の光景を、目の前のモノを、心象から端的な言葉に置き換えていく行為。これが、俳句という日常に根ざした文芸。
>
> 　さてさて、ここまで綴ってみると、俳句はいかに「断捨離」と重なり合うか、あらためて思うことになるのは自然なことにちがいない。なぜなら、断捨離とは引き算だから。
>
> 　住まいという空間から、余計なモノたちをそぎ落とし、そこにある大切なモノを際立たせていくという日常生活空間のアート。断捨離とは、空間に圧倒的な余白を生み出すことによって、空間の持つ本来の力を取り戻し、蘇らせていく、とてもクリエイティブな行為であるのです。
>
> 　余計な一言が、かえって、コミュニケーションを損ねるように、余計なモノが、私たちの暮らしを損ねる。だって、それらが空間の余地を奪っているのだから。過剰な言葉の群れが、私たちをいたぶるように、過剰にひしめくモノたちが私たちを虐める。だって、それらが、空間を閉塞させているのだから。
>
> 　けれど、今まで訪れた多くの現場で、そんな憂いと危惧をいつもかかえていたにもかかわらず、私の憂いほどには、当の住人たちは、さほどでもないようなことがほとんど。この訝しさは、いったい、どこからやってくるのだろう。それは、言うまでもなく、大量なモノたちにまみれて、自分の感覚や感性がすっかり萎えているからに違いない。ひしめくモノたちが醸し出している住

まいの氣は、荒んでいるか、淀んでいるか、そのどちらか。そんな中にあって、まっとうな感覚を維持できるわけもなく、それを、麻痺させているのです。

　感覚を研ぎ澄ませるためには、脱ぎ捨てていかなくては。それは、靴を脱いで、素足で土を踏みしめて感じぬいてこそ。ならば、住まいも同じこと。余計なモノたちを取り除いてこそ、清々しい氣を味わうことができるはず。

　饒舌な語りではなく、端的な表現。過剰な空間演出ではなく、端正なしつらえ。そう、俳句と断捨離、どこまで同じと思うのを、どうか、ご容赦下さいますように。

やましたひでこ「断捨離と俳句」2019.6.7による

7　俳句について説明しているのは何か。

1　心象をうまく描く。

2　大胆な表現を心がける。

3　端的な言葉に置き換える。

4　饒舌に語るように表現する。

8　筆者が現場で感じた憂いと危惧は何か。

1　空間がうまく活かされていない。

2　大切なモノが際立たされていない。

3　モノが多すぎて感覚まで麻痺させている。

4　余計な一言でコミュニケーションを損ねる。

9　筆者が言う俳句と断捨離の重なり合う点は何か

1　余計なものを引き算すること。

2　日常に根ざしたアート。

3　清々しい気を味わうこと。

4　感覚を研ぎ澄ませること。

問題5 次はマキさんのスケジュールとアルバイト募集の内容である。下の問いに対する答えとして、最もよいものを1・2・3・4から一つ選びなさい。

マキさんは大学1年生で社会学を専攻しています。東京で一人暮らしをしています。奨学金と親からの仕送りがありますが、そのお金では1万円以上足りないので、今学校の近くでアルバイトを探しています。

マキさんは老人福祉に興味があって大学でボランティア活動のサークルに入っています。活動は主に日曜日で、老人ホームを訪問してお年寄りに本の読み聞かせなどをしています。木曜日の5時からサークルの打ち合わせもあります。

マキさんの時間割は次の表の通りです。月水金曜日は一時限目から授業があるので、夜10時以降のアルバイトはしたくありません。

	1時限目9~10:40	2時限目11~12:40	3時限目1~2:40	4時限目3~4:40	5時限目5~6:40
月曜日	英語	社会心理学			
火曜日		ソーシャルメディア論	スポーツ総合		
水曜日	英語			アカデミックスキル	韓国語
木曜日		情報処理	韓国語	社会学概論	
金曜日	基礎演習			福祉論	

アルバイト募集

A　レストラン　スタッフ　平日　11:00~2:00 週2回　時給1200円

B　薬屋さん　レジ・販売員　週3日 水金または火木　17:00~22:00　時給1000円

C　コンビニ　レジ・販売員　平日　週2日　一日4時間できる方　時給900円

D　映画館　スタッフ　土日祝日　8:00~24:00の間　4時間　時給1100円

E　ビアホール　ホールスタッフ　18:00~23:00　土曜日か日曜日を含む週3回　1300円

10 マキさんができるアルバイトはどれか。

1 AとB　　　　　2 BとC　　　　　3 AとC　　　　　4 CとE

11 マキさんはアルバイトでいくらもらえるか。

1 23,000円　　　2 20,200円　　　3 17,200円　　　4 14,400円

단어학습(동사Ⅱ)

단어	읽기	뜻
上回る	うわまわる	우회하다. 웃돌다.
描く	えがく	표현하다.
老いる	おいる	늙다.
覆う	おおう	덮다. 뒤덮다.
遅らす	おくらす	늦추다. 지연시키다.
怠る	おこたる	게으름을 피우다.
奢る	おごる	한턱 내다.
襲う	おそう	습격하다.
煽てる	おだてる	치켜세우다.
脅かす	おどかす	위협하다. 협박하다.
衰える	おとろえる	약해지다.
怯える	おびえる	무서워 벌벌 떨다.
赴く	おもむく	향하여 가다.
掲げる	かかげる	싣다. 게재하다.
掻く	かく	긁다.
嗅ぐ	かぐ	(냄새를)맡다.
嵩張る	かさばる	부피가 커지다. 늘다.
齧る	かじる	이로 갉다. 갉아먹다.
霞む	かすむ	안개가 끼다.
掠る	かする	스치고 지나가다.
傾ける	かたむける	기울이다. 쏟다.
庇う	かばう	감싸다. 비호하다.
構える	かまえる	자세를 취하다.
絡む	からむ	얽히다. 트집 잡다.
枯れる	かれる	마르다. 고갈되다.
軋む	きしむ	삐걱거리다.
鍛える	きたえる	단련하다. 훈련하다.
砕く	くだく	부수다.

朽ちる	くちる	썩다. 쇠하다.
覆す	くつがえす	뒤엎다. 전복시키다.
悔やむ	くやむ	후회하다. 애도하다.
包む	くるむ	휘감아 싸다. 휩싸다.
貶す	けなす	헐뜯다. 비방하다.
煙る	けむる	연기가 나다.
焦がす	こがす	그을리다. 애태우다.
志す	こころざす	뜻을 세우다. 뜻을 두다.
拵える	こしらえる	만들다. 제조하다.
拗れる	こじれる	비꼬이다. 뒤틀리다.
擦る	こする	문지르다. 비비다.
言付ける	ことづける	전언을 부탁하다.
篭る	こもる	틀어박히다.
凝らす	こらす	집중시키다.
懲りる	こりる	질리다. 데다.
遮る	さえぎる	차단하다. 가리다.
冴える	さえる	맑아지다. 선명해지다.
探る	さぐる	찾다. 살피다.
授ける	さずける	내리다. 수여하다.
摩る	さする	쓰다듬다. 가볍게 문지르다.
裁く	さばく	심판하다. 판가름하다.
障る	さわる	방해가 되다.
強いる	しいる	억지로 시키다. 강요하다.
静まる	しずまる	조용해지다. 잠잠해지다.
慕う	したう	그리워하다. 사모하다.
萎びる	しなびる	시들다. 쭈그리다.
萎む	しぼむ	시들다. 위축되다.
据える	すえる	앉히다. 고정시키다.
濯ぐ	すすぐ	물로 씻다. 헹구다.
済ます	すます	끝내다. 마치다. 때우다.
擦る	する	문지르다. 비비다. 갈다.
擦れる	すれる	마주 스치다. 맞닿다.

제4과

야마가타시(山形市)의 자오(蔵王)온천

聴解 실전문제,
단어학습(동사Ⅲ)

학습목표

□ 일본어 능력시험 N2의 聴解 문제풀이와 해설강의
□ 단어학습(동사Ⅲ)

1. 聴解(1)

問題 1　この問題では、まず質問を聞いてください。それから話を聞いて、問題用紙の1から4の中から、最もよいものを一つ選んでください。

1

1　肉を焼く。　　　　　　　　　　2　野菜を切る。
3　たまねぎを炒める。　　　　　　4　なべにお湯をわかす。

2

1　書類をメールで送る。
2　資料をプリントアウトする。
3　飛行機のチケットを予約する。
4　スケジュール表に先方の連絡先を入れる。

問題 2　この問題では、まず質問を聞いてください。そのあと、問題用紙の選択肢を読んでください。読む時間があります。それから話を聞いて、問題用紙の1から4の中から、最もよいものを一つ選んでください。

3

1　火曜日の2時　　　　　　　　　2　水曜日の10時
3　月曜日の12時　　　　　　　　　4　火曜日の4時半

4

1　飲み会だったから。
2　ドラマを見ていたから。
3　テレビを見ていたから。
4　スマホでゲームをしていたから。

1 給料が低かったから。

2 上司が厳しかったから。

3 残業や休日出勤が多かったから。

4 やりがいが感じられなかったから。

한자 상식 퀴즈

* 다음의 히라가나 표기에 알맞은 한자표기는 어느 쪽?

1) さいばい

    ① 裁培   ② 栽培

2) さしさわり

    ① 差し障り   ② 差し触り

* 다음의 한자표기어를 올바로 읽은 것은 어느 쪽?

1) 柔和

    ① にゅうわ   ② じゅうわ

2) 生そば

    ① きそば   ② なまそば

2. 聴解(2)

問題 3 この問題では、問題用紙に何も印刷されていません。この問題は、全体としてどんな内容かを聞く問題です。話の前に質問はありません。まず話を聞いてください。それから、質問とせんたくしを聞いて、1から4の中から、最もよいものを一つ選んでください。

6

7

問題 4

この問題では、問題用紙に何もいんさつされていません。まず文を聞いてください。それから、それに対する返事を聞いて1から3の中から、最もよいものを一つ選んでください。

8

9

10

11

12

13

유의어 바르게 사용하기

「かかえる」・「だく」・「いだく」

| 기본의미 |

팔로 두르듯이 해서 듦.

| 포인트 |

「かかえる」는 팔로 두르듯이 해서 든다는 뜻. 파생되어 처리하지 않으면 안 되는 일을 자신이 담당한다는 뜻을 나타냄. 「だく」는 그것을 감싸듯이 팔을 돌린다는 뜻으로 든 상태가 아니어도 좋음. 「いだく」는 「だく」의 문장어적인 표현으로 생각을 마음 속으로 갖는다는 뜻으로도 사용됨.

| 사용구분 |

1. 「かばんを－て出かける」(가방을 안고 외출하다.)의 경우, 「抱える」가 자연스럽고 겨드랑이에 낄 정도로 든 상태를 나타냄.

2. 「恋人を－」(애인을－)와 같이 사람의 경우는 「だく」「いだく」가 적합함. 단 「いだく」는 좀 고풍스럽고 문학적인 표현. 「かかえる」는 넘어진 애인을 옮긴다든지 하는 경우라면 사용하는 경우도 있음.

3. 「大きな仕事を－ている」(큰 일을－고 있다)와 같이 처리해야만 하는 일을 그 자신이 담당한다는 뜻으로는 「かかえる」를 사용함.

4. 「悩みを－」(고민을－)과 같이 「悩み」의 경우는 해결해야 하는 문제여서 「かかえる」도 사용하지만 마음 속의 생각이기도 하기에 「いだく」도 사용할 수 있음. 「だく」는 구체적인 것이 아니면 사용하기 어려움.

5. 「都会にあこがれを－」(도시에 동경을－)과 같이 어떤 생각을 마음에 떠올린다는 뜻으로는 「いだく」이 외에는 사용하기 어려움.

松井栄一(2008)『ちがいがわかる 類語使い分け辞典』小学館による

3. 聴解(3)

問題 5　この問題では長めの話を聞きます。この問題には練習はありません。メーモを
とってもかまいません。まず、話を聞いてください。それから、二つの質問を聞
いて、それぞれ問題用紙の1から4の中から、最もよいものを一つ選んでくださ
い。

14

(14-1)

    1 間取り

    2 築年数

    3 通勤時間

    4 設備の良さ

(14-2)

    1 1番

    2 2番

    3 3番

    4 4番

단어학습(동사 Ⅲ)

단어	읽기	뜻
炊く	たく	밥을 짓다.
携わる	たずさわる	관계하다. 종사하다.
漂う	ただよう	떠돌다.
立ち去る	たちさる	떠나다. 물러가다.
立ち寄る	たちよる	다가서다. 들르다.
立て替える	たてかえる	입체하다. 대신 치르다.
辿り着く	たどりつく	겨우 도착하다.
騙す	だます	속이다.
保つ	たもつ	유지하다. 보전하다.
弛む	たるむ	느슨해지다. 늘어지다.
戯れる	たわむれる	장난치다.
縮まる	ちぢまる	줄어들다.
縮れる	ちぢれる	주름지다. 오글오글해지다.
散らかす	ちらかす	흩뜨리다. 어지르다.
費やす	ついやす	소비하다.
司る	つかさどる	직무를 맡아 하다. 담당하다.
付き合う	つきあう	교제하다. 사귀다.
突き当たる	つきあたる	부딪치다. 충돌하다.
注ぐ	つぐ	붓다. 따르다.
尽す	つくす	다하다.
繕う	つくろう	고치다. 꾸며 대다.
付け加える	つけくわえる	덧붙이다. 부가하다.
培う	つちかう	가꾸다. 기르다.
突っ込む	つっこむ	돌입하다. 처박다.
慎む	つつしむ	삼가다.
突っ付く	つっつく	가볍게 쿡쿡 찌르다.
突っ張る	つっぱる	버티다. 강경하게 나가다.
呟く	つぶやく	중얼거리다.

躓く	つまずく	넘어질 뻔하다.
釣り合う	つりあう	균형이 잡히다.
吊る	つる	경련이 일다. 땅기다.
照り返す	てりかえす	반사되다. 되비치다.
遠ざかる	とおざかる	멀어지다. 소원해지다.
溶かす	とかす	녹이다.
途切れる	とぎれる	내왕이 끊기다.
研ぐ	とぐ	갈다. 씻다.
溶け込む	とけこむ	동화되다.
綴じる	とじる	철하다. 합쳐서 꿰매다.
途絶える	とだえる	두절되다. 끊어지다.
滞る	とどこおる	밀리다. 막히다.
唱える	となえる	주장하다.
惚ける	とぼける	얼빠지다. 멍청하다.
取り扱う	とりあつかう	다루다. 취급하다.
取り組む	とりくむ	맞붙다. 몰두하다.
取り締まる	とりしまる	단속하다. 관리하다.
取り調べる	とりしらべる	자세히 조사하다.
取り立てる	とりたてる	거두다. 징수하다.
取り付ける	とりつける	장치하다. 설치하다.
取り除く	とりのぞく	치우다. 없애다. 제거하다.
取り混ぜる	とりまぜる	한데 섞다. 뒤섞다.
取り戻す	とりもどす	되찾다. 회복하다.
取り寄せる	とりよせる	주문해서 가져오게 하다.
蕩ける	とろける	녹다. 도취하다.
長引く	ながびく	오래 걸리다. 지연되다.
慰める	なぐさめる	위로하다. 달래다.
殴る	なぐる	때리다.
投げ出す	なげだす	내던지다. 포기하다.
詰る	なじる	힐책하다. 따지다.
怠ける	なまける	게으름 피우다.
悩ます	なやます	괴롭히다. 시달리게 하다.

야마가타시(山形市)의 하나가사마쯔리(花笠祭り)

言語知識 실전문제,
단어학습(동사Ⅳ)

학습목표

□ 일본어 능력시험 N2의 言語知識 문제풀이와 해설강의
□ 단어학습(동사Ⅳ)

1. 言語知識(文字)

問題 1 _____の言葉の読み方として最もよいものを1・2・3・4から一つ選びなさい。

1 アメリカに旅行に行く前に、銀行で円をドルに両替しておいたほうがいい。
　　1 りょうたい　　　2 りょうがわ　　　3 りょうがえ　　　4 りょうだい

2 ドライバーの不注意から幼い命が奪われてはならない。
　　1 おさない　　　2 とうとい　　　3 かよわい　　　4 いとしい

3 質屋から高級時計を買う人もいるらしい。
　　1 じつや　　　2 じちおく　　　3 しつや　　　4 しちや

問題 2 _____の言葉を漢字で書くとき、最もよいものを1・2・3・4から一つ選びなさい。

4 そんなひきょうなやり方をすれば、非難されるだろう。
　　1 非教　　　2 悲強　　　3 卑怯　　　4 否協

5 彼は心やさしい人だが、金遣いがあらいのが欠点だ。
　　1 荒い　　　2 粗い　　　3 凄い　　　4 辛い

6 今日は仕事がはやくすんだからいっぱい飲みに行くつもりだ。
　　1 住んだ　　　2 済んだ　　　3 澄んだ　　　4 清んだ

한자 상식 퀴즈

* 다음의 히라가나 표기에 알맞은 한자표기는 어느 쪽?

1) おうたい

① 応対   ② 応待

2) きやすめ

① 気安め   ② 気休め

* 다음의 한자표기어를 올바로 읽은 것은 어느 쪽?

1) 凄絶

① せいぜつ   ② そうぜつ

2) 木霊

① もくれい   ② こだま

2. 言語知識(語彙)

問題 3 (　　　　)に入れるのに最ももよいものを1・2・3・4から一つ選びなさい。

7　初めて企画したイベントを成功(　　　　)に終わらせることができて、ほっとしている。

　　1 的　　　　　　2 下　　　　　　3 内　　　　　　4 裏

8　今回うちの会社の新商品の売れ(　　　　)はなかなかいい。

　　1 切れ　　　　　2 行き　　　　　3 残り　　　　　4 出し

問題 4 (　　　　)に入れるのに最もよいものを1・2・3・4から一つ選びなさい。

9　また、鍵をかけずに出て来ちゃったの。あいかわらず(　　　　)ね。

　　1 あわただしい　2 さわがしい　3 そそっかしい　4 ばからしい

10　今度のプロジェクトはよくやったね。君のことを(　　　　)よ。

　　1 見直した　　　2 見上げた　　　3 見込んだ　　　4 見返した

問題 5 ＿＿＿＿＿＿の言葉に意味が最も近いものを1・2・3・4から一つ選びなさい。

11　旅行の予定が変更になったので、すべての予約を<u>キャンセル</u>してください。

　　1 中止して　　　2 取り消して　　3 締め切って　　4 解除して

12　複雑に利害が絡んでいる問題を解決するのは<u>簡単</u>ではない。

　　1 安易　　　　　2 容易　　　　　3 平易　　　　　4 簡易

問題 6　次の言葉の使い方として 最もよいものを1・2・3・4から一つ選びなさい。

13　あきらか

1　その問題にあきらかに答えてほしい。

2　今日、彼女はあきらかなドレスを着ている。

3　断られるのは火を見るよりもあきらかだ。

4　お化粧をしたので、印象があきらかになった。

14　たしか

1　部長は秘書を呼んで、明日のスケジュールをたしかにした。

2　山田さんの誕生日はたしか今日だったような気がする。

3　彼の性格はたしかだから、信用してもいい。

4　かばんにたしか入れたはずなのに、何度探しても見つからない。

유의어 바르게 사용하기

「すぎる」・「たつ」・「へる」

| 기본의미 |

때가 이동하다.

| 포인트 |

「すぎる」는 때가 이동하여 어떤 시점을 넘는다든지 어떤 시기・기간이 끝이 났다든지 하는 뜻. 「たつ」「へる」 모두 때가 이동한다는 뜻이지만 「たつ」는 과정을 문제로 하지 않고 지나간 것에 중점을 두는 표현. 「へる」는 어떤 시기가 지나가는 것에 주목한 문장어적인 표현.

| 사용구분 |

1. 「建てて十年－た家」(세운 지 10년－집)과 같이 조사가 들어가지 않는 표현에서는 「すぎる」「たつ」「へる」를 모두 사용할 수 있지만 「たつ」는 기간의 끝에 주목한 표현이며, 「すぎる」「へる」는 폭이 있는 기간을 느끼게 하는 표현.

2. 「十時を－」(10시를－)와 같이 어떤 시점을 나타내고 있을 경우에는 「すぎる」밖에 사용할 수 없음.

3. 「彼と別れてからだいぶ－た」(그와 헤어지고 나서 꽤－)와 같이 직접 시간・기간을 나타내는 단어가 없을 경우에는 「たつ」이외에는 사용하기 어려움. 또한 어떤 시기가 끝나게 된다는 뜻인 「春がすぎて夏になる」(봄이 지나고 여름이 된다)라든지, 때가 흘러 과거 일이 된다는 뜻인 「すぎた日々」(지난 나날) 등은, 「たつ」「へる」는 사용하기 어려움.

松井栄一(2008)『ちがいがわかる 類語使い分け辞典』小学館による

3. 言語知識(文法)

問題 7　次の文の(　　　　)に入れるのに最もよいものを1・2・3・4から一つ選びなさい。

15　彼はけがをしていた(　　　　　)試合に出場し、金メダルをとった。
1　に反して　　　　　　　　　　　　2　にしろ
3　にもかかわらず　　　　　　　　　4　のみならず

16　経験がないからといって、仕事ができない(　　　　　)。
1　わけにはいかない　　　　　　　　2　にちがいない
3　にほかならない　　　　　　　　　4　とはかぎらない

17　子どもを虐待するなんて、人間として(　　　　　)行為だ。
1　あるべき　　　　2　あるまじき　　　3　あるような　　　4　ありかねない

問題 8　次の文の＿＿*＿＿に入る最もよいものを1・2・3・4から一つ選びなさい。

18　一旦＿＿＿＿＿ ＿＿＿*＿＿ ＿＿＿＿＿ ＿＿＿＿＿呆然としてしまった。
1　あまり　　　2　引き受けた　　　3　大変さの　　　4　ものの

19　ランナーたちはスタートの＿＿＿＿＿ ＿＿＿＿＿ ＿＿＿＿＿ ＿＿*＿走り出した。
1　のうちに　　　2　合図が　　　3　聞こえないか　　　4　聞こえるか

20　調べても＿＿＿＿＿ ＿＿＿＿＿ ＿＿＿*＿ ＿＿＿＿＿、漢字を楽しめばいいという考え方もある。
1　完全には　　　2　のならば　　　3　どうせ　　　4　分からない

問題 9 次の文を読んで、(21)から(25)の中に入る最もよいものを1・2・3・4から一つ選びなさい。

　　学術的に大きな足跡は、日本人と日本文化への深い愛があった(21)だったのだろう。

　　日本文学研究者で、古典から現代まで多くの日本文学を翻訳し、広く世界に紹介したドナルド・キーンさんが、96歳で亡くなった。

　　米国生まれだが、東日本大震災後の2012年、日本国籍を取得した。震災で多くの外国人が日本を離れることを残念に思い、「大好きな日本に住み続けたい」というのが理由だった。多くの被災者を勇気づけた(22)。

　　「自ら選んだ母国で幸せな最後の時を迎えました」という養子のキーン誠己(せいき)さんの言葉が胸にしみる。

　　日本文学との出合いは、日米開戦前夜の1940年に手にした「源氏物語」の英訳本だ。暗い世相にあって、「美」に彩られた世界観にみせられた。

　　(23)、海軍で日本語の専門将校として従軍し、戦場を体験した。戦死した日本兵の日記を解読し、家族への思いや苦悩に触れた。

　　キーンさんが戦後、草分けとなる日本研究の道を選び、日本文学を世界とつなげる懸け橋となったのは、そんな出合いがあったからだろう。日本が国際社会へ復帰するため、相互理解を深める手助けになった功績は計り知れない。

　　また、高見順、伊藤整ら著名な作家の戦中日記を「時代の一級資料」として論じる09年出版の著書「日本人の戦争」も戦争体験なくしては生まれなかっただろう。過酷な戦場の体験から、近年の日本国憲法改正への動きに警鐘を鳴らしていた。

　　古今の文学を通して日本人を考察する傍ら、劇場に通い、狂言を習った。能狂言や文楽、歌舞伎といった伝統芸能への造詣も深かった。

　　(24)、日本社会の中で伝統芸能の存在感が薄れていく現状を憂えていた。

　　12年に当時の橋下徹・大阪市長が文楽協会への補助金凍結の方針を示した際には、憂慮を表明した。日本の教育で古典文学が軽視されているとの指摘も無視できない。

　　アニメや漫画といったポップカルチャー(25)、日本が海外に誇れる文化はまだまだある。キーンさんが残した思いを、しっかり受け止めたい。

『毎日新聞』社説 2019.2.26による

21

1 のみならず　　　2 というもの　　　3 からこそ　　　　4 ものだから

22

1 に違いない　　　　　　　　2 ことになっている
3 かのようだ　　　　　　　　4 どころではない

23

1 それにもかかわらず　　　　2 そこで
3 一方で　　　　　　　　　　4 ところで

24

1 それとも　　　2 それはさておき　3 それでも　　　4 それだけに

25

1 をめぐって　　　2 だけでなく　　　3 だからこそ　　　4 に先立って

단어	읽기	뜻
似通う	にかよう	서로 비슷하다.
逃げ出す	にげだす	도망치다. 달아나다.
鈍る	にぶる	둔해지다.
抜け出す	ぬけだす	빠져 나가다.
寝かせる	ねかせる	누이다. 재우다.
乗っ取る	のっとる	납치하다.
飲み込む	のみこむ	삼키다. 수용하다.
乗り込む	のりこむ	탈 것에 올라타다.
阻む	はばむ	막다. 방해하다.
払い戻す	はらいもどす	환불하다.
散蒔く	ばらまく	흩뿌리다. 여기저기 뿌리다.
引き上げる	ひきあげる	끌어올리다. 인양하다.
引き受ける	ひきうける	부담하다.
引き起こす	ひきおこす	일으키다.
引き摺る	ひきずる	지연시키다.
引き出す	ひきだす	꺼내다. 인출하다.
引っ掻く	ひっかく	할퀴다. 세게 긁다.
引っ込む	ひっこむ	틀어박히다.
怯む	ひるむ	기가 꺾이다. 겁먹다.
踏み込む	ふみこむ	발을 내딛다. 파고 들어가다.
振り返る	ふりかえる	돌아보다.
放り出す	ほうりだす	내팽개치다.
施す	ほどこす	베풀다. 시행하다.
賄う	まかなう	마련하다.
紛れる	まぎれる	혼동되다.
見合わせる	みあわせる	마주보다. 보류하다.
見落とす	みおとす	간과하다. 빠뜨리고 보다.
見下す	みくだす	아래를 보다. 깔보다.

見逃す	みのがす	간과하다. 못 본 체하다.
見渡す	みわたす	전망하다.
結び付く	むすびつく	맺어지다. 결합되다.
目覚める	めざめる	싹트다. 각성하다.
申し入れる	もうしいれる	신청하다. 제의하다.
齎す	もたらす	초래하다.
持ち上げる	もちあげる	들어올리다. 치켜세우다.
盛り上がる	もりあがる	높아지다.
催す	もよおす	개최하다. 자아내다.
役立つ	やくだつ	유용하다. 도움이 되다.
遣り遂げる	やりとげる	완수하다.
歪む	ゆがむ	비뚤어지다. 일그러지다.
揺さぶる	ゆさぶる	흔들다. 동요 시키다.
濯ぐ	ゆすぐ	헹구다. 양치질하다.
緩む	ゆるむ	느슨해지다. 누그러지다.
避ける	よける	비키다. 막다.
横切る	よこぎる	가로지르다. 횡단하다.
遣す	よこす	건네다.
寄せる	よせる	밀려오다. 접근하다.
装う	よそおう	장식하다. ―인 체하다.
呼び掛ける	よびかける	말을 걸다. 호소하다.
呼び出す	よびだす	불러내다. 꾀어내다.
呼び止める	よびとめる	불러 세우다.
蘇る	よみがえる	다시 살아나다.
寄り掛かる	よりかかる	기대다. 의지하다.
弱る	よわる	약해지다. 난처해 지다.
沸かす	わかす	끓이다. 데우다.
沸く	わく	끓다. 열광하다.
患う	わずらう	앓다. 병이 나다.
詫びる	わびる	사과하다. 사죄하다.
割り込む	わりこむ	새치기하다. 끼어들다.
割れる	われる	깨지다. 부서지다.

제6과

야마가타시(山形市)의 쥬효코겐(樹氷高原)역

読解 실전문제,
단어학습(イ형용사)

학습목표

□ 일본어 능력시험 N2의 読解 문제풀이와 해설강의
□ 단어학습(イ형용사)

1. 読解(1)

問題 1 次の文章を読んで、後の問いに対する答えとして最もよいものを、1・2・3・4から一つ選びなさい。

面会時間は、平日は午後3時～午後8時、土・日、祝日は、午前10時～午後8時です。面会時間をお守りください。

面会される方は、病棟1階で所定の用紙にご記入のうえ、面会バッジを着用して、各病棟のナースステーションにお申し出ください。

長時間の面会は、患者さまがお疲れになる場合がございます。また、一度に多人数の面会やお子さまの面会は、ご遠慮いただく場合がございます。病室での飲食はご遠慮下さい。お見舞品は、香りの強い食べ物はご遠慮願います。生花やフラワーアレンジメント、鉢植えの植物は原則禁止しております。

尚、患者さまのご入院に関して、お電話でのお問い合わせにはお答えできませんので、ご了承ください。

---

1 面会の時、してもいいことは何か。

1 5月5日のこどもの日、11時にお見舞いに行く。

2 花は禁止されているので、果物を持って行って切ってみんなで食べる。

3 あらかじめ、病室の番号をナースステーションの電話で確かめてから行く。

4 面会バッジをつけて、ナースステーションに申し出れば病室に入ってもいい。

東海道新幹線に来年の夏から導入される新型車両で、試験的に最高時速を360キロまで引き上げる走行が行われ、その様子が報道関係者に初めて公開されました。

走行試験を行ったのは、JR東海が来年7月から導入する東海道新幹線の新型車両「N700S」です。「N700S」の営業運転での最高時速は現在と同じ285キロですが、走行試験では360キロまで引き上げて乗り心地や沿線への騒音などを計

測します。

　JR東海は、これまでの車両より空気抵抗を抑えたうえ、ブレーキの改良によって地震などの緊急時の安全性を高めているとしていて、アメリカや台湾への輸出を目指し、性能をアピールすることにしています。

NHK ニュース 2019.6.7 による

2　新型車両についての説明と合ってのはどれか。

1　普段時速360キロで走行する。

2　来年7月から営業運転する。

3　乗り心地が良くなり、騒音が抑えられている。

4　アメリカや台湾に輸出されることになっている。

問題 2　次の文章を読んで、後の問いに対する答えとして最もよいものを、1・2・3・4から一つ選びなさい。

　ソーラーセイルなどの大きな宇宙構造物をロケットに積み込むため、小さく畳む技術に日本の折紙が活かされているというニュースが話題になりました。最近では、それは折紙工学として様々な分野でも応用されるようになり、注目されています。

　AIや自動運転などの技術の進歩により、ロボットやコンピュータが人に代わって仕事をするようになり、人間に求められる役割や能力は、いまもそしてこれからも日々変化していくと思います。

　同じ作業の繰り返しや知識の詰め込みでは、人間はロボットやコンピュータにかなうはずはなく、人間には新しいアイデアを生み出し、形にする創造力が求められます。

　そのとき力になるのが、人間には多様性があることです。ひとつのことを多様な視点から考え、世の中の変化に対しフレキシブルに対応できるということです。

　折紙工学にはひとつの体系があるわけではなく、様々な専門分野から様々な視点をもった人たちが独自の研究をし、協働して研究をする中で、新たな創造が生まれています。円筒の潰れるときのパターンから飲料缶を創造する人も

いれば、防振器を創造しようとする人もいます。

　そういった意味で、自然界の形を再現しようとする日本人の試行錯誤から発展していったのであろう折紙を基礎とする折紙工学は、とても人間的で、人間の可能性を引き出す可能性に満ちた学問分野だと思います。

石田 祥子「宇宙開発に貢献した「折紙」は人間の未来も救う!?」による

3 　折紙工学を応用したものとしてあげられているものは何か。

　　1 宇宙ロケット

　　2 自動運転

　　3 ロボット

　　4 飲料缶

4 　人間に求められる役割や能力は何か。

　　1 様々な分野の幅広い知識。

　　2 緻密な作業を続けられること。

　　3 アイディアを生み出す想像力。

　　4 ひとつの体系を作り出すこと。

한자 상식 퀴즈

* 다음의 히라가나 표기에 알맞은 한자표기는 어느 쪽?

1) ほうき

     ① 峰起   ② 蜂起

2) うしろだて

     ① 後ろ立て   ② 後ろ盾

* 다음의 한자표기어를 올바로 읽은 것은 어느 쪽?

1) 破綻

     ① はてい   ② はたん

2) 手折る

     ① ておる   ② たおる

2. 読解(2)

問題 3　マンションを買ったほうがいいか、借りたほうがいいかについて質問しました。2
人の意見を読んで、後の問いに対する答えとして、最もよいものを1・2・3・4か
ら一つ選びなさい。

A

　私は、子供のころ、分譲のマンションの5階で育ったので、一戸建てよりマ
ンションの3階以上のほうが落ち着くということと、分譲より賃貸のほうが自
由がきくからです。

　家賃を払うくらいなら、買って自分の持ち物にしたほうがいいという考え
方もわかりますが、歳をとって一人になった時、いろんな事情で、そのマン
ションに住み続けることができなくなるという事も考えられます。

　買っても借りても、生涯にかかるお金は変わらないと言われますが、私と
しては、自由にいつでも身軽に動けるというのが、賃貸の一番の魅力です。主
人の転勤、子供の学校など、人生何が起こるかわからないので、その土地に縛
られないほうがよいからです。　万が一、マンション内の人間関係が悪くなっ
てしまった場合もいざとなれば引っ越しできるほうが気持ちも楽です。

　以前、友人が住んでる地域が水害にあって、たくさんの家が流された時
ローンだけが残って、住むところがなくなってしまった人がたくさんいまし
た。

B

　今は低金利ですから、手持ちのお金が十分ないという場合でもマンション
が買いやすいです。老後、仕事がなくなった後に家賃の心配をあれこれ考える
のは不安ですし、自分のものにならない住まいに、延々と家賃を払うのはもっ
たいないですから。

　持家であればイザという時に財産になります。それに住宅ローン借入時に

多くの金融機関で強制的に加入しなくてはならない団体信用生命保険というのがあります。簡単に言ってしまえばローンを組んだ夫が途中で万が一死亡した場合、あとのローンはチャラにしますよというものです。

　そんなことがなくても、買った場合、ローン完済後は毎月の住居費は管理費と修繕積立金だけなので、老後に得られる安心感は大きいと思います。

5　2人の考えと合っているのはどれか。

1　Bさんは家の値段が上がることを期待している。

2　Aさんは将来何が起こるかわからないと思っている。

3　Bさんは家賃を払うほうがもっと高くつくと考えている。

4　Aさんはローンが払えなくて住むところがなくなることを心配している。

6　老後について考えているのは誰か。

1　Aさん

2　Bさん

3　二人とも考えている。

4　二人とも考えていない。

유의어 바르게 사용하기

「全体」·「全部」·「すべて」·「みんな」

| 기본의미 |

그 물건이나 일의 모든 부분·요소에 걸치는 것.

| 포인트 |

「全体」는「部分」에 반하는 어로, 한 덩어리의 물건이나 일에 대해서 빠지는 부분이 없는 총체를 말함.「すべて」「みんな」는 명사로써는 개별적인 것·일의 집합에 대해서 하나하나 빠짐없이 포함한 총체를 말함.「すべて」는 이것도 저것도 라고 하는 의식,「みんな」는 일체적인 것으로 취한다는 의식이 강함.

| 사용구분 |

1. 「－から見れば大したことではない」(－로 보면 대단한 일이 아니다)와 같이 부분이나 개개의 요소에 대한 총체라고 하는 뜻에서는「全体」를 이용함.

2. 「いわしは頭から－食べられる」(정어리는 머리부터－먹을 수 있다)와 같이 형태가 있는 하나의 전체라고 하는 의미로 부사적으로 이용할 경우에는「全部」가 최적임. 이 예에서「すべて」「みんな」도 사용할 수 있지만 이 단어는 머리·몸통·꼬리 라고 하는 개개의 부위를 의식한 가운데 이것도 저것도 라는 느낌이 강함.「全体」는 이 의미에서는 부사로는 사용하지 않음.

3. 「財産を－失ってしまった」(재산을－잃어 버렸다)의「財産」과 같이 복수인 것의 집합체에 대해서 그 히나하나에 대한 이것도 저것도라는 의미는「すべて」「全部」「みんな」를 사용할 수 있음.「全体」는 이러한 의미에서 부사로는 사용하지 않음.

4. 총계의 뜻으로는「全体」「全部」「みんな」를 사용할 수 있지만「部員は－で四十人です」(부원은－로 40명입니다) 에서는「全部」가 최적임. 조금 허물없는 표현이라면「みんな」도 사용할 수 있음.「すべて」는 개별적인 요소의 이것도 저것도 라는 의식이 강해 단순히 수에 환원시켜 말할 경우에는 부적절함.

松井栄一(2008)『ちがいがわかる 類語使い分け辞典』小学館による

3. 読解(3)

問題 4 次の文章を読んで、後の問いに対する答えとして最もよいものを、1・2・3・4から一つ選びなさい。

　昭和40年代には、日本語を漢字仮名まじり文で書いている限り、タイプライターで美しい文書を迅速に作成できる欧米社会とは互角にわたりあえない。だから　機械で書けない「遅れた」文字である漢字など廃止してしまえという議論が、ビジネス界を中心に真剣におこなわれていたものだった。

　だが時代は大きくかわった。技術者たちの努力によってコンピューターで大量の漢字が使えるようになり、漢字は復権をとげた。今では、書きにくく覚えにくい憂鬱（ゆううつ）だって顰蹙（ひんしゅく）だって蹂躙（じゅうりん）だって、キーをいくつか押すだけで簡単に画面に表示でき、ボタン一つできれいに印刷できる。しかし、目の前に機械がいつもあるとは限らない。しかたなく手書きで漢字を書こうとして、いくつかの漢字が書けなくなっている事実に気づいて人は衝撃を受ける。

　コンピューターを使いだしてから、漢字をど忘れするようになった、と多くの人はいう。しかしされは文字記録環境が昔にもどっただけで、漢字が書けるか書けないかは、もとをただせば漢字に関する個人それぞれの知識量と習得達成度によるものである。

　いつの時代においても文字を手で書くという行為はなくならないし、どれほどコンピューターが進化しても、文章の読み書きが国語の基本であることは絶対に変わらないし、そのための基本教育がおろそかにされることは決して許されない。

　ただ、手書きの時代には大きな労力を必要とした複雑な漢字が、今は機械によって簡単に書け、きれいに印刷できるようになったことに対しても、客観的事実としてはっきり目を向ける必要があろう。これからは、かならず手書きで書けなければならない一群の基本的な漢字群と、正しい読み方と使い方を把握さえできていれば必ずしも手で正確に書けなくてもよい漢字群、というよう

に、漢字全体を二層の構造にわけてもいいのではないだろうか。

　コンピューターで文章を書くのが普通の行為になった時代に、20数年前に定められた漢字の規格が示す「常用性」が、大きくゆらぎはじめてきたのは当然である。そして文化審議会国語分科会が常用漢字に対する見直しを提起した背景にも、もちろん漢字をめぐるそんな時代の変化があったのはまちがいない。

　文字は文化の根幹に位置するものである。文化審議会の提起をきっかけに、私たちを取り巻く文字環境がより便利で合理的なものになるように、各方面の積極的な努力を期待したいものだ。

阿辻哲次(2005)「機械で書く漢字を認めよう」『朝日新聞』による

[7]　漢字廃止論が唱えられた理由は何か。

1 時代遅れだから。

2 機械で書けないから。

3 書けない字が多いから。

4 書きにくくて覚えにくいから。

[8]　コンピューターによってどんな変化がみられたか。

1 文書の中で漢字の使用が増えた。

2 人々の漢字を書く能力が向上した。

3 複雑な漢字が簡単に書け、印刷できるようになった。

4 漢字は書けなくても、読めて使い方がわかればよくなった。

[9]　筆者が期待していることは何か。

1 常用漢字を見直すこと。

2 漢字を復権させること。

3 漢字をど忘れすることがなくなること。

4 国語教育で漢字教育の比重を増やすこと。

問題 5　次はオフィス移転の通知である。下の問いに対する答えとして、最もよいものを
1・2・3・4から一つ選びなさい。

＜本社(オフィス)移転のお知らせ＞

　　拝啓　新緑の候、貴社におかれましては、ますますご清栄のこととお喜び申
し上げます。平素は格別のお引き立てを賜りまして、まことにありがたく、厚
く御礼を申し上げます。

　　さて、このたび弊社は「まごころサポート」をはじめとするMINATO21プロ
ジェクトの取り組みのための業務拡張の一環といたしまして、6月1日(土)に本
社オフィスを下記の要領で移転する運びとなりました。なお、5月31日(金)ま
では旧オフィスで通常通り営業いたしております。

　　また、移転に伴い、電話・FAX番号が下記の通り変更となります。お手数
をおかけしますが、お手元の控えをご変更くださいますようお願い申し上げま
す。

　　旧オフィスは交通の便の悪さでなにかとご迷惑をおかけしておりました
が、新事務所は、金融の街でもある茅場町駅からほど近く、江戸情緒が残る古
の街並みを感じながら事務所までたどり着くことができ、よりアクティブな営
業活動の拠点となるものと存じます。お近くにお越しの際は、ぜひお立ち寄り
ください。

　　これを機会に、社員一同　気持ちを新たに日頃のご愛顧に報いるべく専心努
力いたしますので今後ともご指導ご鞭撻を賜りますようよろしくお願い申し上
げます。まずは略儀ながら書中をもってご通知かたがたご挨拶申し上げます。

敬具

記

【新東京本社】　〒104-0033
　　　　　　　　東京都中央区新川1-3 東京不動産茅場町ビル7F
　　　　　　　　・茅場町駅(日比谷線・東西線) 徒歩約7分
　　　　　　　　・東京駅から車で約12分(2.5km)
　　　　　　　　　電話：03-6464-0806 FAX：03-6464-0807

【営業開始日】　2019年6月3日(月)

【移転日】　　2019 年 6 月 1 日(土)終日

※ 移転当日は、代表番号・FAX とも繋がりにくい可能性がございます。

あらかじめご了承のほどお願い致します。

【旧東京本社】　〒108-0075 東京都港区港南 2--8 オーク品川 31F

電話:03-5433-0806 FAX:03-5433-0807

10　通知で伝えていないのは何か。

1　日ごろの感謝

2　新事務所の位置

3　新プロジェクトの内容

4　茅場町駅から新東京本社までかかる時間

11　通知の内容と一致するのは何か。

1　6月1日から営業を開始する。

2　旧オフィスは交通の便がよくなかった。

3　新事務所は金融の町である東京駅から近い。

4　電話番号は変わらないが、FAX番号は変更する。

단어학습(イ형용사)

단어	읽기	뜻
浅ましい	あさましい	한심스럽다.
厚かましい	あつかましい	뻔뻔스럽다.
危うい	あやうい	위험하다.
潔い	いさぎよい	미련 없이 깨끗하다.
勇ましい	いさましい	용감하다. 늠름하다.
愛しい	いとしい	사랑스럽다.
卑しい	いやしい	천하다. 초라하다.
羨ましい	うらやましい	부럽다.
恐ろしい	おそろしい	무섭다.
輝かしい	かがやかしい	빛나다. 훌륭하다.
堅苦しい	かたくるしい	딱딱하다. 형식적이다.
気難しい	きむずかしい	성미가 까다롭다.
悔しい	くやしい	분하다.
煙たい	けむたい	거북하다. 어렵다.
恋しい	こいしい	그립다.
香ばしい	こうばしい	향기롭다. 고소하다.
心細い	こころぼそい	불안하다.
騒がしい	さわがしい	시끄럽다. 소란하다.
四角い	しかくい	네모지다. 딱딱하다.
渋い	しぶい	떫다. 차분하다.
素早い	すばやい	민첩하다. 재빠르다.
図太い	ずぶとい	뻔뻔스럽다.
切ない	せつない	애달프다. 못 견디다.
騒々しい	そうぞうしい	시끄럽다. 떠들썩하다.
逞しい	たくましい	늠름하다. 건장하다.
乏しい	とぼしい	모자라다. 부족하다.
名残惜しい	なごりおしい	아쉽다. 섭섭하다.
情け深い	なさけぶかい	인정이 많다. 정이 깊다.

名高い	なだかい	유명하다. 이름 있다.
生臭い	なまぐさい	비린내 나다.
生ぬるい	なまぬるい	미지근하다.
鈍い	にぶい	무디다. 둔하다.
粘り強い	ねばりづよい	끈질기다. 끈덕지다.
儚い	はかない	허무하다. 덧없다.
歯痒い	はがゆい	속이 타고 답답하다.
激しい	はげしい	심하다.
果てしない	はてしない	끝이 없다.
甚だしい	はなはだしい	심하다.
華々しい	はなばなしい	화려하다. 눈부시다.
幅広い	はばひろい	폭넓다. 광범위하다.
等しい	ひとしい	같다. 동일하다.
平たい	ひらたい	평평하다. 평탄하다.
細長い	ほそながい	가늘고 길다.
紛らわしい	まぎらわしい	헷갈리기 쉽다.
待ち遠しい	まちどおしい	몹시 기다려지다.
見苦しい	みぐるしい	보기 흉하다. 볼꼴사납다.
水臭い	みずくさい	서먹서먹하다.
瑞々しい	みずみずしい	윤기가 있고 싱싱하다.
醜い	みにくい	추하다. 추악하다.
蒸し暑い	むしあつい	무덥다.
目覚しい	めざましい	눈부시다. 놀랍다.
滅相もない	めっそうもない	당치도 않다.
面倒くさい	めんどうくさい	매우 귀찮다.
物足りない	ものたりない	어딘가 무속하나.
柔らかい	やわらかい	유연하다. 부드럽다.
緩い	ゆるい	느슨하다. 헐렁하다.
用心深い	ようじんぶかい	신중하다. 조심성이 많다.
若々しい	わかわかしい	아주 젊어 보이다.
煩わしい	わずらわしい	성가시다. 번거롭다.
悪賢い	わるがしこい	교활하다. 간사하다.

야마가타시(山形市)의 사이세이간(済世館)

聴解 실전문제,
단어학습(ナ형용사Ⅰ)

학습목표

☐ 일본어 능력시험 N2의 聴解 문제풀이와 해설강의
☐ 단어학습(ナ형용사Ⅰ)

1. 聴解(1)

問題 1　この問題ではまず質問を聞いてください。それから話を聞いて、問題用紙の1から
4の中から、最もよいものを一つ選んでください。

1

　　　1 資料を準備する。
　　　2 PRを手直しする。
　　　3 写真のレイアウトを変える。
　　　4 会議室のパソコンとマイクをテストする。

2

　　　1 タオル
　　　2 ヘアゴム
　　　3 ビニールバッグ
　　　4 シャンプーとリンス

問題 2　この問題では、まず質問を聞いてください。そのあと、問題用紙の選択肢を読ん
でください。読む時間があります。それから話を聞いて、問題用紙の1から4の中
から、最もよいものを一つ選んでください。

3

　　　1 しみがついていたから。
　　　2 在庫が切れていたから。
　　　3 サイズが合わなかったから。
　　　4 デザインが気に入らなかったから。

4

   1 法事があるから。

   2 石原さんにふられたから。

   3 喪服を着て行きたくないから。

   4 田中君が会いたがっているから。

5

   1 転勤になったこと。

   2 週末大阪に行けること。

   3 遠距離恋愛していること。

   4 貯金ができるようになったこと。

한자 상식 퀴즈

* 다음의 히라가나 표기에 알맞은 한자표기는 어느 쪽?

1) てんき

　　① 転期　　　　　　　② 転機

2) きおくれ

　　① 気後れ　　　　　　② 気遅れ

* 다음의 한자표기어를 올바로 읽은 것은 어느 쪽?

1) **役務**

　　① やくむ　　　　　　② えきむ

2) **委嘱**

　　① いぞく　　　　　　② いしょく

2. 聴解(2)

問題 3　この問題では、問題用紙に何も印刷されていません。この問題は、全体としてどんな内容かを聞く問題です。話の前に質問はありません。まず話を聞いてください。それから、質問と選択肢を聞いて、1から4の中から、最もよいものを一つ選んでください。

6

7

問題 4　この問題では、問題用紙に何も印刷されていません。まず文を聞いてください。それから、それに対する返事を聞いて1から3の中から、最もよいものを一つ選んでください。

8

9

10

11

12

13

유의어 바르게 사용하기

「支度」·「用意」·「準備」

| 기본의미 |

어떤 일을 위해서 필요한 것을 마련하는 것.

| 포인트 |

「支度」는 그것이 바로 될 수 있도록 필요한 것을 마련해 두는 것으로 주로 식사나 복장 등에 대해서 표현함. 「用意」, 「準備」는 무언가를 한다든지 맞이하기 위해서 필요한 것을 미리 준비해 두는 것으로 「支度」보다도 의미가 넓음. 「用意」가 필요한 것을 갖춘다고 하는 구체적인 의미가 강한 반면 「準備」는 그 일에 대한 태세나 환경을 마련한다고 하는 것도 포함하여 사용함.

| 사용구분 |

1. 「食事の－をする」(식사의 －을 하다)의 경우는 세 단어 모두 사용할 수 있는데, 「支度」「用意」「準備」의 순으로 그 내용이 과장되는 느낌이 듦. 「支度」는 이제부터 실제로 요리를 한다고 하는 느낌이 강하지만 「用意」는 요리 재료를 갖추는 단계도 들어가고, 「準備」는 예를 들면 내객용으로 장소를 마련해 두는 일 등도 들어간다고 하는 점임.

2. 「支度」는 주로 식사나 복장에 관해서 말하며 「台風に対する－」와 같이 뭔가가 오는데 준비할 경우에는 사용하기 어려움. 「用意」는 필요한 것을 취해 갖추어 둔다는 느낌이 강하고 「準備」는 종합적으로 태세를 갖춘다고 하는 의미가 됨.

3. 「慌てて外出の－をする」(당황해서 외출 －를 한다)와 같이 짧은 시간의 경우 「準備」는 너무 과장되어 부자연스러움.

4. 「心の－ができていない」(마음의 －가 되 있지 않다)와 같이 마음에 관한 경우는 관용적으로 「準備」를 사용함. 「用意」도 세세하게 마음을 쓴다는 의미로 사용하는 경우도 있지만 「心の－ができていない」의 경우와는 의미도 다르며 「心」과 「意」이 겹쳐진다고 하는 것도 있어서 사용하기 어려움.

松井栄一(2008)『ちがいがわかる 類語使い分け辞典』小学館による

問題 5 この問題では長めの話を聞きます。この問題には練習はありません。メモをとってもかまいません。まず、話を聞いてください。それから、二つの質問を聞いて、それぞれ問題用紙の1から4の中から、最もよいものを一つ選んでください。

14

(14-1)

    1 大雨注意報。

    2 一日中強い雨。

    3 梅雨明けで気温が上がる。

    4 くもりのち晴れ、夕方から雨。

(14-2) 女の人は何を心配していますか。

    1 大雨が降ること。

    2 男の人が車で行くこと。

    3 男の人が社員旅行に行くこと。

    4 男の人が上着を着て行かないこと。

단어학습(ナ형용사 Ⅰ)

단어	읽기	뜻
曖昧な	あいまいな	애매한. 모호한. 분명하지 않은.
鮮やかな	あざやかな	아름답고 선명한. 뚜렷한.
哀れな	あわれな	불쌍한. 가련한.
安易な	あんいな	안이한
意地悪な	いじわるな	심술궂은
内気な	うちきな	내성적인
婉曲に	えんきょくに	빙 돌려서
大幅な	おおはばな	대폭적인
臆病な	おくびょうな	겁이 많은
厳かな	おごそかな	엄숙한
穏健な	おんけんな	온건한
穏和な	おんわな	온화한
過剰な	かじょうな	지나친
頑固に	がんこに	완고히
感心な	かんしんな	기특한
几帳面な	きちょうめんな	꼼꼼한
気まぐれな	きまぐれな	변덕스러운
器用な	きような	요령이 좋은
極端な	きょくたんな	극단적인
清らかな	きよらかな	깨끗한
均等に	きんとうに	균등하게
空虚な	くうきょな	공허한
軽薄な	けいはくな	경박한
謙虚な	けんきょな	겸허한
強引に	ごういんに	억지로
巧妙な	こうみょうな	교묘한
滑稽な	こっけいな	익살맞은
最適な	さいてきな	최적의

細やかな	ささやかな	조촐한
爽やかな	さわやかな	상쾌한
質素な	しっそな	검소한
淑やかな	しとやかな	정숙한
地味な	じみな	수수한
自明な	じめいな	명백한
柔軟な	じゅうなんな	유연한
純情な	じゅんじょうな	순진한
純粋な	じゅんすいな	순수한
上等な	じょうとうな	훌륭한
上品な	じょうひんな	고상한
真剣な	しんけんな	진지한
深刻な	しんこくな	심각한
神聖な	しんせいな	신성한
親切な	しんせつな	친절한
慎重な	しんちょうな	신중한
人道的な	じんどうてきな	인도적인
親密な	しんみつな	친밀한
健やかに	すこやかに	튼튼하게
素敵な	すてきな	아주 멋진
素直に	すなおに	순수하게
速やかに	すみやかに	신속하게
性急に	せいきゅうに	성급하게
盛大に	せいだいに	성대하게
切実な	せつじつな	절실한
繊細な	せんさいな	섬세한
先天的な	せんてんてきな	선천적인
疎遠に	そえんに	소원하게
率直に	そっちょくに	솔직하게
素朴な	そぼくな	소박한
退屈な	たいくつな	지루한
怠惰に	たいだに	태만하게

제8과

오바나자와시(尾花沢市)의 긴잔(銀山)온천

言語知識 실전문제,
단어학습(ナ형용사Ⅱ)

학습목표

□ 일본어 능력시험 N2의 言語知識 문제풀이와 해설강의
□ 단어학습(ナ형용사Ⅱ)

1. 言語知識(文字)

問題 1 ＿＿＿＿＿の言葉の読み方として最もよいものを1・2・3・4から一つ選びなさい。

1. 冬の季節は<u>乾燥</u>しやすいので火災には充分に注意しなければならない。
   1 こんそう　　　　2 かんそう　　　　3 こんぞう　　　　4 けんそう

2. 山の朝はひんやりとしていて、<u>爽やか</u>だった。
   1 すこやか　　　　2 あざやか　　　　3 すみやか　　　　4 さわやか

3. まもなく12時出発の<u>警笛</u>がなるだろう。
   1 きょうてき　　　2 きょうせき　　　3 けいてき　　　　4 けいせき

問題 2 ＿＿＿＿＿の言葉を漢字で書くとき、最もよいものを1・2・3・4から一つ選びなさい。

4. 敵のエースに<u>みごと</u>なシュートを入れられて逆転されてしまった。
   1 未事　　　　　　2 微事　　　　　　3 見事　　　　　　4 御事

5. 子供が結婚して、ようやく親としての<u>つとめ</u>が果たせたような気がした。
   1 努め　　　　　　2 勤め　　　　　　3 役め　　　　　　4 務め

6. 薬剤師に薬の<u>ようりょう</u>を守ってのまないといけないといわれた。
   1 用量　　　　　　2 容量　　　　　　3 溶量　　　　　　4 要領

한자 상식 퀴즈

* 다음의 히라가나 표기에 알맞은 한자표기는 어느 쪽?

1) じょじょに

① 除除に　　　　　② 徐徐に

2) みつげつ

① 密月　　　　　② 蜜月

* 다음의 한자표기어를 올바로 읽은 것은 어느 쪽?

1) 衆生

① しゅじょう　　　② しゅうじょう

2) 逃げ果せる

① にげはたせる　　② にげおおせる

問題3 (　　　　)に入れるのに最もよいものを1・2・3・4から一つ選びなさい。

7 高価な商品の価格には広告(　　　)も含まれている。
1 料　　　　　　2 代　　　　　　3 金　　　　　　4 価

8 どうか人を窮地に追い(　　　)ことはやめてほしいです。
1 出す　　　　　2 込む　　　　　3 付く　　　　　4 越す

問題4 (　　　　)に入れるのに最もよいものを1・2・3・4から一つ選びなさい。

9 お祝いをもらったら、(　　　)お礼をするのが常識ですよ。
1 確か　　　　　2 かえって　　　3 せめて　　　　4 ちゃんと

10 そんな(　　　)な言い方では相手に真意が伝わらない。
1 器用　　　　　2 安易　　　　　3 曖昧　　　　　4 謙遜

問題5 ＿＿＿＿＿の言葉に意味が最も近いものを1・2・3・4から一つ選びなさい。

11 観光客を誘致するためには、レジャー施設を拡充しなければならない。
1 遊戯　　　　　2 休息　　　　　3 娯楽　　　　　4 歓楽

12 新幹線が運休するのはまれなことだ。
1 よくある　　　2 よくない　　　3 とくべつな　　4 あまりない

問題 6 次の言葉の使い方として 最もよいものを1・2・3・4から一つ選びなさい。

13 せめて

1 いくら忙しくても、せめて電話ぐらいはするものだ。

2 今度のテストではせめて60点ぐらいしかとれないだろう。

3 期待していなかったが、せめて契約が取れた。

4 彼のことはせめて名前ぐらいしか覚えてなかった。

14 取り組む

1 仲間とバンドを取り組んで文化祭で演奏した。

2 新しい技術を取り組んで製品の性能向上を図った。

3 この商品は割れやすいので、取り組みに注意してください。

4 彼は今、新しい研究に取り組んでいるそうだ。

유의어 바르게 사용하기

「なでる」・「さする」・「こする」

| 기본의미 |

대상의 표면에 뭔가를 대어 접촉면을 좌우·전후 등으로 움직임.

| 포인트 |

「なでる」는 손바닥이나 손가락 등으로 가볍게 대고 대상을 사랑스럽게 천천히 움직이는 동작. 「さする」는 손바닥이나 손가락을 몸에 대고 가볍게 마찰하듯이 하는 동작으로 반복해서 움직이는 점에 특징이 있고 아픔, 고통, 경직 등을 완화시키기 위해서 행함. 「こする」는 물건을 뭔가의 면에 꽉 누르면서 움직이는 동작으로 대는 것이 손이나 손가락에 한정되지 않고 반복적이 아닌 한 번의 동작 에도 사용함. 힘의 들어가는 정도는 일반적으로 「なでる」「さする」「こする」의 순으로 강해짐.

| 사용구분 |

1. 「背中を―」(등을 ―)에서는 「なでる」「さする」「こする」를 모두 사용함. 「なでる」는 상대를 사 랑스럽게 생각하는 경우이며, 「さする」는 기침을 한다든지 등이 아프다든지 할 경우 등에, 「こ する」는 예를 들면 때 밀기 등에서 등을 강하게 마찰하는 경우나 개나 고양이 등이 등의 가려운 부분을 물건에 대고 마찰하듯이 움직이는 경우 등에 이용됨.
2. 「弟の頭をやさしく―」(남동생 머리를 부드럽게―) 와 같이 위로하듯이 가볍게 행하는 경우, 「こする」는 부적당함.
3. 「痛めた腰を―」(다친 허리를―)과 같이 아픔을 느끼고 있는 경우에는 「さする」가 적당함. 「な でる」는 표현이 너무 약해서 부자연스러움.
4. 「たわしでごしごし―」(수세미로 북북―)과 같이 마찰할 경우는 「こする」밖에 사용하지 않음.

松井栄一(2008) 『ちがいがわかる 類語使い分け辞典』 小学館による

3. 言語知識(文法)

問題 7 次の文の(　　　)に入れるのに最もよいものを1・2・3・4から一つ選びなさい。

15 お忙しい(　　　　　　)わざわざおいでいただきましてありがとうございます。
1 うちに　　　　　　2 ところ　　　　　3 うえに　　　　　4 ものの

16 (　　　　　　)仕事を早くかたづけなければならない。
1 やりかけの　　　2 やりきった　　　3 やり通した　　　4 やりそこないの

17 うちの亭主と(　　　　)、日曜日はごろごろ寝てばかりいるのよ。
1 いえども　　　　2 あれば　　　　　3 ばかりに　　　　4 きたら

問題 8 次の文の＿＿*＿＿に入る最もよいものを1・2・3・4から一つ選びなさい。

18 彼の指摘は＿＿＿＿ ＿＿＿＿ ＿＿*＿＿ ＿＿＿＿納得できるものだった。
1 あって　　　　　2 研究している　　3 だけ　　　　　4 熱心に

19 スマホの＿＿＿＿ ＿＿*＿＿ ＿＿＿＿ ＿＿＿＿ある。
1 インターネットの利用が　　　　　2 増えつつある
3 普及　　　　　　　　　　　　　　4 につれて

20 もっとも語と＿＿＿＿ ＿＿*＿＿ ＿＿＿＿ ＿＿＿＿のが当て字である。
1 むすびついた　　2 形式で　　　　　3 文字とが　　　　4 自然な

問題 9 次の文を読んで、(21)から(25)の中に入る 最もよいものを1・2・3・4から一つ 選びなさい。

　北海道の宗谷岬は、北緯45度31分。文字通り日本の最北端である。観光の時期には、とくに若い人々でにぎわう「極点」だ。

　極点とは、(21)緯度90度の北極点と南極点のことだろうが、一般的にいえば到達できる最後の点である。ひとはなぜか極点(22)。多くの観光地の所在が、それを証明している。

　行けるところまで行ってみたい、という気持ちが人々を突端に駆り立てる。極点の魅力とは、いったい何だろう。日常的な生活圏が終わってしまう地点。そこに立つ時、なにがしかの緊張とともに未知の前方への複雑な感情が押し寄せる。非日常的な領域への恐れ。希望を感じることもあるかも知れぬ。快感を伴った、脱出への期待を感じることすらあるかも知れない。

　だいぶ前に、カボ・ダ・ロカ(ロカ岬)に立った時のことを思い出す。ポルトガルの首都リスボンから西へしばらく進む。シントラ山地の西端に、火成岩のがけがある。高さ144メートル。眼下で大西洋の波が絶壁をかむ。詩人カモンイスの詩碑がある。「ここに陸おわり、海はじまる」。

　広大なユーラシア大陸の、ここは西の端だ。前面の水が、ひろがり、ふくらんでいるように見える。

　陸上の生活者(23)「陸おわる」が常識だったに違いない。(24)、そこから先の「新世界」に船出した人がいた。どういう衝動だったのだろう、勇気が要っただろう、などと岬の上で考えた。

　新しい年、それぞれ、さまざまな岬に、私たちは立っている。若い人々の中には、受験岬や就職岬、結婚岬に立つ人もいるだろう。未知の体験に、勇気と、望みとをもって、(26)。

『朝日新聞』天声人語 1991.1.3による

21

1 率直にいえば　　2 簡単にいえば　　3 厳密にいえば　　4 例えていえば

22

1 を避ける　　　　2 につきあたる　　3 に落ちつく　　　4 にあこがれる

23

    1 に対しては   2 にとっては   3 においては   4 については

24

    1 だが   2 さて   3 それで   4 つまり

25

    1 振り返りたい   2 挑みたい   3 たたかいたい   4 誘いたい

단어학습(ナ형용사Ⅱ)

단어	읽기	뜻
大胆に	だいたんに	대담하게
平らな	たいらな	평평한
妥当な	だとうな	타당한
多忙な	たぼうな	다망한
致命的な	ちめいてきな	치명적인
中途半端な	ちゅうとはんぱな	흐지부지한
痛烈な	つうれつな	날카롭고 매서운
月並みな	つきなみな	평범한, 진부한
円らな	つぶらな	동그란
手軽な	てがるな	간단한
手頃な	てごろな	적당한
得意な	とくいな	가장 자신 있는
内向的な	ないこうてきな	내향적인
生意気な	なまいきな	건방진
生半可な	なまはんかな	어중간한
滑らかな	なめらかな	거침없는
苦手な	にがてな	서투른
入念な	にゅうねんな	꼼꼼한
念入りに	ねんいりに	정성들여
長閑な	のどかな	한가로운
呑気な	のんきな	무사태평한
恥曝しな	はじさらしな	수치스런
派手な	はでな	화려한
抜群な	ばつぐんな	뛰어난
悲惨な	ひさんな	비참한
必死に	ひっしに	필사적으로
貧乏な	びんぼうな	가난한
人並みな	ひとなみな	보통의

皮肉な	ひにくな	얄궂은
敏感な	びんかんな	민감한
無愛想な	ぶあいそうな	무뚝뚝한
不気味な	ぶきみな	으스스한
不器用な	ぶきような	서투른
不幸せな	ふしあわせな	불행한
不都合な	ふつごうな	곤란한
物騒な	ぶっそうな	안전하지 않은
不慣れな	ふなれな	익숙하지 않은
不要な	ふような	불필요한
不良な	ふりょうな	불량한
平気な	へいきな	태연한
平凡な	へいぼんな	평범한
朗らかな	ほがらかな	명랑한
仄かな	ほのかな	은은한
間抜けな	まぬけな	멍청한
疎らな	まばらな	드문드문한
見事な	みごとな	멋진
耳寄りな	みみよりな	솔깃한
無口な	むくちな	말수가 적은
無惨な	むざんな	무참한
無造作に	むぞうさに	대수롭지 않게
無茶な	むちゃな	말도 안 되는
無謀な	むぼうな	무모한
物好きな	ものずきな	유별난 것을 좋아하는
厄介な	やっかいな	귀찮은
野暮な	やぼな	멋없는
有意義な	ゆういぎな	의미있는
憂鬱な	ゆううつな	우울한
欲深な	よくふかな	욕심이 많은
余計な	よけいな	쓸 데 없는
利口な	りこうな	영리한

五月雨を
あつめて早し
最上川

芭蕉

모가미쵸(最上町)의 모가미가와(最上川)

読解 실전문제,
단어학습(부사Ⅰ)

학습목표

□ 일본어 능력시험 N2의 読解 문제풀이와 해설강의
□ 단어학습(부사Ⅰ)

1. 読解(1)

問題1　次の文章を読んで、後の問いに対する答えとして最もよいものを、1・2・3・4から一つ選びなさい。

> 自転車は、歩道などに放置すると、撤去されてしまいます。駅周辺で自転車をご利用いただく場合は、必ず駐輪場をご利用ください。
>
> 有料駐輪場は、一時利用の場合、当日1回限り(利用日の日付が変わるまでを当日とした1入出場)自転車は100円、原付バイクは150円でご利用できます。整理員が指定する場所に駐車し、必ず利用券を受け取って下さい。利用日の日付が変わった場合は、日付が変わった回数分の利用料金が追加で課金されます。
>
> 定期利用の場合、契約期間は、1ヶ月(1200円)・3ヶ月(3000円)・6ヶ月(5700円)で、複数回入出場可能、終日ご利用いただけます。

1　駐輪場の利用で正しいものは何か。

1　好きな場所に自転車を駐車していい。

2　当日ならば、一度出てからまた駐車することができる。

3　午後2時から夜12時半まで10時間半駐車して200円払った。

4　一週間に3回ぐらいしか利用しないなら、定額利用にしないほうが得だ。

> 東京に行くと、駅のエスカレーターで多くの人がステップの左側に立ち、その横をサラリーマンらが足早に通り抜ける。先に進みたい人は「右側歩行」。関西では「左側歩行」という。
>
> こうした「マナー」を、見直そうという動きがある。JR東日本はこの冬、特定の駅で歩行自粛を呼び掛けた。
>
> 体が不自由な人の中には、ステップの左右一方に立つ位置を決められないケースがある。そうした人やお年寄りの横を急ぎ足ですり抜け、接触すれば…。

業界団体も、立ち止まった利用が安全基準の前提だとして、以前から注意を促している。「歩行禁止」となれば賛否があるだろう。だが、障害者ら弱者への配慮が足らなければ、新たなルールづくりが当然求められる。

「小社会」「高知新聞」による

2　エスカレーターの利用で求められるルールとは何か。

1　左側に立つ。

2　右側に立つ。

3　歩いてはいけない。

4　急ぎ足で擦り抜ける。

問題2　次の文章を読んで、後の問いに対する答えとして最もよいものを、1・2・3・4から一つ選びなさい。

日本列島の大動脈、東海道新幹線の乗客が昨今とみに増えている。4年間に18％も伸びだ。微増をもってよしとする鉄道の常識をくつがえす勢いである。JR東海にとっては、まことに幸運な事態だ。

だが乗客にはつらい。「指定席がなかなかとれぬ」「2時間も立ちづめだった」と怒っている。

いわゆる金帰月来(金曜日の夜帰って、月曜日の朝来る)で鍛えられた政治家たちも指定席をとれない時があるらしく、デッキにしゃがみこむ国会議員もいるそうだ。

乗客が増えた主因を、経済の活況と東京1極集中、とJRは説明する。東京に出かけて面談しなければ何ごとも話が進まない、商談は成立しない、町づくりの予算もとれない……。そういう仕組みが、ますますあらわになったということだろう。

とくに混雑しているのが平日の午前、東京に向かう「ひかり」だ。大方は新聞を読む、本を読む、書類に目を通す、同僚と打ち合わせをする、ワープロをたたく人もいれば、携帯電話をかける人もいる……。

東海道新幹線の乗客は、平均して1日ざっと33万人。平日の場合、その7割余、24万人が、出張で東奔西走する人々である。

新幹線が初めて走ったのは東京オリンピック大会の年だった。あれから26年。「ひかり」はいまや「走る職場」「走るオフィス」と化した観がある。走り出した当時は「夢の超特急」と呼ばれた。あの時、託した「夢」とは、いったい何だったのか。

「「走るオフィス」と化した「夢の超特急」」「天声人語」1991.3.11による

3 　指定席がなかなかとれないと言われる理由は何か。

　　1 町づくりの予算がとれないから。

　　2 東京に政治・経済が集中しているから。

　　3 政治家たちが多く利用するようになったから。

　　4 鉄道の常識から本数が微増にとどまっているから。

4 　東京に向かう「ひかり」がとくに混んでいるのはいつか。

　　1 月曜日の朝

　　2 金曜日の夜

　　3 土日の朝夕

　　4 平日の午前

한자 상식 퀴즈

* 다음의 히라가나 표기에 알맞은 한자표기는 어느 쪽?

1) おっくう

① 憶劫 　　　　　　　　 ② 億劫

2) いきせききる

① 息咳切る 　　　　　　 ② 息急き切る

* 다음의 한자표기어를 올바로 읽은 것은 어느 쪽?

1) 虚空

① こくう 　　　　　　　 ② きょくう

2) 孫子の代まで

① まごこのだいまで 　　 ② そんしのだいまで

問題 3 安楽死の制度化について質問しました。2人の意見を読んで、後の問いに対する答えとして、最もよいものを1・2・3・4から一つ選びなさい。

A

　九十を過ぎた私が言うのはおかしいかもしれませんけど、長生きってそんなにいいことでしょうか？ある程度の年齢になったら、深刻な病気でなくても、「もうそろそろ、おさらばさせてもらえませんか」と申し出る権利ができてもいいのではないか、と思います。もちろん自殺はダメですから、高齢者本人の意思をちゃんと確かめて、家族も親戚も納得して判を押したら、静かに安楽死できます。そういう制度が日本にあってもいいと思います。

　認知症になって何もわからなくなったら、生きていたくないです。身体が動かなくなったら、生きていたくないです。楽しみがなくなったら、やっぱり生きていたくないと思うんです。自分には子も孫もいないし、夫は先に死にました。天涯孤独なので、あとはもう、他人に面倒をかけたくないだけ。身の回りのことが自分でできなくなる前に死なせてもらいたいです。

B

　安楽死とか尊厳死の議論は高額な治療費とのお金(個人の負担というより皆のお金、財政圧迫)の問題とセットにされがちです。そのため「国や制度の定める一定の基準に基づいて判断される」もの、と勘違いされがちです。現状、安楽死を制度化している国では、まず本人の意思が明確であることが大前提となっています。そのうえで、いくつもの客観的な条件を課しています。仮に本人が死にたいと思っていても、回復の余地のない病気でない場合は、認められない場合もあります。

　その前提が多くの人に誤解されたままだと、本人が望んで生きたいと思っていても、周りの空気が「税金の無駄遣いだからさっさと死ねよ」となる可能性

があります。

　今の日本はそれほど自己決定が自由ではありません。人の自由を守る基盤も不足しています。いじめも起きるし、過労死も起きます。そして自殺者はとても多いです。そんな社会で安楽死だけが先走って制度化されたら、多くの人が「生きづらさ」を理由に安楽死を選択してしまうのではないでしょうか。

5　二人が安楽死の制度化で最も重要だと考えているのは何か。

1 本人の意思

2 客観的条件

3 回復の余地

4 医療費の負担

6　二人の意見と合っているのはどれか。

1 Bさんは国が基準を定めるべきだと思っている。

2 Aさんは人に面倒をかけたくないと思っている。

3 Aさんは長生きすることはいいことだと思っている。

4 Bさんは生きるのが辛い人が安楽死を選択していると言っている。

「ひらく」・「あける」

| 기본의미 |

그 곳을 막고 있는 것을 움직여서 공간이나 출입구를 만듦.

| 포인트 |

「ひらく」는 서로 접한 상태에 있는 것을 중심선에서 쌍방향으로 또는 축을 중심으로 호를 그리듯이 움직여서 사이에 공간을 만드는 뜻이 기본임. 「あける」는 어떤 장소나 입을 막고 있는 것을 빼내고 거기에 공간을 만드는 뜻이 기본. 두 단어 모두 갖가지 파생의 뜻을 가짐.

| 사용구분 |

1. 「あける」의 경우, 막혀있는 것의 움직이는 방법에 제한이 없는 반면 「ひらく」는 중아에서 좌우로 펼친다든지 회전축을 중심으로 한 움직임의 경우에 말함. 따라서 「ドア(カーテン・ふた)を－」에서 이러한 움직임을 취할 경우 「ひらく」도 사용할 수 있음. 그에 비해 「車の窓(引き出し)を－」(차창문(서랍)을－)과 같이 한 쪽으로 만 움직이는 경우는 「あける」가 적절함.

2. 「足を－」(발을－), 「扇(傘)を－」(부채(우산)를－)은 「ひらく」의 특징적인 사용법. 「あける」는 출입할 수 있는 공간을 만드는 느낌이 강해서 「足を－」과 「扇(傘)を－」에는 사용할 수 없음.

3. 「席を－」(자리를－), 「穴を－」(구명을－)과 같이 메우고 있던 것을 제하고 비운다든지 개구부를 만든다든지 하는 뜻으로는 「ひらく」는 사용할 수 없음. 단 「原生林に道(耕地)をひらく」(원생림에 길(경지)을 열다)와 같이 좌우로 펼치듯이 해서 이용 가능한 공간을 새롭게 만들어 내다라는 뜻으로는 「ひらく」가 사용됨.

4. 「距離を－」(거리를－)은 양쪽 다 사용하지만 「あける」는 단순히 그 만큼만의 거리를 두는 뜻이고, 「ひらく」쪽은 거리가 더욱 커진다는 느낌도 포함함.

松井栄一(2008)『ちがいがわかる 類語使い分け辞典』小学館による

3. 読解(3)

問題 4 次の文章を読んで、後の問いに対する答えとして最もよいものを、1・2・3・4から一つ選びなさい。

奈良・薬師寺の東塔を仰ぎ、白鳳様式の律動美を「凍れる音楽」と絶賛したのは、1878年、日本にやって来た米国の東洋美術研究家フェノロサだった、といわれる。

いま、国宝のその塔が少し傾いてきている。ただちに倒壊することはないけれど、修復の必要があるというのが専門家の見方である。

問題は、いざ修理するにしても果たして宮大工がそろうかどうかという心もとない現状の方だ。国の国宝や重文指定の建造物修理などを多く手がける宮大工の収入は、一般の大工職より低いため、どうしても割のいい方へ人手を取られるのだそうだ。

だから後継者もなかなか育ってこないし、腕のいい宮大工はそろって高齢化している。かつては全国で500人以上はいたといわれる宮大工が、現在約100人にまで減っているのも、そうしたことが原因のひとつである。

文化財保存技術保持者で、法隆寺の昭和大修理や薬師寺の西塔などを再建した薬師寺宮大工棟梁の西岡常一さんによれば、一人前の宮大工になるには10年以上の時間がかかるという。木のくせを見抜き適材適所に使い分ける眼力を養わねばならないし、仏教史の勉強も欠かせないからだ。

木造のお寺の改築や移築の際、どんどん鉄筋コンクリートに衣替えしていることが、宮大工の仕事や保存技術の腕を磨く機会をどれほど少なくしているか。防災面から建築基準法などの法的制約があることは分かるにしても、伝統文化と現代の法律の余裕のある兼ね合いを、関係者はいま一度検討してもおかしくないのではないか。

木の文化といえば、仏像の修理も気掛かりなことの1つである。永久の保存を願って1898年に岡倉天心がつくった財団法人「美術院」(京都市)は、わが国で

ただ1つの国宝修理所だが、修理技師はわずか24人。全国から年間約200件にのぼる国宝や自治体指定、あるいは未指定仏像の修理依頼に半分も応じられない状態なのだ。

このため、いずれは重文級の指定になると思われる仏像が、修理を待ち切れず、未熟な職人にいいかげんな修理を施され、値打ちを失うケースも出てきている。仏像修理技師たちの「天職意識」に寄りかかったままきたツケが、伝統文化の足元を危うくしているのだ。

わたしたちは外国の多様な文化を取り入れ、それを消化することに実に巧みだといわれてきた。

けれど、その一方で古来の独自文化を日陰者にしすぎてきたのではないか。文化活動がどう展開され、享受され、支えられているかは、その国の心の深さと豊かさを示すということに思いをいたすと、わが国の文化の実像が見えてくる。

「木の文化を見直す」『朝日新聞』1991.1.12による

7　傾いた東塔をどうすると言っているか。

1 建て直す。

2 修理する。

3 他の場所に移築する。

4 鉄筋コンクリートにする。

8　宮大工について述べられているのは何か。

1 数が減少している。

2 天職意識が欠けている。

3 技術の高さは世界に認められている。

4 腕を磨く機会が少ないため技術が落ちている。

9　筆者が最も主張したいことは何か。

1 宮大工の後継者を育成すべきだ。

2 防災面から文化財の補強が必要だ。

3 外国から多様な文化を導入すべきだ。

4 わが国の文化の実像を明らかにすべきだ。

問題 5　次は日本文化大学の募集要項である。下の問いに対する答えとして、最もよいも
のを1・2・3・4から一つ選びなさい。

2020年度　日本文化大学外国人留学生入学試験要項

1 出願資格

⑴ 外国において，学校教育における 12年の課程を修了した者又は平成31年
3月31日までに修了見込みの者

⑵ 外国において，学校教育における 12年の課程を修了した者と同等の資格
を持つ者で、平成31年3月31日までに18歳に達する者

2 出願手続き

学部・大学院研究科・短期大学部の出願の受付は、2019年7月1日(月)から10
月9日(水)までです。

学部・大学院研究科・短期大学部の出願は、出願締切日までに郵送必着で
す。なお、窓口での受付は一切行いません。

出願書類の送付先は、日本国内からの出願と日本国外からの出願とでそれ
ぞれ異なります。

- 日本国内からの出願の場合(簡易書留郵便)

  〒102-8787 日本郵便株式会社麹町郵便局留

  「日本文化大学本部学務部入学課 外国人留学生入試係」

  ※ 郵便局留のため、宅配便等では受け取りできませんので、必ず「簡易
  書留郵便」で郵送してください。

- 日本国外からの出願の場合(EMSもしくは書留扱いの航空便)

  〒102-8275 東京都千代田区九段1−2−3

  「日本文化大学本部学務部入学課 外国人留学生入試係」

  NIHON BUNKA UNIVERSITY

  Admissions Division

  1-2-3, Kudan, Chiyoda-ku

  Tokyo 102-8275 JAPAN

3 出願書類

　① 出願確認票(インターネット出願時に印刷したもの)

　② 本人記入用紙(インターネット出願時に印刷したもの)

　③ 履歴書(本人自筆のもの)

　④ 卒業(見込み)証明書(原本)

　⑤ 成績証明書(原本)

　⑥ パスポート(コピー)

　⑦ 志望理由書(本学所定の様式に，本学の学部・学科・専攻を志願する理
　　由を志願者が直筆で具体的に記入してください。)

(注)

Ⅰ. 出願書類の作成には，黒インクのペン又は黒インクのボールペンを使用
　してください。

Ⅱ. 指定箇所以外は，すべて日本語で記入してください。

Ⅲ. 出願書類のうち，外国語で書かれた証明書等には，日本語訳を添付して
　ください。

4 検定料　　35000円

5 入学試験日程および試験科目

Ⅰ. 試験日　11月24日(日)(①日本語による小論文(60分　600字)　②面接)

Ⅱ. 試験場　本校

Ⅲ. 合格発表　12月3日(火)

10　入学願書を受け付けてもらえるのは誰か。

1 英文の卒業証明書と成績証明書を準備した。

2 出願書類をそろえて大学の入学係に持って行った。

3 履歴書と志望理由書は黒インクのボールペンで書いた。

4 高校に行かずに、1年間必死に勉強して大学入学資格検定に合格した。

11　この要項を読んでもわからないことは何か。

1 試験日　　　　　　　　　　　　　2 郵送先

3 振込方法　　　　　　　　　　　　4 出願受付期間

단어학습(부사Ⅰ)

단어	읽기	뜻
生憎	あいにく	공교롭게도
危うく	あやうく	하마터면, 자칫하면
改めて	あらためて	다른 기회에
案の定	あんのじょう	생각한 대로
いい加減	いいかげん	꽤, 어지간히
聊か	いささか	조금, 약간
依然として	いぜんとして	여전히
一概に	いちがいに	무조건, 일률적으로
一向に	いっこうに	조금도, 전혀
一見	いっけん	언뜻 보기에(는)
一斉に	いっせいに	일제히
一層	いっそう	더욱, 한층 더
一編に	いっぺんに	한 번에, 한꺼번에
今更	いまさら	새삼스럽게
今にも	いまにも	당장에라도
押しなべて	おしなべて	모두, 한결같이
恐る恐る	おそるおそる	조심조심
思い切って	おもいきって	큰맘 먹고
思う存分	おもうぞんぶん	충분히, 마음껏
格別	かくべつ	각별히, 유난히
勝手に	かってに	제멋대로, 자기 마음대로
予て	かねて	미리, 전부터
仮に	かりに	만약, 가령
代わる代わる	かわるがわる	교대로, 번갈아 가며
急遽	きゅうきょ	급거, 급히
極めて	きわめて	극히, 더없이
偶然	ぐうぜん	우연히, 뜻밖에
隈なく	くまなく	구석구석까지

決して	けっして	결코
現に	げんに	실제로, 눈앞에
刻一刻と	こくいっこくと	시시각각, 점점
悉く	ことごとく	모조리, 전부
殊に	ことに	특히, 특별히
再三	さいさん	재삼, 여러 번
差し当たり	さしあたり	우선
早速	さっそく	곧, 즉시, 당장
更に	さらに	더 한층, 더욱더
散々	さんざん	실컷, 잔뜩
強いて	しいて	억지로, 굳이
直に	じかに	직접, 바로
次第に	しだいに	서서히, 점점
実に	じつに	실로
若干	じゃっかん	약간
終始	しゅうし	시종, 항상
主として	しゅとして	주로
徐々に	じょじょに	서서히, 차차
知らず知らず	しらずしらず	모르는 사이에
真に	しんに	진실로
少なからず	すくなからず	적지 않게, 대단히
精一杯	せいいっぱい	힘껏, 한껏
精々	せいぜい	기껏, 고작
絶対	ぜったい	절대로
先だって	せんだって	요전에, 일전에
その内	そのうち	가까운 시일 안에
第一	だいいち	우선, 무엇보다
大して	たいして	그다지, 별로
絶えず	たえず	끊임없이, 항상, 언제나
直ちに	ただちに	즉시, 곧
例え	たとえ	비록, 가령
断じて	だんじて	절대로, 결코

제10과

사가에시(寒河江市)의 유키마쯔리(雪祭り)

聴解 실전문제,
단어학습(부사Ⅱ)

학습목표

□ 일본어 능력시험 N2의 聴解 문제풀이와 해설강의
□ 단어학습(부사Ⅱ)

1. 聴解(1)

問題 1 この問題ではまず質問を聞いてください。それから話を聞いて、問題用紙の1から4の中から、最もよいものを一つ選んでください。

1　女の人はまず何をしなければなりませんか。

1 自分で直す。　　　　　　　　　　2 警察に届ける。

3 保険会社に電話する。　　　　　　4 監視カメラを確認する。

2　どんな席を予約しましたか?

1 個室　　　　　　　　　　　　　　2 ソファー席

3 テーブル席　　　　　　　　　　　4 お座敷の部屋

問題 2 この問題では、まず質問を聞いてください。そのあと、問題用紙の選択肢を読んでください。読む時間があります。それから話を聞いて、問題用紙の1から4の中から、最もよいものを一つ選んでください。

3

1 虫がついたから。　　　　　　　　2 薬が強過ぎたから。

3 土が乾燥してたから。　　　　　　4 水をあげ過ぎたから。

4

1 本日　　　　　　　　　　　　　　2 明日の午前中

3 あさっての1時　　　　　　　　　4 あさっての10時

5　確認を求められた内容が正しい場合は何番を押しますか。

1 1番　　　　　　　　　　　　　　2 2番

3 3番　　　　　　　　　　　　　　4 8番

한자 상식 퀴즈

* 다음의 히라가나 표기에 알맞은 한자표기는 어느 쪽?

1) いはい

    ① 遺牌   ② 位牌

2) きがい

    ① 気概   ② 気慨

* 다음의 한자표기어를 올바로 읽은 것은 어느 쪽?

1) 完遂

    ① かんすい   ② かんつい

2) 松明

    ① まつみょう   ② たいまつ

2. 聴解(2)

問題 3　この問題では、問題用紙に何も印刷されていません。この問題は、全体としてど
　　　　んな内容かを聞く問題です。話の前に質問はありません。まず話を聞いてくださ
　　　　い。それから、質問と選択肢を聞いて、1から4の中から、最もよいものを一つ選
　　　　んでください。

　　6

　　7

問題 4　この問題では、問題用紙に何も印刷されていません。まず文を聞いてください。
　　　　それから、それに対する返事を聞いて1から3の中から、最もよいものを一つ選ん
　　　　でください。

　　8

　　9

10

11

12

13

「まざる」・「まじる」

| 기본의미 |

어떤 것 안에 이질적인 것이 들어감.

| 포인트 |

「まざる」는 본래의 것과 들어간 이질적인 것이 일체화한다고 하는 상태, 결과에 중점이 있고 들어간 것의 분량의 비율이 본래 것에 비해 비교적 높은 경우에 자주 사용됨.「まじる」는 이질적인 것이 들어온 동작・작용 그 자체에 중점이 있고, 본래 있던 것의 분량이 들어온 것의 분량보다 훨씬 많은 경우나 본래 것이 본래의 모습・성질을 유지하고 있는 경우에 주로 사용됨.

| 사용구분 |

1. 「赤に白が−ている」(붉은 색에 하얀 색이 −있다)의 경우는 「まざる」「まじる」양쪽 다 사용할 수 있지만, 「まじる」는 모양・꽃 등에서 빨간 것이 중심을 점하고 있는 가운데 하얀 것이 들어가 있다고 하는 의미라고 할 수 있는데 반해 「まざる」는 예를 들어 붉은 안료나 물감에 하얀 안료나 물감이 섞여 핑크에 가까운 색에 되어있다고 의미로 생각할 수 있음.

2. 「よく−ようにドレッシングの瓶を振る」(잘−도록 드레싱 병을 흔든다)와 같이 두 종류 이상의 것이 뒤섞여 일체화하는 경우는 「まざる」를 사용하는 것이 보통임.

3. 「子供に−て大人も楽しんだ」(어린이에게−여 어른도 즐긴다)와 같이 다수 중에 소수가 섞인 경우는 「まじる」가 적절함.

松井栄一(2008)『ちがいがわかる 類語使い分け辞典』小学館による

3. 聴解(3)

問題 5　この問題では長めの話を聞きます。この問題には練習はありません。メモを
とってもかまいません。問題用紙に何も印刷されていません。まず、話を聞いて
ください。それから、質問と選択肢を聞いて、1から4の中から、正しい答えを一
つ選んでください。

14

(14-1)

1 線路に異常が見つかったから。

2 次の駅で火災が発生したから。

3 この先で電車と車の事故があったから。

4 故障して線路に止まっている電車があるから。

(14-2)

1 新宿まで戻る。

2 この駅で降りる。

3 二駅戻って降りる。

4 一駅戻って降りる。

단어학습(부사Ⅱ)

단어	읽기	뜻
断然	だんぜん	단연
単に	たんに	단순히, 단지
着々	ちゃくちゃく	착착, 척척
昼夜	ちゅうや	밤낮으로
序でに	ついでに	ㅡ하는 김에
遂に	ついに	드디어, 마침내
努めて	つとめて	애써, 되도록
常に	つねに	항상
手際良く	てぎわよく	솜씨 있게
堂々と	どうどうと	당당히
当分	とうぶん	당분간, 얼마 동안
時折	ときおり	때때로, 가끔
土台	どだい	원래, 근본적으로
突如	とつじょ	갑자기, 별안간
突然	とつぜん	돌연, 갑자기
飛び切り	とびきり	뛰어나게, 월등히
止めどなく	とめどなく	끊임없이, 하염없이
共に	ともに	함께, 같이
取り分け	とりわけ	특히
尚更	なおさら	더욱 더, 더 한층
何かと	なにかと	어리 가지로
何気なく	なにげなく	아무렇지도 않게
何しろ	なにしろ	어쨌든, 여하튼
何卒	なにとぞ	부디, 아무쪼록
何分	なにぶん	부디, 다소간
何だか	なんだか	무엇인지, 어쩐지
何で	なんで	어째서, 왜
何と	なんと	어떻게, 뭐라고

何とか	なんとか	어떻게든, 간신히
二度と	にどと	두 번 다시
願わくは	ねがわくは	아무쪼록
根掘り葉掘り	ねほりはほり	꼬치꼬치, 샅샅이
軒並	のきなみ	모두, 전부
残らず	のこらず	남김없이
漠然と	ばくぜんと	막연히
甚だ	はなはだ	매우, 심히
早々と	はやばやと	빨리, 일찍
反面	はんめん	한편
引き続き	ひきつづき	계속해서, 잇달아
非常に	ひじょうに	대단히, 아주
引っ切り無しに	ひっきりなしに	끊임없이
必死に	ひっしに	필사적으로
一通り	ひととおり	대충
一先ず	ひとまず	일단, 우선
日に日に	ひにひに	날마다, 나날이
不意に	ふいに	갑자기, 뜻밖에
茫然と	ぼうぜんと	망연히, 멍하니
程なく	ほどなく	머지않아, 이윽고
誠に	まことに	참으로, 정말로
満更	まんざら	반드시 ~인것은 아니다.
見す見す	みすみす	빤히 알면서(보면서)
無性に	むしょうに	몹시, 한없이
無闇に	むやみに	무턱대고, 함부로
専ら	もっぱら	오로지, 한결같이
要するに	ようするに	요컨대, 결국
善く善く	よくよく	충분히, 꼼꼼히
歴然と	れきぜんと	확실함, 뚜렷함
僅か	わずか	불과, 고작
割合に	わりあいに	예상한 것보다
割りに	わりに	비교적

사카타시(酒田市)의 산쿄소코(山居倉庫)

言語知識 실전문제,
단어학습(명사Ⅰ)

학습목표

☐ 일본어 능력시험 N2의 言語知識 문제풀이와 해설강의
☐ 단어학습(명사Ⅰ)

1. 言語知識(文字)

問題 1　＿＿の言葉の読み方として最もよいものを1・2・3・4から一つ選びなさい。

1　異常な天候で作物の収穫に影響が出ることが心配される。
　　1 さくぶつ　　　2 さもの　　　　3 さぶつ　　　　4 さくもつ

2　手術は成功したが、しばらく安静にして様子を見る必要がある
　　1 あんじょう　　2 あんせい　　　3 あんぜん　　　4 あんてい

3　決局、予想を遥かにしたまわる結果となってしまった。
　　1 のどか　　　　2 ほがらか　　　3 はるか　　　　4 にわか

問題 2　＿＿＿＿＿の言葉を漢字で書くとき、最もよいものを1・2・3・4から一つ選びなさい。

4　セールに来た人々は皆、しんけんな顔で品物を選んでいた。
　　1 新験　　　　　2 真剣　　　　　3 心検　　　　　4 信険

5　山が多く、寒い国ではウィンタースポーツがさかんだ。
　　1 栄んだ　　　　2 盛んだ　　　　3 繁んだ　　　　4 活んだ

6　該当するところにぼうせんをひいてください。
　　1 傍線　　　　　2 帽線　　　　　3 防線　　　　　4 膀線

한자 상식 퀴즈

* 다음의 히라가나 표기에 알맞은 한자표기는 어느 쪽?

1) じったいちょうさ

① 実態調査　　　　　② 実体調査

2) ひかげもの

① 日陰者　　　　　② 日影者

* 다음의 한자표기어를 올바로 읽은 것은 어느 쪽?

1) **冤罪**

① めんざい　　　　　② えんざい

2) **刃傷**

① じんしょう　　　　　② にんじょう

問題 3 (　　　　)に入れるのに最ももよいものを1・2・3・4から一つ選びなさい。

7　結果を受け(　　　　)、改善に努力するべきだ。
　　1 とって　　　　　2 入れて　　　　　3 おって　　　　　4 もって

8　あの女優さんは恋人とかけ(　　　　)をしたことで有名になった。
　　1 あい　　　　　　2 がえ　　　　　　3 こみ　　　　　　4 おち

問題 4 (　　　　)に入れるのに最もよいものを1・2・3・4から一つ選びなさい。

9　彼女は気難しいから服をプレゼントしても(　　　　)着ないに決まっている。
　　1 どうせ　　　　　2 めったに　　　　3 必ずしも　　　　4 まるで

10　初めはみんな疑っていたが、彼の説明を聞いて誰もが(　　　　)いた。
　　1 さからって　　　2 うったえて　　　3 うなずいて　　　4 あきれて

問題 5 ＿＿＿＿＿＿の言葉に意味が最も近いものを1・2・3・4から一つ選びなさい。

11　入社できましたら、会社の発展に役に立てるように努力したいと思っています。
　　1 貢献できる　　　2 寄与できる　　　3 協調できる　　　4 活躍できる

12　事故の知らせは入ったが、こまかいことは伝えられていない。
　　1 微妙な　　　　　2 詳細な　　　　　3 正確な　　　　　4 大事な

問題 6 次の言葉の使い方として 最もよいものを1・2・3・4から一つ選びなさい。

13　油断
　　1 今日、テストがあるということを油断していた。

2 これから油断して、健康な生活を送ろうと思う。

3 慣れているからと言って、油断していると失敗する。

4 いくらやってもできないので、もう油断することにした。

[14] さしつかえる

1 機会がさしつかえて、生産に影響が出た。

2 その執事は主人に忠実にさしつかえました。

3 さしつかえなければ、用件をうかがいましょう。

4 リーダーをさしつかえて地道に努力することも大切だ。

유의어 바르게 사용하기

「見落とす」・「見過ごす」・「見逃す」

| 기본의미 |

보고 있으면서 알아차리지 못하고 있다든지 문제시 하지 않고 넘어가 버린다든지 함.

| 포인트 |

「見落とす」는 부주의로부터 보고 인식해야만 하는 것이나 발견해서 처리해야만 하는 것의 존재를 알아차리지 못하고 지나가 버린다는 뜻. 「見過ごす」「見逃す」는 깜박하고 그렇게 하는 경우나 의식적으로 그렇게 하는 경우에도 사용함. 「見過ごす」는 뭔가의 대응・대처를 해야만 하는 일에 대해서 그 존재를 알아차리지 못하고 지나가 버린다든지 그 존재를 알아차렸으면서도 아무 것도 하지 않고 지나가버린다는 뜻. 「見逃す」는 보고 있으면서도 인식해야만 하는 것이나 처리해야만 하는 것의 존재를 알아차리지 못하고 지나가 버린다는 뜻. 비난해야 하는 행위나 잡아야 하는 상대를 보지 않은 척하고 그대로 넘어가 버린다는 뜻. 또한 볼 기회나 잡아야만 하는 호기를 놓친다는 뜻으로 사용되어, 세 단어 중에서 가장 용법이 넓음.

| 사용구분 |

1. 「標識を−たらしい」(표지를 −한 것 같다)와 같이 인식해야만 하는 대상을 알아차리지 못하고 지나가 버린다는 뜻의 경우는 일반적으로 세 단어 모두 사용할 수 있음. 「見落とす」「見過ごす」는 본래 주의가 불충분하여 알아차리지 못하고 지나가버린다는 느낌이지만 「見逃す」는 표식을 의식해서 주의를 기울이면서도 결국 알아차리지 못하고 지나쳐 버린다는 느낌이 됨.

2. 「うっかりして誤植を−」(깜박해서 오자를−)은 교정 중에 오자를 놓쳐버린다고 하는 뜻으로 이 경우는 「見落とす」가 가장 자연스러움. 「見過ごす」라면 교정보다는 한 사람의 독자로서 책의 오자를 알아차리지 못하고 읽어 나갔다고 하는 느낌이 있으며, 「見逃す」도 주의하면서도 라는 느낌이 나기 때문에 두 단어 모두 「깜박해서」와는 어울리지 않음.

3. 「見過ごす」「見逃す」는 알고 있으면서도 문제시 하지 않는다고 하는 뜻으로, 「見過ごす」는 수동적이고 모른 척한다고 하는 느낌이 강한 반면 「見逃す」는 능동적이고 일부러 비난하지 않는다고 하는 느낌이 강함. 따라서 「車内暴力を−」(차내폭력을−)은 「見過ごす」가, 「今度ばかりは−てやる」(이번 만은−한다)는 「見逃す」가 적합함.

松井栄一(2008)『ちがいがわかる 類語使い分け辞典』小学館による

3. 言語知識(文法)

問題7 次の文の(　　　)に入れるのに最もよいものを1・2・3・4から一つ選びなさい。

15 さんざん考えた(　　　　)、会社を止めることにした。

1 ところで　　　　2 あげく　　　　3 うえは　　　　4 ことから

16 データと結論が食い違っているから、その論文の結論は間違っている(　　　　)。

1 と言わざるを得ない　　　　　　　2 と言うわけにはいかない

3 と言えそうもない　　　　　　　　4 と言うものではない

17 いくらいい大学に入ったとしても、病気になってしまったら(　　　　)。

1 それのみだ　　　　　　　　　　　2 それまでだ

3 それだけだ　　　　　　　　　　　4 それからだ

問題8 次の文の ＊ に入る最もよいものを1・2・3・4から一つ選びなさい。

18 今度学生の代表＿＿＿＿ ＿＿＿＊＿＿ ＿＿＿＿ ＿＿＿＿なつているので今から緊張している。

1 スピーチすることに　　　　　　　2 として

3 について　　　　　　　　　　　　4 環境問題

19 1年間＿＿＿＿ ＿＿＿＿＊ ＿＿＿＿ ＿＿＿＿試験に合格した。

1 かいが　　　　2 頑張って来た　　　3 あって　　　　4 ついに

20 当然と思い込んでいる＿＿＿＿ ＿＿＿＿ ＿＿＿＊＿ ＿＿＿＿ことに気づいた。

1 ことが　　　　2 中に　　　　3 潜む　　　　4 意外な

問題 9 次の文を読んで、(　21　)から(　25　)の中に入る最もよいものを1・2・3・4から一つ選びなさい。

　その後、ぼくは書店員をやめて、書店を取材して回るようになった。変な客はどの書店にもいると知った。

　あちこちの書店で報告されているのが、書店員より在庫状態をよく知っている客。毎日のようにやってきて、一時間ほど滞在して、何も買わずに帰る客に多い。

　(　21　)客の一人が店員に新刊の一冊について尋ねる。店員が「その本は売切れです」と答える。すると例の何も買わない常連客が、横から口を挟むのである。

　「その本ならあの棚の下の引き出しにありますよ」

　「……」店員は黙って指さされた引き出しを開ける。(　22　)、彼の言うとおり、在庫が何冊か残っているのである。

　「どうもありがとう」と客は嬉しそうに礼を言う。もちろん店員にではなく、何も買わない常連客にだ。

　なかには「ずうっといるお客さんもいますよ」という書店もあった。毎朝、開店してしばらくするとやってきて、本や雑誌を眺めている。お昼を回るといなくなる。(　23　)、二時間もするとまたやってくる。どうやら昼飯を食べに自宅に帰るらしい。ふたたび彼は本や雑誌を眺め、夕方、店内が混雑してくるとそっと姿を消す。

　(　24　)、書店の客には変人が多いが、実は書店員にも変人が多い。なにしろたいていの書店員は休日にも書店に行く事実がある。もちろん、自分が勤めている書店以外の書店に。

　休日に他の書店に(　25　)。なんと、少なからぬ書店員が、客として他の書店に行き、黙って書棚の整理をしているのだ。立ち読み客が散乱させた雑誌を、きちんと揃えて棚に置き、棚の本の曲がった帯を整える。しかも、彼らはその一連の行為を無意識のうちにしてしまっているらしい。

　たいへんお恥ずかしいことに、ぼくもこの病気の持ち主のひとりだ。書店員をやめて十年になるのに、いまだに書店に入ると棚の整理を始めてしまう。

　取材に行った先でこれをやるとイヤミだと思われる。「すいませんねぇ、汚くてて」なんて店長に言われたりして。

　「違う、違う。ただのクセなんだから」なんて言っても、もう手遅れだ。

永江明(ながいあきら)「本棚の前の変な人々」『すばる』9月号による

21

1 たとえば　　　　2 まず　　　　　3 なぜ　　　　　4 すなわち

22

1 ところが　　　　2 けれども　　　3 すると　　　　4 それから

23

1 さらに　　　　　2 一方　　　　　3 つまり　　　　4 しかし

24

1 したがって　　　2 しかしながら　3 ところで　　　4 ようするに

25

1 行くだけならまだいい　　　　　　2 行くことはいいことだ
3 行くわけにはいかない　　　　　　4 行かざるをえない

단어학습(명사Ⅰ)

단어	읽기	뜻
相づち	あいづち	맞장구
青田買い	あおたがい	졸업전의 학생과 채용계약을 맺는 일
挙げ句	あげく	끝, 종말, 결말
足踏み	あしぶみ	답보상태
頭打ち	あたまうち	한계점
後片付け	あとかたづけ	뒷마무리
跡継ぎ	あとつぎ	상속자, 후계자
穴埋め	あなうめ	결손 또는 부족의 보충
天下り	あまくだり	낙하산 인사
天の邪鬼	あまのじゃく	심술꾸러기
雨漏り	あまもり	비가 샘
歩み	あゆみ	발걸음
言いがかり	いいがかり	트집
言い回し	いいまわし	말주변, 말솜씨
言い訳	いいわけ	변명, 핑계
生きがい	いきがい	사는 가치
息切れ	いきぎれ	숨이 참
行き違い	いきちがい	엇갈림, 오해
憩い	いこい	쉼, 휴식
戒め	いましめ	훈계, 교훈
入れ歯	いれば	의치
嗽	うがい	양치질
受け持ち	うけもち	담당자
渦巻き	うずまき	소용돌이
うつ伏せ	うつぶせ	엎드림
自惚れ	うぬぼれ	자만, 자부
生れ付き	うまれつき	천성, 본성
裏通り	うらどおり	뒷골목

売り込み	うりこみ	판매
売れ行き	うれゆき	팔림새
絵の具	えのぐ	그림물감
お代わり	おかわり	리필
お座なり	おざなり	임시모면, 적당히 넘김
押し売り	おしうり	강매
押し問答	おしもんどう	입씨름, 승강이
お世辞	おせじ	겉치렛말, 겉말림 말
お互い様	おたがいさま	피차일반
思い付き	おもいつき	착상, 고안
折り返し	おりかえし	되돌아 옴
折り畳み	おりたたみ	접어 갬, 접는 우산
顔馴染み	かおなじみ	낯이 익음
顔触れ	かおぶれ	멤버
書き初め	かきぞめ	신춘휘호
貸し出し	かしだし	대출
金儲け	かねもうけ	돈벌이
着替え	きがえ	갈아입음
兆し	きざし	조짐, 징조
切っ掛け	きっかけ	계기, 동기
くじ引き	くじびき	제비뽑기
口答え	くちごたえ	말대답
心当たり	こころあたり	마음에 짚히는 데
心掛け	こころがけ	마음가짐
腰掛け	こしかけ	걸상, 의자, 일시적인 일자리
差し支え	さしつかえ	지장, 방해
差し引き	さしひき	공제
仕入れ	しいれ	구입, 매입
時間割り	じかんわり	시간표
仕組み	しくみ	구조, 기구, 방법, 계획
躾	しつけ	가정교육
品切れ	しなぎれ	품절

야마가타현(山形県)의 오카마(お釜)

読解 실전문제,
단어학습(명사Ⅱ)

☐ 일본어 능력시험 N2의 読解 문제풀이와 해설강의

☐ 단어학습(명사Ⅱ)

1. 読解(1)

問題 1 次の文章を読んで、後の問いに対する答えとして最もよいものを、1・2・3・4から一つ選びなさい。

　家に閉じこもりがちで外出もままならない高齢者の方に、　満足と生きがいを持って、生活が送れるようお手伝いいたします。ご希望の方はご自宅まで送迎いたします。

　来所後健康チェックをします。入浴はその人の状態にあった方法で入れる浴室を用意しております。ご利用される方に合ったお食事を提供します。

　季節感あふれる野外活動やおやつ作り、手先を使った工芸創作などのレクリエーションを行っています。また、専門の担当者が日常生活を営むのに必要なリハビリテーションも随時行っています。　利用日は、月曜日～土曜日(祝祭日・お盆・年末年始を除く)です。

1　説明と合っているのはどれか。

1　季節感あふれる食事が提供される。

2　体が不自由な人でもお風呂に入れる。

3　家に来て、生活の手助けをしてくれる。

4　入所前に健康チェックを受けなければならない。

　アニメーションの語源は、魂や生命を意味するラテン語アニマという。そこから派生したのが「生命を吹き込む」という英動詞アニメートだ。二次元のキャラクターに生命が吹き込まれ動き出すアニメーションは、今や日本が世界に誇るポップカルチャーである。

　とはいえ、日本のアニメーションの元祖といわれる「写し絵」のことはあまり知られていない。2006年の公演時、高畑勲監督が「日本ではアニメ・マンガ的なものが脈々と享受されてきたが、これもまた見事な証拠物件だ」と評した

のが興味深い。彼もまた、新しい表現を追求した開拓者だった。アニメーションに生命だけでなく、文明批評やリアリズムを吹き込んだ。1974年放送の「アルプスの少女ハイジ」は、経済発展と引き換えに失ったものを問いかける。

　亡くなって1年あまり。平和とは、真の豊かさとは。作品に込められたメッセージが聞こえてくる。

「余禄」『毎日新聞』による

2　文の内容と合っているのはどれか。

1　写し絵は高畑勲によって継承されている。

2　アニメーションの語源は英語のアニマである。

3　写し絵は日本のアニメーションの元祖と言われている。

4　アニメーションはもともと文明批判やリアリズムから生まれた。

問題 2　次の文章を読んで、後の問いに対する答えとして最もよいものを、1・2・3・4から一つ選びなさい。

　子どもたちの語彙は、一歳で五語、一歳半で四十語、二歳で二百六十語とふえて行き、三歳になると一気に八百語に増加する。そして重要なのは、この八百語前後で自意識が発生するということである。三つ子の魂百までもの諺どおり、子どもは八百語で自分の意志を持つのである。

　さらに、五歳から七歳にかけて、小学校に入る前後に第二の山がくることも分かった。語彙がふえるのは当然であるが、感覚でではなく、ことばを用いて思考と推理を積み重ねることができるようになる。

　第三の山は十三、四歳前後にくる。いっそう語彙はふえるが、この時期には、ことばの秩序化が行われる。たとえば、無限—宇宙—銀河系—太陽系—地球—アジア—日本—東京都—千代田区—ふくろ小路一番地……というふうに、さまざまなことばを、そしてことばの指し示す事実や知識や観念を、自己を中心に秩序立てて整理し、自分なりの世界観(自分はこの世をどう見るのか。そういう世の中に自分はどう生きて行けばいいのか)を確立する。こうして彼等は、ようやく実質を備えた「ひと」になるのである。

　したがって、ナイフで教師を刺す男の子や二人がかりで老人を殴り殺した

女の子の出現に大人が驚倒するのはまちがっている。彼等にそのような世界観を抱かせるに至った胎内に問題があるのはたしかだからだ。

　なにしろ、彼等を育てた胎内、家庭—その周囲の共同体—学校—社会、ひっくるめて大人たちの世の中は、およそ貧弱なことばしか持たず、その素行たるや、目を覆うばかりのひどさ。大人たちに、ことばを正確に、誠実に、ゆたかに、そしておもしろく使おうという覚悟がないかぎり、子どもたちに楽園はない。

井上ひさし(1999)「楽園の創造」『波』5月号による

3　こどもが語彙を習得する過程での三つの山をあらわすものは次のどれか。

1　感覚−推理−観念

2　意志−思考−秩序化

3　四十語−二百六十語—八百語

4　一歳半−五〜七歳−十三、四歳前後

4　この文で筆者が言いたいことは何か。

1　言語教育は三歳までが最も重要である。

2　こどもの教育は胎内から始まっている。

3　高校生までに人としての世界観が確立する。

4　大人はことばの使い方に気をつけなければならない。

한자 상식 퀴즈

* 다음의 히라가나 표기에 알맞은 한자표기는 어느 쪽?

1) ほうようりょく

　① 抱擁力　　　　　　② 包容力

2) にちじょうさはんじ

　① 日常茶飯事　　　　② 日常茶飯時

* 다음의 한자표기어를 올바로 읽은 것은 어느 쪽?

1) 上戸

　① じょうご　　　　　② じょうと

2) 一献

　① いっけん　　　　　② いっこん

問題 3 高齢者の運転免許、強制返納の仕組みが必要かについて質問しました。2人の意見を読んで、後の問いに対する答えとして、最もよいものを1・2・3・4から一つ選びなさい。

A

　高齢者による重大事故は後を絶たないようです。交通死亡事故全体に占める75歳以上の運転者の割合は、平成18年の7.4％から28年には13.5％に増加し、高齢者以外の運転者と比べると2倍にもなると言われます。

　私もそうですが、年を取るにつれて運転適応能力が低下してきています。それはやむを得ないことと思います。免許の強制返納を求めることが相当な程度に「判断能力が衰えた」か否かの判断を具体的にはどういう基準で行うか、という「実質的な基準」が重要と考えます。そうはいっても、検査には技術的な問題やコストの問題もありますから、現実的には難しいと思います。

　アルコールやタバコは年齢によって強制的に一律に禁止している。つまり人の幸福追求権といっても、一定の制約に服することは社会構造からも明らかです。

　ただ、マイカー必須の地域では、高齢者が運転免許を強制的に返納させられてしまうと、移動手段が奪われてしまうことになります。高齢者の方が普通に移動できるような交通手段(鉄道・バス)の整備も同時に必要だと思います。

B

　内閣府によると、75歳以上の運転者による死亡事故の発生割合は、75歳未満の群と比較して、2倍以上となっているというデータがあります。ただ、よくよくデータを確認しますと「16歳から24歳」の群と比較した場合、約1.2倍ほどしか変わりません。「高齢者」だから事故率が高いのではなく、「若年者」も事故率は高いのです。

75歳以上の高齢者については，認知症や運転能力について慎重な審査をすべきということであれば、それは現在も実施されており、そうした対策を強化することには反対すべき理由はありません。しかし、「高齢者」と、年齢で輪切りにして返納させる仕組みは、わかりやすさの点ではよいですが、基準の適用の具体的場面で発生するであろう不合理は、想像に難くありません。

　　高齢者は概して自分の心身の衰えをよく自覚しておられるでしょうし、経験も豊富ですから、慎重な運転を心掛けている方が多いのではないでしょうか。　運転できなければ生活に困るといった地域性の問題もあるので、検査をしたうえで、個人の判断に任せるのがいいと思います。

5　二人の意見と一致している点はどれか。

1 Aさんは検査をして強制返納を求めるという意見だ。

2 Bさんは検査をするが返納は強制しないほうがいいと言っている。

3 AさんもBさんも高齢者の事故率が特に高いのは事実だと言っている。

4 AさんもBさんも年齢を決めて強制返納させるのが現実的だと言っている。

6　二人が強制返納させた場合の問題点としてあげているのは何か。

1 移動手段のない地域。

2 検査の技術とコスト。

3 判断の基準のあいまいさ。

4 運転能力の個人差による不合理。

「世の中」·「世間」

| 기본의미 |

사람이 타인과 여러가지로 관계하면서 살아가는 장.

| 포인트 |

「世の中」는 무수의 사람들이 서로 관계를 하면서 살아가는 공간적인 장을 막연하게 취해서 하는 표현.「世間」은 공간적인 장 그 자체보다도 그러한 장을 만들고 있는 사람들에게 초점을 맞춘 표현으로 자신이나 자신의 가족을 둘러싼 무수의 타인이라고 하는 이미지로 사용됨.

| 사용구분 |

1. 「彼は－を知らない」(그는 －을 모른다)와 같이 막연한 경우는 「世の中」「世間」이 적당함.
2. 「世間」은 세속적인 인간관계에 중점을 두는 단어로 「日進月歩の－」(일신월보의－)와 같은 객관적 표현의 경우에는 사용하기 어려움.
3. 「－の口がうるさい」(－시끄럽다)는 「日進月歩の－」(일신월보의－)와는 반대로 세속적인 인간관계의 면에서의 표현으로 「世間」가 적당함.
4. 「失恋して－が嫌になる」(실연을 당해서 －싫어지다)와 같이 지금 살아 있는 이 세상이라고 하는 막연한 의미로는 「世の中」가 적당함. 「世間」은 세속적인 인간관계에 중점을 두고 있어 객관적인 막연한 이 세상이라고 하는 표현에는 부적절함.

松井栄一(2008)『ちがいがわかる 類語使い分け辞典』小学館による

問題 4 次の文章を読んで、後の問いに対する答えとして最もよいものを、1・2・3・4から一つ選びなさい。

現代文明は科学・技術の所産を抜きにしては考えられない。科学に限界があることは知っているが、それは難しい問題にかかわることであって、日常の事柄に関してはもうほとんどわかっている。わかっていないことだってあるかもしれないが、それも時間の問題ですぐに明らかにしてくれるだろう。そのように考える人はメールやチャットに熱中し、インターネットでブログを立ち上げ、積極的に科学の成果を活用しようとする。健康食品だってインターネットで情報を採り入れ、よくよく比較して選ぶ。自分の行為は間違いないと確信しているのである。科学を偏愛している人も多い。

しかし、このような人たちは疑うということを忘れがちになる。科学の負の面を見たり聞いたりしても、それは使う方が悪いと考えるのだ。科学をよく知らない人がヘマをしたのだと解釈し、科学を擁護する。科学に鈍な人を見れば時代に遅れているとみなし、自分は科学を満喫して生きていると自信を持っている。事実、パソコンの使い方を熟知し、最新式のスマホを携帯するなど、科学の利用については人より達者である。

科学を偏愛すると、科学の装いをしているものに目移りがして「はしご」をする。新しい運動器具が売り出されると次々買い揃え、ある健康食品が体に良いと評判になれば矢も楯もなく飛びついてしまう。あまり深入りしないぶんだけ害悪をこうむることが少ないから、失望させられることもほとんどない。それによって自分は的確な判断をしてきたと思えるし、いっそう自信になる。科学主義が揺るがないのである。

以上は極端な描写だが、多かれ少なかれ現代人の誰もが持っている科学信仰の一つの姿ではないだろうか。科学の利用に対して一種のマニアになっているのだ。その裏返しが科学主義への失望なのだが、現代は科学への絶大な信頼

か、極端な不信かを迫られている時代なのかもしれない。

　科学至上主義や反科学に走ってしまう根本には、自分を客観的に観察し、社会的な視点で自らを省察する訓練に欠けているということがある。自己本位で、すべて自分の尺度で測ろうとするのだ。そのような人は、社会的な発言を避け、目立つことに臆病になる。メニューに書かれたものについての選択にはうるさいが、自分で新たなメニューを付け加えようとしない。つまり観客民主主義の担い手となり、与えられるものを選択するだけの「お任せ」体質になってしまうのだ。

池内了「疑似科学入門」による

---

7 科学至上主義の人がすることとしてあげられていないものは何か。

1 パソコンを使いこなす。

2 メールやチャットに熱中している。

3 ネットショッピングに夢中になる。

4 新しい運動器具を次々買いそろえる。

8 筆者が科学偏愛について言っていることは何か。

1 口が達者である。

2 時代に遅れている。

3 目移りしやすい性格だ。

4 疑うことを忘れがちだ。

9 筆者が言いたいことは何か。

1 情報を採り入れ、比較することが重要である。

2 科学を絶対的に信頼することが迫られている。

3 科学には限界があるがそれを超えるべきである。

4 与えられるものを選択するだけの体質になってはならない。

問題5 次はスポーツジムの会員募集の内容である。下の問いに対する答えとして、最も
よいものを1・2・3・4から一つ選びなさい。

ミナミスポーツジム会員募集

　ミナミスポーツジムは全国382施設を持つ日本最大級のスポーツクラブで
す。家の近くや会社の近くなど、全国どこでも利用できます。

月会費プラン
ご利用頻度に合わせてお選びください。
　　　① 無理せず隔週(月2回まで)　　　　　　3,000円/月
　　　② まずは週1(月4回まで)　　　　　　　5,000円/月
　　　③ しっかり週2(月8回まで)　　　　　　7,000円/月
　　　④ 好きなだけフリー(回数制限無し)　　10,000円/月

Ⅰ. プランのご利用回数を超えても1,500円/回で、ご利用いただけます。
Ⅱ. ペースが合わなくなったら、月初めの申し込み時に料金プランを
　　変更できます。
Ⅲ. 月の利用回数が消化できなかった場合は、翌月に2回分を繰越できま
　　す。もし当月の残りが3回以上あったとしても2回までの繰越となり
　　ます。
Ⅳ. 月の途中で入会した場合の初月の料金は、利用開始日に応じて週割
　　をご利用いただけます。詳しくはご利用手続きをご覧ください。

ご利用できる施設
＜マシンジム＞　　　　　初心者の方から本格的なトレーニングをしたい方ま
　　　　　　　　　　　　で、あらゆる要望にお応えする最新マシンをエリア
　　　　　　　　　　　　別に取り揃えております。また、マンツーマンでの
　　　　　　　　　　　　個別指導もございます。(有料、ただし初回に限り無
　　　　　　　　　　　　料)
＜スタジオ＞　　　　　　エアロビクス系やダンス系、ピラティス・調整系、
　　　　　　　　　　　　ヨガ・ストレッチ系、格闘技系など、様々な最新プ
　　　　　　　　　　　　ログラムを豊富にご用意しておりますので、きっと
　　　　　　　　　　　　夢中になれるレッスンが見つかります。

＜プール＞	広々としたプールは水質管理が行き届いており、安心してご利用いただけます。各種スクールも開設しております(有料)。
＜リラクゼーション＞	広々としたお風呂でゆったりリラックス。ジャグジーやサウナ、ミストルーム、人工温泉、マッサージチェアー、ボディケアルーム(有料)もございます。

10 無理せず隔週プランを申し込み、月4回行った。いくら払うか。

1 6000円

2 5000円

3 4500円

4 3000円

11 説明とあっているのはどれか。

1 ヨガのレッスンは有料だ。

2 初回は有料だが、マンツーマンの指導を受けたほうがいい。

3 8回のうち4回しか行けなかった。次の週には10回利用できる。

4 家の近くと学校の近くの店舗は利用できるが、旅行先では利用できない。

단어학습(명사Ⅱ)

단어	읽기	뜻
支払い	しはらい	지불
締め切り	しめきり	마감
知り合い	しりあい	지인, 친지
尻込み	しりごみ	뒷걸음질 침, 꽁무니를 뺌
好き嫌い	すききらい	편식
立ち入り禁止	たちいりきんし	출입금지
立ち読み	たちよみ	책을 사지 않고 서서 읽음
ため息	ためいき	한숨
便り	たより	소식, 편지
戯れ	たわむれ	희롱, 장난
段取り	だんどり	일을 해 나가는 순서
使い捨て	つかいすて	일회용
束の間	つかのま	잠깐 사이
償い	つぐない	보상, 속죄
付け	つけ	외상
綱渡り	つなわたり	줄타기
釣り合い	つりあい	균형
手入れ	ていれ	손질
手遅れ	ておくれ	때늦음, 시기를 놓침
手当て	てあて	처치, 치료
手掛かり	てがかり	단서
手続き	てつづき	수속
手引き	てびき	길잡이, 안내
手振り	てぶり	손짓
手分け	てわけ	분담
戸惑い	とまどい	당황함, 망설임
共働き	ともばたらき	맞벌이
取り柄	とりえ	장점

取り締まり	とりしまり	단속
長生き	ながいき	장수
長続き	ながつづき	오래 지속함
長持ち	ながもち	오래 감, 오래 씀
七光り	ななひかり	부모님의 후광
成り行き	なりゆき	경과, 추세
寝入り端	ねいりばな	잠이 막 들었을 무렵
値打ち	ねうち	값, 가격
寝返り	ねがえり	자다가 돌아누움, 배반함
値引き	ねびき	값을 깎음
狙い	ねらい	겨냥
乗っ取り	のっとり	납치
花びら	はなびら	꽃잎
日当たり	ひあたり	양지
贔屓	ひいき	편애
日帰り	ひがえり	당일치기
引け目	ひけめ	열등감, 주눅
日差し	ひざし	햇살
人込み	ひとごみ	인파
人通り	ひとどおり	사람의 왕래
人見知り	ひとみしり	낯가림
独り占め	ひとりじめ	독차지, 독점
日の出	ひので	일출
暇潰し	ひまつぶし	시간낭비
冷や汗	ひやあせ	식은 땀
日焼け	ひやけ	햇볕에 탐
吹き溜まり	ふきだまり	낙오자들이 모이는 곳
骨惜しみ	ほねおしみ	꾀부림
掘り出し物	ほりだしもの	뜻밖에 싸게 산 물건
見返り	みかえり	담보물
身投げ	みなげ	투신, 투신자살
遣り繰り	やりくり	변통

제13과

야마가타현(山形県)의 자연[滝山]

聴解 실전문제,
단어학습(외래어)

학습목표

□ 일본어 능력시험 N2의 聴解 문제풀이와 해설강의
□ 단어학습(외래어)

1. 聴解(1)

問題 1 この問題ではまず質問を聞いてください。それから話を聞いて、問題用紙の1から4の中から、最もよいものを一つ選んでください。

1

1 さば   2 さけ   3 さんま   4 カレイ

2

1 5歳の女の子   2 青のTシャツを着ている
3 おもちゃ売り場ではぐれた。   4 黄色い半ズボンをはいている。

問題 2 この問題では、まず質問を聞いてください。そのあと、問題用紙の選択肢を読んでください。読む時間があります。それから話を聞いて、問題用紙の1から4の中から、最もよいものを一つ選んでください。

3

1 印鑑   2 お金   3 免許証   4 パスポート

4   男の人はどのワインを選びましたか。
1 ドイツの白ワイン   2 チリの赤ワイン
3 フランスの赤ワイン   4 イタリアの白ワイン

5   女の人はお店の何が一番重要だと考えていますか。
1 量   2 味   3 値段   4 雰囲気

한자 상식 퀴즈

* 다음의 히라가나 표기에 알맞은 한자표기는 어느 쪽?

1) しんぴょうせい

   ① 真憑性　　　　　② 信憑性

2) とうほん

   ① 謄本　　　　　② 謄本

* 다음의 한자표기어를 올바로 읽은 것은 어느 쪽?

1) 凡例

   ① ぼんれい　　　　　② はんれい

2) 壊死

   ① えし　　　　　② かいし

2. 聴解(2)

問題 3　この問題では、問題用紙に何も印刷されていません。この問題は、全体としてどんな内容かを聞く問題です。話の前に質問はありません。まず話を聞いてください。それから、質問と選択肢を聞いて、1から4の中から、最もよいものを一つ選んでください。

6

7

問題 4　この問題では、問題用紙に何もいんさつされていません。まず文を聞いてください。それから、それに対する返事を聞いて1から3の中から、最もよいものを一つ選んでください。

8

9

유의어 바르게 사용하기

「了解」·「了承」

| 기본의미 |

상대의 말하는 것이나 사정 등을 이해하고 또한 받아들이는 것.

| 포인트 |

「了解」는 일의 의미·내용·사정 등을 확실히 이해하는 것. 이해하고 상대의 의지·행동 등을 인정한다는 뜻으로도 사용되는데 이 경우도 이해한다는 점에 중점을 둠. 「了承」는 상대로부터 사정이나 부탁 등을 듣고 그것을 받아들이는 것.

| 사용구분 |

1. 「そのことなら－しています」(그거라면－하고 있습니다)의 경우는 「了解」「了承」모두 사용할 수 있음.
2. 「この文の意味が－できない」(이 문장의 의미를－할 수 없다)와 같이 의미를 안다고 하는 뜻인 경우는 「了承」는 사용할 수 없음.
3. 「五分ほど遅れますので御－ください」(5분 정도 늦으니－해 주세요)와 같이 오로지 상대에게 받아들여 달라고 부탁할 경우에는 「了承」를 사용함. 이 경우 「了承」는 정중하게 상대의 이해를 요구하는 느낌으로 「了解」는 사용할 수 없음.

松井栄一(2008)『ちがいがわかる 類語使い分け辞典』小学館による

3. 聴解(3)

問題 5　この問題では長めの話を聞きます。この問題には練習はありません。メモを
とってもかまいません。まず、話を聞いてください。それから、二つの質問を聞
いて、それぞれ問題用紙の1から4の中から、最もよいものを一つ選んでください。

14

(14-1)

　　　1 有酸素運動。

　　　2 ストレッチ。

　　　3 バランス運動。

　　　4 筋力トレーニング。

(14-2)

　　　1 散歩。

　　　2 ダンベル体操。

　　　3 階段の昇り降り。

　　　4 ストレッチ体操。

단어학습(외래어)

단어	읽기	뜻
アイロン	アイロン	다리미
アクセサリー	アクセサリー	액세서리
アピール	アピール	어필
アプローチ	アプローチ	어프로치
アレルギー	アレルギー	알레르기
アンケート	アンケート	앙케이트
イデオロギー	イデオロギー	이데올로기
イヤリング	イヤリング	귀걸이
インスタント	インスタント	인스턴트
インタビュー	インタビュー	인터뷰
ウイスキー	ウイスキー	위스키
ウィークデー	ウィークデー	주말
エチケット	エチケット	에티켓
エネルギー	エネルギー	에너지
エプロン	エプロン	앞치마
オーケストラ	オーケストラ	오케스트라
オリンピック	オリンピック	올림픽
カーペット	カーペット	카펫
カット	カット	컷
カロリー	カロリー	칼로리
キャンセル	キャンセル	취소
キャンペーン	キャンペーン	캠페인
キャリア	キャリア	경력
クラシック	クラシック	클래식
コーナー	コーナー	코너
コピー	コピー	복사
コレクション	コレクション	컬렉션
コンクール	コンクール	콩쿠르

コンピューター	コンピューター	컴퓨터
サイクル	サイクル	사이클
サッカー	サッカー	축구
サラリーマン	サラリーマン	샐러리맨
ジャーナリスト	ジャーナリスト	저널리스트
ジャケット	ジャケット	재킷
シャッター	シャッター	셔터
シリーズ	シリーズ	시리즈
スケジュール	スケジュール	스케줄
ステージ	ステージ	스테이지
スピーカー	スピーカー	스피커
ターミナル	ターミナル	터미널
タイトル	タイトル	타이틀
タイミング	タイミング	타이밍
ティシュペーパー	ティシュペーパー	티슈
デザイン	デザイン	디자인
トラブル	トラブル	트러블
トレーニング	トレーニング	트레이닝
ニュアンス	ニュアンス	뉘앙스
パーティー	パーティー	파티
ヴィールス	ヴィールス	바이러스
ファイル	ファイル	파일
ブレーキ	ブレーキ	브레이크
プログラム	プログラム	프로그램
ボーナス	ボーナス	보너스
マナー	マナー	매너
マネージャー	マネージャー	매니저
モーター	モーター	모터
リラックス	リラックス	릴렉스
ロッカー	ロッカー	로커
コマーシャル	コマーシャル	방송광고
サポーター	サポーター	서포터

정답 및 해설

제1과 일본어 능력시험(JLPT) N1 · N2의 문제유형파악 및 대비요령

1. 언어지식

1) 문자/어휘

問題 1

1 정답 4

해설 きゅうぼう : 窮乏 궁핍.

きょうぼう : 凶暴 흉폭. 共謀 공모. 狂暴 광폭.

くらし : 暮らし 생활.

あんてい : 安定 안정.

지구 전체가 궁핍에서 탈피해 생활이 안정되는 것이 필요하다.

問題 2

2 정답 2

해설 視覚(しかく) : 시각.

資格(しかく) : 자격.

死角(しかく) : 사격할 수 없는 범위.

四角(しかく) : 사각.

취직을 위해서 많은 자격증을 따 두고 싶다.

問題 3

3 정답 3

해설 不安定(ふあんてい) : 불안정.

지금 일은 재미있는데 수입이 불안정하다.

問題 4

4 정답 2

해설 예) 최근 경제발전에 의해 국민생활의 수준이 높아졌다.

問題 5

5 정답 2

해설 1. かくだいする(拡大する) : 확대하다.

2. たんしゅくする(短縮する) : 단축하다.

3. ちくせきする(蓄積する) : 축적하다.

4. こうちくする(構築する) : 구축하다.

問題 6

6 정답 3

해설 強ち(あながち) : [아래에 부정의 말을 수반하여]반드시

1. 그는 반드시 약속 시간에 나타난다.

2. 옆집 아저씨는 반드시 계시지 않는다.

3. 어린 아이의 의견이 반드시 틀리다고는 말할 수 없다.

4. 맑은 날에 그녀는 반드시 산책을 나가거나 한다.

2) 문법

7 정답 3

해설　であろうと : －이라도

ではあるまいし : －도 아니고

どころか : －는 커녕

논문도 아니고 메뉴얼은 비교적 평이한 영어로 써야만 한다.

8 정답 4

해설　きらいがある : －경향이 있다.

현대사회에서 시선하면 프라이버시와 결합되어 막는 것, 컨트롤 해야만 하는 것이라고 생각되는 경향이 있다.

現代社会では視線というと、プライバシーと結び付けられ、防ぐもの、コントロールすべきものと考えられているきらいがある。

9 정답 1

해설　目をまるくする : 놀라서 눈을 동그랗게 뜨다.

目をほそめる : 기쁘거나 귀여운 것을 보고 웃음짓다.

目を三角にする : 눈을 부라리다.

目にする : 보다.

10 정답 2

해설　ところで : 그런데.

むしろ : 오히려.

そこで : 그래서.

そして : 그리고.

해석　사랑에는 나이가 없다. 60이 넘어도, 70대, 80대가 되어도 사랑의 열정은 변하지 않는다.

젊은 사람이 듣는다면 「그게 정말..」이라고 하면서 놀라 눈을 동그랗게 뜰 지도 모른다.나도 젊었을 때는 노년의 사랑 따위 전적으로 예외적인 것으로 왠지 기분 나쁠 정도로 까지 여겨왔다. 사랑에 나이가 없다고 하는 자연스럽고 당연한 것을 몰랐었다.내 자신이 60대가 되어서야 겨우 실감함으로써 알게 되었다.

몇 살이 되어도 사랑하고 사랑 받고 싶은 자연스러운 욕구를 잃어버리지 않는 한 사랑하는 마음은 노화하지 않는다.

작가 노가미 미오코는 50살 때의 일기에 쓰고 있다.

「인간은 결코 본질적으로는 나이를 드는 것이 아닌 것 같은 생각이 든다. 90세인 여인이라도 사랑은 잊지 않는 것은 아닐까」

그렇다고 생각한다.

내가 90이 되어, 아마도 몸의 여기저기가 망가져 있다고 하더라도, 마음은 자유다. 오히려 몸이 말을 안 듣는 만큼 마음의 활동은 활발하게 되어 상념의 세계가 넓어져, 플라토닉 러브 삼매경을 즐기게 되는 것은 아닌지? 90살까지 살아 치매에 걸리지 않았을 때의 이야기이지만 노가미 미오코와 60대 후반에 열렬한 사랑을 했다.

연애편지를 주고받고 확실하게 서로 사모하고 사랑했던 것이 68세때의 일.

인생의 끝이 가까워지면서 이러한 날이 오리라고는 꿈에서라도 생각했겠는가 라고 미오코가 일기에 기록하고 있는 대 연애는 같은 나이의 상대가 죽을 때까지인 10년간 계속되었다.

단어　そうしそうあい(相思相愛) : 서로 사모하고 사랑함.

3) 독해

問題 10   해석   JR 중앙선에서 오렌지색 통근형 전차[201 계]가 곧 모습을 감출 것 같다. 1979년 데뷔 이후 오랜 기간 친숙해져 왔으나 올 3월말까지 최신형인 E233이 80개로 편성되어 688량 투입되어 볼 수 있는 기회가 확연히 줄었다.   JR東日本 八王子 지사 등에 의하면 중앙선 고가공사 관계로 얼마 동안은 두 세개 편성되어 남지만 도장도 안 한 스텐레스 차량이 수도권 통근전차의 대부분을 점하는 가운데 헤어짐을 아쉬워 하는 소리가 높아질 것 같다.

       단어   めっきり : 뚜렷이, 현저히   めっきり秋らしくなった。뚜렷이 가을다워졌다.

11   정답   4

       해설   1. 오렌지색 통근형 전차[201 계]가 사람들로부터 미움을 사게 되어서.

            2. 중앙선 고가화 공사관계상 오렌지색 통근형 전차[201]이 맞지 않기 때문에.

            3. 사람들이 도장을 하지 않은 스텐레스 차량을 선호하기 때문에.

            4. 올 3월말까지 최신형인 E233이 80개로 편성되어 688대 투입되어지기 때문에.

問題 11   해석   교토시교위는 14일, 시립초등학교 전179개교의 5, 6학년 이상을 대상으로 내년도부터 [영어활동]의 수업시간을 주1회의 빈도로 실시할 방침을 확실히 했다. 탈「유토리 교육」을 명확히 한 새로운 학습지도요령(2011년도부터 실시예정)이 연35회를 영어활동도입으로 하고 있는 것을 먼저 취한 것으로 정령지정시로써는 처음이라고 한다.

            시교위에 의하면 전국에서도 학교단위로 영어학습을 도입하고 있는 초등학교가 매해 증가하고 있고 2006년도에는 이미 전국에서 9할 이상의 초등학교가 5,6학년생 대상의 영어학습을 실시.

            시교위에서도 이미 2005년도부터 [종합적인 학습시간]을 이용해 전 초등학교에서 영어활동을 도입. 2007년도는 평균 연22시간을 실시하고 있는데 이번에 수업횟수를 늘리기로 했다.

            증가된 수업시간에 대응하기 위해 시교위는 독자적으로 교과서를 준비했을 뿐만 아니라 영어활용을 위한 교원연수도 예정하고 있다고 한다. 또 국가로부터 파견된 외국어 지도조교(ALT)도 활용해서 수업의 충실을 꾀할 예정이라고 한다.

            시교위는 [국제화가 진전되는 가운데 영어에 의한 일상회화나 세계문화의 이해가 더욱 중요해진다. 세계의 교토로써 영어활동의 도입을 추진하고 싶다]고 하고 있다.

12   정답   2

       해설   1. 교토시가 정령 지정시가 되어 있기 때문에.

            2. 국제화의 진전과 함께 영어에 의한 일상회화나 세계문화의 이해가 더욱 중요해 졌기 때문에.

            3. 영어활동을 위한 교원연수를 하기 위해서.

            4. 나라에서 파견된 외국어 지도조교(ALT)를 활용하기 위해서.

13   정답   3

       해설   1. 2006년도부터 [종합적인 학습시간]을 이용해 모든 초등학교에서 영어활동을 도입하고 있다.

            2. 증가된 수업시간에 대응하기 위해서 영어활동을 위한 교원연수를 했다.

            3. 증가된 수업시간에 대응하기 위해서 독자적으로 교과서를 준비했다.

            4. 2007년도에는 영어학습을 평균 년35시간 실시하고 있다.

問題 12   해석   갑작스럽지만 닭고기를 요리한 적이 있는가. 보통 닭고기라면 나중에 세제로 씻지 않으면 기름 때문에 손이 미끈미끈해 진다. 하지만 맨손으로 다루어도 나중에 물로만 씻어도 충분한 닭고기가 있다.

            그만큼 지방분이 적다는 것인데 그것이 高知현에서 개량된 토사지로이다. 작은 껍질 속에 큰 노른자가 들어있는 유정란이 꽤 평판이 좋고 최근에는 건강에 좋은 고기로도 주목 받고 있다.

            최근 그 이름을 들었을 때 왜 타로가 아니라 지로지 하고 묘하게 생각했었다.하지만 들어 보면 토사의 토종 닭과 로드아일랜드 종을 섞어 만들었기 때문에 [지로]라고 명명했다고 하는 것이다.

            그렇구나 차남의 의미가 아니었구나 하고 묘한 곳에서 감동을 해 버렸다.

            그 지로가 하늘을 날게 되었다. 그렇다고는 해도 날개를 사용해 날아가는 것이 아니다. 지로에게는 안 되었지만 냉동고기가 되어 비행기로 파리에 날아가게 된 것이다. 같이 가는 것으로 高知의 붉은 소도 함께 날아 간다.

이 붉은 소는 글자 그대로 붉은 털 소로 현내에서는 5000마리 정도 사육되어 지고 있는데 마츠자카를 대표로해서 부드럽고 깊이가 있는 맛의 고기로 평가되어 지지만 일본 소고기의 세계에서는 오랜 기간 슬픔에 쌓여 왔다. 하지만 이것 또한 지방이 적고 육질이 좋은 것으로 인해 명예회복의 기회를 맞이하고 있다.

이처럼 지로와 붉은 소가 파리로 날아가게 된 계기를 만든 것은 高知시내 호텔의 주방장이었다. 토사의 기골의 장대함을 그림으로 표현한 것 같은 훌륭한 완고함을 가진 그는 고향의 식재료를 고집해 왔다. 그런 끝에 토사 지로와 붉은 소를 파리로 가지고 와 그 사람들에게 토사의 프랑스 요리를 맛 보게 하고 싶다고 생각하게 된 것이다.

새가 난다, 소가 난다고 하면 샤갈의 그림 중에도 동물이나 꽃이 공중에 떠 있는 것 같은 환상적인 구도가 자주 나온다. 생각해 보면 우리 현립 미술관은 샤갈의 판화 컬렉션으로 알려져 있고 작품 중에는 토사 전통종이를 그림재료로 사용한 것도 있다. 그렇다면 이런 인연도 억지로 갖다 부칠 수 있지 않을까 하고 닭과 소가 하늘을 나는 계획을 들으면서 문득 생각했다.

하지만 상대도 유명한 농업국이기 때문에 일본에서 식재료를 가지고 온다는 이야기가 그렇게 간단히 이루어 질 리도 없다. 그러는 사이에 이 이야기도 머리 속에서 감쪽같이 사라져 있었다. 9월24일 밤부터 다음 날 25일 미명에 걸쳐서의 일이었다. 高知시를 중심으로 기록적인 집중호우에 둘러 쌓였다. 있을 수 있단 말인가 현립 미술관까지 물이 차 버린 것이다. 다행히 샤갈의 그림은 아무 일 없었지만 1층에 전시되어 있던 현민들의 작품이 피해를 입었다.

결과적으로 현청 소재지로써는 2만 2천채 이상이 물에 잠겼다고 하는 고베 이후의 재해를 입었다. 침수 피해이기 때문에 물이 빠져 버리면 겉으로는 평온을 되찾는다. 하지만 고령사회 속에서의 재해인 만큼 피해를 입은 혼자 사는 노인들의 마음의 치유 등 남겨진 과제는 많다.

이렇게 재해 수습에 쫓기고 있던 전달 초 앞에서 말한 주방장이 도지사실에 나타났다. 프랑스 주재의 마쯔우라 대사가 파리의 공저에서 토사 지로와 붉은 소에 의한 프랑스 요리의 밤을 개최해 주시게 되었다고 하는 것이다. 덧붙여 담백하고 쌉쌀한 맛을 내세우는 토사의 일본 술도 등장한다고 한다.

그래서 바로 시식회가 이루어져 지로의 사육사랑 축산 전문가 게다가 파리에 동행해 주실 요리 연구가 혼마 치에코 상 등이 모였다. 지로도 붉은 소도 자연 속에서 자라기 때문에 건강면에서는 두말할 나위가 없다. 단지 그 만큼 팍팍한 느낌을 주지 않기 위한 궁리가 필요해 진다. [커버하기 위해서 계란을 쓰면 어떨까]라든지 [냉동으로 가지고 가니까 그것도 계산에 넣지 않으면]하고 따뜻한 격려의 말이 오고 갔다.

나도 뭔가 말하지 않으면 안 된다고 생각해서 지로 고기는 왜 보통 닭고기와는 씹는 맛이 다른가를 물어 보았다. 그것은 사육기간이 길기 때문이라는 답이었기에 [노화되어 있다는 말입니까?]하고 말을 내뱉자 [아닙니다. 숙성되어 있다고 말해 주십시오]하고 반성을 촉구했다.

수해의 휴유증을 겪고 있는 가운데 이러한 밝은 화제는 기쁘다. 피해를 입지 않은 현립 미술관의 샤갈 그림 중에 닭이나 소가 아닌 [하늘을 달리는 나귀]라는 작품이 있다. 1910년 그가 파리로 나와 처음 그린 유화로 출세작의 하나로 알려진 것이다.

파리대사의 공저에서의 만찬회에는 프랑스 정부 요인도 온다고 한다. 이 문장이 독자 여러분들의 눈에 들어올 무렵에는 이미 결과가 나와 있겠지만 [하늘을 달리는 나귀]처럼 하늘을 달리는 토사지로와 高知의 붉은 소가 토사의 프랑스요리 출세작이 될 것을 바라고 있다.

단어　土佐(とさ) : 옛 지방 이름. 지금의 高知県의 일부.

14　정답　2

해설　1. 토사에는 지로라고 하는 사람의 이름이 많기 때문에.

　　　2. 토사의 토종 닭과 로드 아일랜드 종을 합했다는 의미에서.

3. 작은 껍질 속에 큰 노른자가 유정란이 볼만하기 때문에.

4. 건강에 좋은 고기로 주목 받고 있어서.

15 정답 4

해설 1. 병으로 날 수 없었던 지로가 날게 되었다.

2. 지로가 행글라이더를 타고 날게 되었다.

3. 지로가 특별 훈련을 받아 하늘을 날게 되었다.

4. 냉동고기가 되어 비행기로 파리로 날라가게 되었다.

16 정답 2

해설 1. お裾分け(おすそわけ) : 남에게서 받은 물건이나 이익을 다시 남에게 나누어 줌.

2. お墨付き(おすみつき) : 흑색 도장이 찍혀있는 문서. 권위자의 보증.

3. お手上げ(おてあげ) : 어찌할 도리가 없음.손듦.

4. お澄まし(おすまし) : 새침함.

17 정답 3

해설 1. 집중호우 속에서도 샤갈의 작품은 아무런 피해도 받지 않았다는 것.

2. 노인이 침수피해에서 안정을 되 찾은 것.

3. 高知시내호텔 주방장에 의해 토사지로와 붉은 소가 파리까지 건너가 알려지게 된 것.

4. 현립 미술관의 샤갈의 그림 중에 [하늘을 달리는 나귀]라는 작품이 있는 것.

18 정답 1

해설 1. 필자는 토사지로와 高知의 붉은 소가 토사의 프랑스 요리 출세작이 될 것을 바라고 있다.

2. 파리 공저에서의 프랑스 요리의 밤은 토사지로와 붉은 소만이 소개될 예정이다.

3. 토사지로를 요리하고 나서 세제로 씻지 않으면 기름 때문에 손이 미끌미끌해진다.

4. 토사지로가 보통 닭고기와 씹는 맛이 다른 것은 노화되어 있기 때문이다.

問題 13 해석 A

지방납세에는 찬성하고 싶지 않다. 일본에서는 오랜기간 중앙관청이 권한을 쥐고 있어서 동경의 대기업이 압도적으로 유리한 조건 하에 경제구조가 되어 있어서, 나쁜 표현이지만 [합법적 노예제]에 의해 지방에는 돈 흐름이 좋지 않은 사회가 만들어져 버리기 때문에 문제다.

공기업도 실질적으로 만들고 있는 것은 그 지방의 건설회사인데 조금만 규모가 있게 되면 카시마, 다케나카, 시미즈, 다이세이 등이 몰려온다. 실질적으로 만들고 있는 것은 하청업체인데 말이다. 아마도 중역과 유착되어 있겠지 뭐. 다른 산업에서도(텔레비전 등도 말이야)이러한 불공정한 것을 행하고 있는 한 [지방은 스스로 벌어라]라고 해도 조금은 설득력이 결여되어 있다고 생각한다. 법인세를 환류시키는 것이 아니라 그 지방의 소비세를 그 지방에서 사용시키는 편이 좋다고 생각하는데 어때요?

단어 地場(じば) : 그 고장. 본 고장.

해석 B

찬성. 지방에서는 출산, 육아, 학비 등등, 아이에 대해서 세금으로 많은 보조를 하고 있다. 하지만 성인이 되어서 세금을 받을 수 있는 나이가 되면 중심지로 가 버린다고 하면 소위 길러서 손해 보는 것이 되어 버린다.

어렸을 때 보조를 했던 자치단체가, 성인이 되어 세금을 받는 것은 당연한 이치. 정말 출산부터 학비 그 외, 한 명의 아이가 어른이 될 때까지 어느 정도의 보조금이 들었는지 매년 집계해서 기록해 보는 것은 어떨까? 그 보조금이 마이너스인 기간은 부담한 지방에 납세하게 해서 돌려 받는다. 들인 보조금을 모두 돌려 받으면 도시건 어디든지 살고 있는 지역에 납세하도록 하면 된다.

19 정답 2

해설 1. 지방은 돈 흐름이 원활하지 않기 때문에.

2. 지방이 그 지방의 아이에게 세금을 사용해서 다양한 보조를 하고 있기 때문에.

3. 동경의 대기업이 압도적으로 유리한 조건 하에서 경제의 구조가 형성되어 있기 때문에.

4. 지방에서 얼마나 아이에게 보조금을 들였는지 집계해서 기록하기 위하여.

20　정답　4

해설　1 ① 지방납세는 신중하게 행해야만 한다.

　　　② 지방납세에는 무리가 있다.

　　2 ① 법인세를 환류시켜야만 한다.

　　　② 보조금을 매년 집계해서 기록해야만 한다.

　　3 ① 당연히 지방 납세를 해야 한다.

　　　② 지방 소비세를 그 지방에 사용시켜야만 한다.

　　4 ① 경제 구조상 지방은 스스로 벌기가 어렵다.

　　　② 지방이 보조했기 때문에 납세해야만 한다.

問題 14　해석　2000년이 되면 컴퓨터와 관련된 문제가 일어날 것이라는 말이 나온 지 오래되었지만 무슨 일이 일어날 지는 결국 당일이 되지 않는 한 100%는 모를 것 같다.

나는 이 참에 뭔가 일어나면 좋겠다고 생각한다. 사람 목숨에 관계되지 않는 범위라면 가능한한 곤란할 것 같은 일이 여기에서도 저기에서도 막 발생해서 일본 전체가 "꽈광-"하며 새해의 막이 열린다고 하는 것도 나쁘지 않을 것 같다고.

호기심 근성도 짓궂은 것도 아니라, 뭔가가 일어난다고 하는 것은 뭔가를 생각하는 계기가 된다고 생각하기 때문이다. 특히 아이들에게 있어서 전기가 없는 밤, 전화가 연결되지 않는 하루, 텔레비전을 볼 수 없는 나날, 물이 나오지 않는 세면대… 와 같은 것은, 정말로 곤란한 일이지만 사실은 신선한 것도 될 수 있는 것은 아닐까.

나 자신, 어렸을 때, 정전이었던 밤은 조금은 무서웠지만 가족끼리 있으면 그건 그것대로 마음 설레는 일이었다. 밖을 보면 가로등은 물론 집집마다의 불도 모두 꺼져 암흑 속. "밤은 정말 어둡구나!" 하며 절실히 느꼈다. 촛불 주위에 모여들면 어머니는 늘 옛날 태풍 이야기를 했다.

"너희 아빠 말이야, 태풍으로 옆집 기와가 날라간다고 하는데 방구석에서 책을 읽는단다. 믿어지니?" "어쩔 수 없잖아. 바둥거려봤자. 그것보다도 당신이야말로 하나님께 기도를 드리지 않나. 진짜 이상했어. 아하하."

그런 이야기를 하는 중에 번쩍하고 전기가 들어왔을 때 마음 속까지 비추어지는 것 같은 눈부심. 그런 한편 촛불 흔들 흔들거리는 불꽃, 아빠와 엄마에게 달라붙어 보호받는 느낌도 나쁘지는 않았네 하며 생각하기도 했다.

요즈음은 정전도 적어져서 방에서 촛불을 피운다고 하면 무드를 위해서 라고 생각하는 젊은 사람도 많은 것 같다. 그러한 요즈음이기 때문에 2000년을 맞이 하는데 있어서 문명의 이기인 모든 것이 스트라이크를 일으키는 것도 나쁘지 않은 것은 아닐까.

모 장소의 대정전이 있고 나서 약 8개월 후에는 조금이지만 베이비 붐이 있었다고 하는 것은 무척 좋은 이야기라고 생각한다. 세기말의 정전이나 단수, 그 밖의 갖가지 곤란한 일도 의외의 전개를 보여 줄 지도 모른다.

무엇보다도 모든 것을 당연하다고 느끼고 있는 아이들에게 모든 것은 결코 당연한 것이 아니라는 것을 몸소 이해할 수 있도록 하는 절호의 찬스일 것이다.

21세기도 끝나갈 즈음 그들은 인생을 돌이켜 보았을 때 "그 때는 정말 심했다. 하지만 실은 조금은 설레었단다. 달 빛의 밝음을 처음으로 느낀 체험이었다."예를 들면 그런 식으로 생각해 준다면 너무나도 멋있는 세기말이라고 말 할 수 있지 않을까.

단어　やじうま根性(こんじょう) : 호기심 많고 구경하기 좋아하는 성질.

　　　じたばたする : 바둥바둥거리다. 바둥거리다.

21　정답　4

해설　1 호기심 근성을 가지고 있기 때문에.
　　　2 정전된 밤의 추억을 가지고 있기 때문에.
　　　3 뭔가가 일어나는 것이 즐겁다고 생각했기 때문에.
　　　4 뭔가를 생각하는 계기가 되리라고 생각했기 때문에.

22　정답　3
해설　1 밤인데 전기가 없는 것.
　　　2 전화가 연결되지 않는 것.
　　　3 즐겁게 놀 수 있는 공원이 없는 것.
　　　4 텔레비전을 볼 수 없는 날이 있는 것.

23　정답　4
해설　1 필자와 같은 정전을 경험하기를 바래서.
　　　2 필자와 같이 호기심 근성을 갖기를 바래서.
　　　3 컴퓨터의 2000년 문제를 100% 알기를 바래서.
　　　4 모든 것이 당연하지 않다는 것을 몸소 이해하기를 바래서.

問題 15

24　정답　4
해설　1 응모할 때는 한 사람 1점씩이라는 것.
　　　2 중학생은 CG부문만 응모할 수 있다는 것.
　　　3 응모작품이 전시될 때가 있다고 하는 것.
　　　4 전용 응모 화용지에 그림을 그리지 않으면 안 된다고 하는 것.

25　정답　1
해설　1. CG부문 작품제작에 있어서는 화상의 2차사용을 하지 않을 것.
　　　2. A4사이즈 용지에 그림을 그릴 것.
　　　3. 초등학생도 참가할 수 있다고 하는 것.
　　　4. 컴퓨터의 기종, 소프트에 주의할 것.

해석

제35회 어린이 회화 콩쿠르

테마 :　　두근두근! 쿵쿵!
　　　　　[보호자님들께]
　　　　　미래를 짊어질 어린이들의 풍성한 성장을 전하고 싶다. 이러한 취지에서 생겨난 [어
　　　　　린이 회화 콩쿠르]는 올해로 35회를 맞이했습니다. 과거 34년간 응모총수는 977만점
　　　　　을 넘어 루블박문관에서의 전시도 12년째를 맞이했습니다. 어린이들의 감성이 마음
　　　　　껏 자라줄 것을 기대하며…올 해도 많은 응모 기다리고 있겠습니다.
자격 :　　유아, 초등학생, 중학생(중학생은 CG부문만)
부문 :　　・유아1세－4세부문
　　　　　・유아5세－6세부문(미취학아동)
　　　　　・초등학생1, 2학년부문
　　　　　・초등학생3, 4학년부문
　　　　　・초등학생5, 6학년부문
　　　　　・CG(컴퓨터그래픽)부문*
　　　　　*[CG부문은 유아, 초등학생, 중학생이 대상입니다.]
응모자격 : 전용 응모 화용지에 그림을 그려서 스미세이메이트에게 전달해 주십시오.CG부문에
　　　　　있어서는 A4사이즈용지에 출력해서 전용 응모 화용지에 붙여 주십시오.(기종,소프

트는 어떤 것을 써도 상관없음.데이터 상태의 응모는 삼가해 주십시오.)

기타 :　1. 응모작품은 본인 것으로 미발표한 것 1인당 1점씩으로 제한합니다.

2. 응모작품의 저작권은 응모자에게 있습니다만 사용권은 주최자가 보유합니다.

3. 당사관계자의 응모제한은 없습니다. 엄정한 심사를 행할 예정입니다.

4. CG부문의 작품제작에 있어서는 화상의 2차 사용은 말아 주십시오.

5. 응모작품을 전시하는 경우가 있습니다. 미리 양해를 구합니다.

2. 청해

問題 1

1번

> 男の人と女の人が、会議の日にちについて話しています。会議はいつ行うことになりましたか。
>
> 女：社長、今週の会議のことなんですが、予定通り木曜日の午後でよろしいでしょうか。
>
> 男：あ、そのことなんだが、ちょっとその日は朝からずっと用事ができてしまってね。前の日はどうかね。
>
> 女：この日は山下部長が午後から出張がありますが。午前中はだいじょうだと思います。
>
> 男：そうだな。うーん、月曜日、火曜日は大事なお客さんが来る予定だしね。2日間まるまる接待しなきゃならないだろう。
>
> 女：金曜日は講演会がありますので、一日だめですね。それでは、ここしかないと思いますが。
>
> 男：そうだね。ここにするしかないね。
>
> 会議はいつ行うことになりましたか。

정답 4

해석 남자와 여자가 회의 일정에 대하여 이야기 하고 있습니다. 회의는 언제 열리게 되었습니까?

비서 : 사장님, 이번 주 회의입니다만 예정대로 목요일 오후 괜찮으시죠?

사장 : 아 그거 말인데.그 날은 아침부터 계속 일이 있는데.그 앞 날은 어떤가?

비서 : 그 날은 야마시타 부장이 오후부터 출장이 있습니다만. 오전 중에는 괜찮습니다.

사장 : 그래. 음. 월요일 화요일은 중요한 손님이 올 예정이고. 2일간은 종일 접대하지 않으면 안 되겠지.

비서 : 금요일은 강연회가 있으셔서 하루 종일 안 되시죠. 그러시다면 이 날 밖에 없다고 생각합니다만.

사장 : 그렇지. 이 날로 할 수 밖에 없겠는데.

회의는 언제 열리게 되어 있습니까?

1 수요일 오후

2 화요일 오후

3 목요일 오후

4 수요일 오전

問題 2

1번

男の人が英会話学校の入学の申し込みをしようとしています。男の人は4月にいくら払いますか。

男：えっと、夜間授業の週5回コース、申し込みに来たんですけど。

女：はい、夜間の週5回ですね。3ヶ月コース、6ヶ月コース、1年コースがありますが、期間のほうはどうされますか。

男：3ヶ月でお願いします。入学金とか授業料はどうなってるんですか。

女：はい、ご説明いたします。夜間の週5回、3ヶ月コースとなりますと、入学金が4万円、授業料は18万円となります。授業料のお支払いは一括払いの他に、2回払い、3回払いなどの分割払いも可能となっています。

男：それじゃ、授業料は3回に分けて払います。

女：はい、それでは申し込み用紙に記入していただいて、入学金と1回目の授業料6万円は4月中に支払っていただければけっこうです。

男の人は4月にいくら払いますか。

정답　3

해석　남자가 영어회화학교의 입학신청을 하려고 하고 있습니다. 남자는 4월달에 얼마를 지불합니까?

남：음, 야간수업 주5회코스 신청하러 왔는데요.

여：예, 야간 주5회 코스지요. 3개월 코스,6개월 코스,1년 코스가 있습니다만 기간은 어떻게 하시겠습니까?

남：3개월로 부탁합니다. 입학금이라든지 수업료는 어떻게 되어 있습니까?

여：예, 설명 드리겠습니다. 야간 주5회 3개월 코스라면 입학금은 4만원, 수업료는 18만원이 됩니다. 수업료 납입은 일시불 외에 2번 분할,3번 분할도 가능하게 되어 있습니다.

남：그럼, 수업료는 3번 분할로 내겠습니다.

여：예, 그럼 신청용지에 기입하시고 입학금과 첫 번째 수업료 6만원은 4월 중에 지불하시면 됩니다.

남자는 4월에 얼마를 지불합니까?

1 23만엔

2 13만엔

3 10만엔

4 7만엔

問題 3

1번

男の人が話しています。

わたしが学生時代に一番もてる人っていうのは、勉強はもちろんスポーツもできる人だった。

勉強ばかりしているガリ勉タイプはなんだか不健康に見えて避けられていた。むしろ勉強はできなくてもスポーツのできる人のほうが好感をもたれていた。もちろん文武両道にたけているタイプの人は言うまでもなかった。だから私も中学・高校・大学までずっと勉強をしながらサッカーを続けてきた。文武両道に秀でたいという思いは今も変わらない。

男の人は文武両道についてどう思っていますか。

1 文武両道はいいことだ。

2 文武両道はだめだ。

3 文武両道は古い。

4 文武両道は簡単なことだ。

정답　1

해석　남자가 이야기를 하고 있습니다.

내가 학생시절에 가장 인기 있는 사람이라면 공부는 물론 운동도 잘 하는 사람이었다. 공부만 하는 공부벌레 타입은 왠지 약해 보여 피하는 경향이 있었다. 오히려 공부는 잘 못해도 운동을 잘하는 쪽이 호감을 샀다. 물론 문무 양쪽에 뛰어난 타입의 사람은 말할 것도 없었다. 그래서 나도 중학교, 고등학교, 대학교 때까지 공부를 하면서 축구를 계속해 왔다. 문무 양쪽 다 뛰어나고 싶다고 하는 생각은 지금도 변함이 없다.

문무겸전에 대해서 어떻게 생각하고 있습니까?

1 문무겸전은 좋은 것이다.

2 문무겸전은 좋지 않다.

3 문무겸전은 오래된 것이다.

4 문무겸전은 간단한 것이다.

단어　文武両道(ぶんぶりょうどう) : 문식과 무략을 다 갖추고 있음. 한국어로는 문무겸전.

問題 4

1번

男：あ、疲れた。こんなことばかりやってたら体こわしてしまいそうだよ。

女：1 うん。ほどほどにしておくべきよ。

　　2 そう、よほど嫌なのね。

　　3 いや、それだけはちょっと。

정답　1

해석　남자 : 아, 피곤하다. 이런 일만 하고 있어서야 몸이 다 망가져버릴 것 같아.

여자 : 1 응, 적당히 해 둬야 돼요.

　　　 2 그래, 정말 싫은가 보네.

　　　 3 아니, 그것만은 좀.

問題 5

1번

あるビールイベント会場で店員がビールについて説明しています。

今はこちらの「アサツキ」や「タッポロ」が売れ筋となっております。「アサツキ」はのど越しがよくさっぱりしていて、「タッポロ」は少々苦めの味となっております。あと、こちらの「カントリー」は香りがいいことで知られていて、今若年層に大人気となっております。そして、この「ヒリンビガー」はこちらの商品の中で淡白な味がいたします。お好みに合わせてご購入いただれればと思います。

女：何にする。

男：そうだね。やっぱり人気商品ってこともあるしこれにするよ。

女：いい年してるくせに何いってんの。

男：年は関係ないでしょ。

　　やっぱり味覚以外にも楽しめるってのが魅力だよ。

女：それもそうね。私はこれを買うわ。
男：あ、でも、それ本当に苦いよ。
女：そこがいいのよ。

해석 어느 맥주 이벤트 회장에서 점원이 맥주에 대해서 설명하고 있습니다.
요사이는 이쪽의 [아사쯔키]나 [탑포로]가 잘 팔리고 있습니다. [아사쯔키]는 목으로 넘어갈 때의 맛이 좋고 상쾌하며, [탑포로]는 조금 쓴 맛이 납니다. 그리고 이쪽의 [칸토리]는 향기가 좋은 것으로 알려져 있어 요사이 젊은 층에게 크게 인기입니다. 그리고, 이 [히링비가]는 이 상품 중에서 담백한 맛이 납니다. 취향에 맞게 구입해 주셨으면 합니다.
여자 : 어떤 걸로 할 거예요?
남자 : 글쎄. 역시 인기상품인 것도 있고, 이걸로 할게.
여자 : 나이도 든 주제에 무슨 말이에요.
남자 : 나이는 상관없잖아. 역시 미각 이외에도 즐길 수 있다고 하는 것이 매력이지.
여자 : 그도 그러네요. 난 이걸 살게요.
남자 : 그런데, 그거 정말 써.
여자 : 그래서 좋아요.

질문 1
정답 3
해설 남자는 어떤 맥주를 삽니까?
1 아사쯔키
2 탑포로
3 칸토리
4 히링비가
질문 2
정답 2
해설 여자는 어떤 맥주를 삽니까?
1 아사쯔키
2 탑포로
3 칸토리
4 히링비가

제2과 言語知識 실전문제, 단어학습(동사Ⅰ)

1. 言語知識(文字)문제풀이 및 해설

問題 1

1 정답 3

해설 筆跡(ひっせき) : 필적

사람의 손에 의해 쓰여진 글자에는 각 사람마다의 특징이 있고, 필적에서 그 사람의 성격도 안다고 한다.

2 정답 1

해설 欧米(おうべい) : 유럽과 미국.

歷訪(れきほう) : 여러 나라나 사람을 연이어 방문하는 것.

수상은 오늘 오전 아메리카, 프랑스 등 구미6개국을 연이어 방문하기 위하여 출발했다.

3 정답 4

해설 派閥(はばつ) : 파벌

泥沼(どろぬま) : 수렁. 진창.(비유적으로)한 번 빠지면 헤어나기 힘든 나쁜 환경이나 상태.

はまりこむ : (물건 속에)딱 들어맞다. 빠져들다(관계하여 그 속에 빠져들어 어떻게 할 수도 없게 된 상황)

결국 그는 파벌싸움의 진창에 빠져들었다.

問題 2

4 정답 2

해설 雲行き(くもゆき) : 구름의 형세. (사물이 되어가는)형세. 추세.

あやしい : (좋지 않은 상태로 될 것 같아)불안하다. 심상치 않다.

案の定(あんのじょう) : 생각한대로. 예상[짐작]했던 대로. 아니나다를까. 과연.

吹雪(ふぶき) : 눈보라.

粉雪(こなゆき) : 가랑 눈. 싸리 눈.

오늘은 아침부터 구름 형세가 심상치 않더니 예상했던 대로 저녁이 되어서 눈보라가 되었다.

5 정답 3

해설 紀元(きげん) : 기원.

機嫌(きげん) : 기분. 심기. 비위.

危言(きげん) : 고상한 말을 쓰며 세속을 멀리함. 또는 그 말.

상사의 비위만 맞추는 사람은 반드시 어딘가에서 실패하는 법이다.

6 정답 2

해설 建つ(たつ) : (건물이)서다.

絶つ(たつ) : 끊다.

経つ(たつ) : 경과하다.

立つ(たつ) : 서다.

그 싸움 이후에 여자친구와는 연락을 끊은 상태이다.

* 다음의 히라가나 표기에 알맞은 한자표기는 어느 쪽?

1) 정답 ①

해설 縮小(축소)는 크기를 줄이는 것. 또는 크기가 줄어들어 작아 지는 것. [組織を縮小する 조직을 축소하다] 과 같이 사용함. 「小」는 크기를 말하고, 「少」는 수를 말하는 것은 누구나 알고 있지만 혼동하는 경우가 많다.

2) 정답 ②

해설 몸 상태가 나쁠 때나, 괴로운 정신상태일 때 나타나는 짙은 기름 같은 땀. 「油」와 「脂」는 모두 「あぶら」이지만 「油」는 「石油 석유」「魚油 생선기름」「桐油 오동나무기름」등과 같이 광물성, 동물성, 식물성을 막론하고 널리 「あぶら」의 의미로 쓰여지는 데 반해, 「脂」는 주로 동물성 「あぶら」를 말한다.

* 다음의 한자표기어를 올바로 읽은 것은 어느 쪽?

1) 정답 ②

해설 사람 눈을 피해 숨어사는 집이나 장소. 「かくれが」는 쫓긴다든지 사람 눈을 피한다든지 하는 자가 숨듯이 살고 있는 곳.

2) 정답 ②

해설 사람이나 인가가 모인 곳. 마을. 「井戸」의 「井」는 훈독을 합니다만, 「市井」는 본래 한어여서 「市」「井」모두 음으로 읽는다.

2. 言語知識(語彙)문제풀이 및 해설

問題 3

7 정답 4

해설 問い返す(といかえす) : 되묻다. 반문하다.
問い掛ける(といかける) : 묻다. 질문을 던지다.
問い合わせる(といあわせる) : 문의하다.
어제 발표된 신제품 발매에 대해서 문의가 쇄도했다.

8 정답 1

해설 取り返し(とりかえし) : 돌이킴. 되찾음. 만회. 회복.
取り込み(とりこみ) : 거둬들임. 수확. 어수선함. 북새통.
取り入れ(とりいれ) : 거둬들임. 도입.(농작물의)수확.
取り組み(とりくみ) : 대처.(씨름에서)대전.
나는 며칠 전 일하면서 돌이킬 수 없는 실수를 해 버렸다.

問題 4

9 정답 2

해설 電話(でんわ)が遠(とお)い : 전화의 감이 멀다.
죄송합니다. 전화 감이 먼 것 같으니 다시 걸겠습니다.

10 정답 3

해설 応対(おうたい) : 응대. 접대. 예) 応対に気を配る. 응대에 신경을 쓰다.
応答(おうとう) : 응답. 예) 応答せよ. 응답하라.
対応(たいおう) : 서로 마주봄. (상황에 따라)대처함.
呼応(こおう) : 호응.
재해 시 정부의 대응이 적절했는지 문제시되고 있다.

問題 5

11	정답	2
	해설	いきなり : 갑자기.

いきなり : 갑자기.
やはり : 역시.
突然(とつぜん) : 갑자기.
早速(さっそく) : 바로.
いちいち : 일일이. 빠짐없이.
회의 도중에 갑자기 의견을 내라고 해서 당황스러웠다.

12	정답	4
	해설	面倒(めんどう)な : 번거로운. 귀찮은. 성가신.

平凡(へいぼん)な : 평범한.
厄介(やっかい)な : 번거로운. 귀찮은. 성가신.
押し付ける(おしつける) : 밀어붙이다. (일・책임 등을 억지로)떠맡기다.
그는 성가신 일은 전부 나에게 떠맡긴다.

問題 6

13	정답	1
	해설	もったいない : 아깝다.

아직 사용할 수 있는데 버려버리는 것은 아깝다.

14	정답	3
	해설	あいにく : 공교롭게도. 재수 없게도. 마침 (무엇을 하려고 하는데 그럴 수 없는 상태임을 나타내는 말).

부장은 마침 출장 중이어서 다음 주가 되지 않으면 돌아오지 않습니다.

3. 言語知識(文法)문제풀이 및 해설

問題 7

15	정답	2
	해설	～にすぎない : －에 지나지 않는다.

～にほかならない : －(다른 것이 아닌)바로 그것이다.
～よりしかたがない : －외에 방법이 없다.
～にかかわらない : －과 관계없다.
금메달을 딸 수 있었던 것은 다름아닌 매일 매일의 노력의 결과이다.

16	정답	3
	해설	～やいなや : (動詞의 終止形) －하자마자. －하기가 무섭게.

とたんに : (連体修飾語를 받아서 접속조사적으로, 또는[～に]의 꼴로 부사적으로 쓰는 경우가 많음) －바로 그 순간. －하자마자.
しだい : (名詞 뒤에 붙어) －나름임. －하는 대로. －되는 대로.
あげく : [～たあげくに로 써서,부사적으로도 씀] 끝. 결과. 결국.
회의가 끝나는 대로 이 쪽에서 전화하도록 하겠습니다.

17	정답	1
	해설	おみえになる : 오시다.

おいで : (「になる」「なさる」「です」등이 딸림. 「行く」「来る」「居る」「出る」등의 높임말)가심. 오심. 계심. 나가심. 나오심.
お越(こ)し : (「行くこと」「来ること」의 높임말)오심. 가심.
まいる : 「行く」「来る」의 겸사말.
부장! 노무라 라는 분이 2시에 오신다고 합니다.

問題 8

[18] 정답 4

해설 スマホの普及に伴いSNS利用が増加し、コミュニケーションの形態が変化している。

~に伴い：－와 함께. －에 동반하여.

스마트 폰의 보급과 함께 SNS이용이 증가하여 커뮤니케이션의 형태가 변화하고 있다.

[19] 정답 2

해설 受験生にありがちな睡眠不足による体調不良を予防することが大切だ。

~がち：(「名詞・動詞の連用形」에 붙어)‘그런 일이 많음’, ‘그런 경향이 많음’의 뜻.

수험생에게 자주 있는 수면부족에 의한 몸 상태가 나빠지는 것을 예방하는 것이 중요하다.

[20] 정답 1

해설 あの先生は、テキストをきちんと読んで、自分の頭で考えることの大切さを教えて
くださった。

きちんと：정확히. 제대로.

그 선생님은 텍스트를 제대로 읽고 자신의 머리로 생각하는 것의 중요함을 가르쳐 주셨다.

問題 9 해석 영어에는 텔레비전을 “어리석은 자의 램프”라든지 ‘바보 상자’라고 부르는 속어가 있다. 이것을 근거로 했는지 어쩐지는 모르지만 작사가 아쿠 유(阿久悠)씨는 “텔레비전은 인격을 미치게 하기 때문에 보는 법에 주의를 기울여 주세요 라고 명기하지 않으면 안 된다”고 기술하고 있다. 시간을 보내는 방법에 변화를 불러 일으키고 있다. 모든 것이 자신과 화면과의 2미터 거리에 다 보여져 버린다. 그러한 주의 문구가 필요하다고 하는 대목이 「텔레비전, 이 애물단지 동거인」이 라는 책에 보인다. 아쿠 씨가 살아있다면 어떻게 생각할 것인가. 민간회사 조사에 따르면 여고생은 지금 스마트 폰이나 휴대전화를 하루 평균 6.4시간이나 사용하고 있다고 한다. 12시간 이상인 학생들도 1할을 넘었다. 일전의 보도에 놀란 사람도 많을 것이다.

스마트 폰 보급 전, 7년전 내각부 조사에 따르면 여고생의 스마트 폰 사용은 124분이었다. 지금은 그 때의 3배에 달한다. 작은 기기에 빨려 들어가는 젊은 시간은 어마어마하다.

책 제목을 풍자적으로 빗대 말한다면 「스마트폰, 이 애물단지 동반자」라고 할 수 있을 것이다. 그렇다고 해도 아쿠 씨는 텔레비전에 조건을 달면서도 공과 중에 “공”이 훨씬 많다고 언급해 왔다. 텔레비전이라고 하는 민중의 이목이 없으면 예를 들어 독재자가 세계에서 몇 명은 나왔을거라고 하면서.

스마트 폰도 그렇다. 은혜를 입어 세계를 넓혀 가면서 디지털의 바다에 빠지지 않는 방법을 연마해 가고 싶다. 손바닥 위에서 빛나는 기계가 “어리석은 자의 램프”인지 “현자의 이기”인 지는 사람 나름이다. 명심해야 할 것은 “사로잡히지 말라”는 것이다. 여고생에 국한되지 않고.

단어 くだり：대목. 전술한 것.

存命(ぞんめい)：살아 있음. 생존.

せんだって：[부사적으로 씀] 앞서. 전번. 일전에. 요전에.

もじる：비꼬다. 풍자적으로 빗대다.

注文(ちゅうもん)を付(つ)ける：주문을 하다. 조건을 달다. (씨름에서)특별한 수를 쓰다.

[21] 정답 3

[22] 정답 1

해설 そうだ：(전문) －라고 한다.

に違いない：－임에 틀림없다.

おそれがある：우려가 있다.

だろう：－ㄹ 것이다.

[23] 정답 1

해설 といっても：그렇다고 해도.

したがって : 따라서.

それならば : 그렇다면.

すなわち : 즉.

24 정답 2

해설 ~ることなく : ―하는 것 없이.

つつ : ―면서.

ついでに : ―김에.

~たとたん : ―하자마자.

25 정답 3

해설 のみならず : 뿐만이 아니라

~にかぎらない : ―에 한하지 않는다.

~しだい : ―기 나름. ―대로.

同様(どうよう) : ―와 마찬가지로.

1. 読解 문제풀이 및 해설(1)

問題 1 해석　도서관 책이나 잡지 등을 빌리려면 이용등록이 필요합니다. 이용카드를 만들 수 있는 사람은 마에바시시에 사는 분이나 그 밖의 지역에 살면서 마에바시시로 통근이나 통학을 하는 분입니다. 이용카드를 만들고 싶은 분은 이용카드 청구서(본관 및 별관에도 비치되어 있습니다)와 주소, 성명, 생년월일을 증명할 수 있는 것(운전면허증, 여권 등)을 가지고 본관이나 별관 카운터로 와 주시기 바랍니다.

　　　　마에바시시로 통근이나 통학을 하는 분은 그 밖에 학생증이나 사원증 등을 준비해 오십시오. 초등학생 이하는 보호자가 오셔서 수속을 해 주십시오.

　1　정답　3

　　해설　1 이용카드가 없어도 책을 빌릴 수 있다.

　　　　2 초등학생은 부모의 이용카드로 책을 빌릴 수 있다.

　　　　3 이용카드는 이용카드 청구서와 여권으로 만들 수 있다.

　　　　4 마에바시시에 사는 사람만이 이용카드를 만들 수 있다.

　　해석　"초조함은 실수를 늘게 하고 후회는 새로운 후회를 만든다." 괴테는 이런 말도 남기고 있다고 한다. 일본 속담으로 말하자면 "서둘러서는 일을 그르친다."이다.

　　　　그러한 보편적인 교훈이 있어도 역시 실패는 반복되는 것 같다. 스마트폰 결제서비스 "세븐페이"가 부정 액세스의 표적이 되어 많은 사람이 피해를 입었다. 스마트폰 결제 개시가 늦어져 조급해진 나머지 세큐리티를 제대로 하지 않은 채로 서비스를 시작했다고 하는 지적이 있다. 세븐일레븐의 과실을 계기로 조금 침착하게 캐쉬레스화의 있어야 할 모습을 생각해 보아도 좋을 것이다. 그렇다 하더라도 본래 현금지향이 강한 이 나라다. 캐쉬레스 결제 그 자체에 불신감이 쌓여 흐름이 역행할 지도 모른다. 후회가 새로운 후회를 만들지 않도록 여기에서야 말로 어려워도 초조함은 금물이다.

　　단어　急(せ)く : 서두르다.

　　　　仕損(しそん)ずる : 일을 그르치다. 실패하다.

　　　　出遅(でおく)れる : 출발이 늦다. 시동이 늦어지다.

　　　　杜撰(ずさん)だ : 엉터리다. 날림이다.

　　　　難所(なんしょ) : 험난한 곳.

　2　정답　1

　　해설　1 일본인은 현금으로 지불하는 것을 좋아하는 경향이 있다.

　　　　2 캐쉬레스화에 제동을 걸어야만 한다.

　　　　3 다른 업체보다 먼저 스마트폰 결제를 시작하려고 했다.

　　　　4 서두르면 일을 그르친다고 하는 속담은 괴테의 말에서 생겨났다.

　　단어　歯止(はど)めをかける : 제동을 걸다.

　　　　先駆(さきが)ける : 앞장서서 가다.

問題 2　해석　"세계에서 가장 환자수가 많은 병"이 무엇인지 아십니까? 세계 1위의 기록을 모은 『기네스북』에 2001년, "세계에서 가장 일반적인 병"으로써 게재된 것이 치주염입니다. 그 증상은 입 안에만 국한되지 않고 치매, 당뇨병, 동맥경화의 원인이 되는 등 전신에 걸친다는 것이 최근 명확해 졌습니다. 후생노동성이 2011년 행한 "치과질환 실태조사"에 따르면 일본인 성인의 8할 이상이 치주염의 증상이 있다고 보고했습니다.

치주염은 타액감염 세균에 의해 발생하는 감염증입니다. 사람 입 속에는 약700종의 세균이 살고 있습니다. 치주염이 되지 않기 위해서는 평소 입 속 관리가 중요합니다. 관리의 기본은 이닦기입니다. 이전에는 "1일 3회, 식후 3분 이내에 3분간 닦기"로 알려져 있었습니다만 식후 바로는 이의 가장 겉에 있는 단단한 에나멜 질이 물러져 있기 때문에 닦지 않는 것이 좋습니다. 식후는 치실(dental floss)로 이 사이에 남은 음식물 찌꺼기를 제거합니다. 또한 3분은 너무 기니 2분이면 충분합니다. 밤에 자기 전과 아침에 일어났을 때 하루 2번, 가능하면 연마제가 들어있지 않고 살균력이 강한 치약을 2센티 사용해서 2분간 확실하게 닦는 스웨덴 방식을 적극 추천합니다.

단 매일 열심히 닦아도 그 정도로는 아무래도 떨어지지 않는 치석이 쌓여 버립니다. 이상적으로는 3개월에 1번, 치과에서 전문적으로 크리닝을 하는 것이 이상적입니다.

단어　歯周病(ししゅうびょう) : 치주염.

認知症(にんちしょう) : 치매.

すみつく : 자리잡고 살다. 정착하다.

[3]　정답　2

해설　1 아픔이 전신에 미치는 병이다.

2 세균에 의해서 감염되는 병이다.

3 치매나 당뇨병, 동맥경화가 원인이 된다.

4 일본인의 80%이상이 이 증상을 보인다.

[4]　정답　1

해설　1 아침과 밤, 하루에 2번 이를 닦는다.

2 식후 2분이내에 이를 닦는다.

3 3분간 확실하게 이를 닦는다.

4 연마제가 들어간 치약으로 이를 닦는다.

한자 상식 퀴즈 풀이 및 해설

* 다음의 히라가나 표기에 알맞은 한자표기는 어느 쪽?

1)　정답　①

해설　서로의 역량이나 기능에 차가 없는 것. 일본에서 만든 한어로 소의 2개 뿔에 장단, 대소의 차가 없는 것에 유래한다. 서로 간에 『同格 동격』이기는 하지만 보통 『互格』라고는 쓰지 않는다.

2)　정답　①

해설　토지의 고저를 없애고 지면을 평평하게 하는 것. 『均』은 『均等』의 『均』이고 같게 한다는 뜻. 『馴』는 환경 등에 익숙해지다, 익숙하게 하다 의 뜻. 『建築予定地の地均しをする 건축예정지의 땅을 고르게 한다』 등과 같이 사용한다.

* 다음의 한자표기어를 올바로 읽은 것은 어느 쪽?

1)　정답　②

해설　옛 상태에서 새로운 상태로 옮겨가는 도중의 시기. 『過渡期にある国際情勢 과도기에 있는 국제정세』와 같이 사용한다. 『過渡』는 본래는 나루터에서 강을 건넌다는 뜻. 정도를 넘는 뜻의 『過度』와 혼동되기 쉽다.

2)　정답　②

해설　남녀가 친해지기 시작한 계기.「二人の馴れ初め話を聞く 둘이 친해지기 시작했을 때의 이야기를 듣는다.」와 같이 사용한다.「初(そ)め」는 동사 연용형에 붙어서 어떤 동작을 처음한다고 하는 것을 말한다.

2. 読解 문제풀이 및 해설(2)

問題3　해석　A

TV편성표를 비교해 보면 일목요연합니다만 NHK에서는 복지나 건강, 과학,문화에 관한 프로그램이 무척 많은 것을 알 수 있습니다. 확실히 말해서 이 정도의 대량 저시청률 프로그램을 민영방송이 내 보낸다는 것은 생각할 수도 없을 뿐더러 절대로 8시 시간대에는 방송하지 않겠지요. 이러한 프로그램을 필요로 하는 것은 결코 대다수가 아니고 시청률을 높일 수가 없는 것이 확실하니까요.

블로그 등에서도 "민영방송과 NHK의 프로그램에는 이미 큰 차이가 없다."라고 하는 의견은 간혹 보입니다만 이렇게 비교해 보면 명확하게 큰 차이가 있는 것은 명백합니다. 분명히 민영방송에서도 NHK보다 뛰어나면 뛰어났지 떨어지지 않는 좋은 프로그램도 있고, NHK가 잘 못만드는 분야도 있습니다. 하지만 절대적인 양이라든지 방송되는 시간대 등에서도 명확한 차이가 있는 것은 인정해야만 할 것입니다. 그리고 이러한 부분은 민영방송에서는 역시 실현할 수 없다고 하는 것도 많은 사람들은 솔직히 느끼고 있는 것입니다.

단어　一目瞭然(いちもくりょうぜん)だ : 일목요연하다.
　　　マジョリティー : majority. 대다수. 과반수. 다수파.

B

분명히 NHK와 같은 유료텔레비전에서 방송하는 프로그램을 민영방송에서 무료로 방송할 수는 없습니다. 그러나 유료위성텔레비전 방송이 순수한 민간영리기업에 의해 행해지고 있습니다. 저는 옛날 스카파의 히스토리 채널이나 디스커버리 채널을 봐 왔습니다.이러한 방송국은 월액이 고작 525엔으로 NHK 교양프로그램과 다름없는 질의 다큐멘터리를 방송하고 있습니다.NHK를 민영화할 수 있을지 어떨지를 논한다면 국영유료방송을 민간무료방송과 비교하지 말고 민간유료방송과 비교해야만 합니다. 저는 NHK라디오 제1방송만을 국영으로 해서 거기에서 재해정보(텔레비전은 재해시에 약하기 때문에 라디오가 좋음.)나 국회중계(웹카메라를 설치해서 인터넷으로 볼 수 있으면 그 것으로 충분할 지도 모른다.), 정부홍보 등, 정부로서의 프로그램을 방송하고 그 밖에는 모든 채널마다 분할민영화해야 한다고 생각합니다. 물론 수신료의 강제 징수 등은 폐지해야 합니다.

단어　たった : 단지. 겨우.

5　정답　4

해설　1 A씨, B씨 모두 국영텔레비전 방송은 필요하다고 생각하고 있다.
　　　2 B씨는 NHK를 완전히 민영화시켜야 한다고 주장하고 있다.
　　　3 A씨는 NHK가 대량 저시청률 프로그램을 방송하고 있다고 비판하고 있다.
　　　4 A씨, B씨 모두 NHK와 민영방송의 무료텔레비전 프로그램에는 차이가 있다고 생각하고 있다.

6　정답　3

해설　1 시청률에 대해서.
　　　2 교양프로그램에 대해서.
　　　3 수신료 징수에 대해서.
　　　4 재해정보나 국회중계에 대해서.

問題 4　해석　"하이쿠라는 것은 벗어 던지기"

그러고 보니 불필요한 것을 장황하게 추가로 써 넣을 수도 없다. 어쨌든 문자수가 정해져 있으니까. 무엇보다도 하이쿠라는 것은 사물의 설명도 해설도 아니니까. 불필요한 문자를 하나하나 벗겨가는 것. 불필요한 설명을 하나하나 빼 가는 것. 때로는 대담하게, 때로는 깨끗하게, 때로는 정중하게, 때로는 섬세하게. 그렇게 해서 눈 앞의 광경을, 눈 앞의 것을, 심상에서 단적인 말로 바꾸어 가는 행위. 이것이 하이쿠라고 하는 일상에 기인한 문예.

자 그런데, 여기까지 써 내려오고 보니 하이쿠가 얼마나 "단샤리"와 겹치는 지를 새삼 생각하게 되는 것은 자연스러운 것임에 틀림없다. 왜냐하면 "단샤리"는 빼는 것이니까.

집이라고 하는 공간부터 불필요한 것들을 얇게 도려내 거기에 있는 중요한 것을 부각시켜 가는 일상생활공간의 아트. 단샤리는 공간에 압도적인 여백을 만들어 냄으로써 공간이 가지는 본래의 힘을 회복시켜 소생시켜 가는 꽤 창조적인 행위입니다.

불필요한 말 한 마디가 오히려 커뮤니케이션을 망치듯이 불필요한 것이 우리들의 생활을 망가뜨린다. 왜냐하면 그런 것들이 공간의 여지를 빼앗고 있으니까. 너무 많은 말이 우리들을 못살게 굴듯이 지나치게 북적거리는 것들이 우리들을 못살게 군다. 왜냐하면 그런 것들이 공간을 막아 버리고 있으니까.

하지만 지금까지 방문한 많은 현장에서 그러한 우려와 위구심을 언제나 안고 있었음에도 불구하고 그 곳의 거주자들은 나의 우려하는 만큼보다는 덜한 것이 대부분. 이 의아스러움은 도대체 어디에서 오는 것일까. 그것은 말할 필요도 없이 많은 것들에 휩싸여 자신의 감각이나 감성이 완전히 시들해져 있기 때문임에 틀림없다. 북적거리는 것들이 뿜어내는 삶의 기운은 거칠어져 있거나 막혀있거나 둘 중의 하나. 그런 가운데 있어서 제대로된 감각을 유지할 수도 없이 그것을 마비시키고 있는 것이다.

감각을 예민하게 하기 위해서는 벗어버리지 않으면 안된다. 그것은 신발을 벗고 맨발로 흙을 밟아 느껴보고서야 알 수 있다. 그렇다면 삶도 마찬가지다. 불필요한 것들을 모두 제하고 나서야 시원한 느낌을 맛 볼 수 있을 것이다.

수다스러운 말보다는 단적인 표현. 지나친 공간연출이 아니라 단정한 장식. 그러고 보니 하이쿠와 단샤리, 어디까지 같다고 생각하는 지는 부디 양해해 주시기 바랍니다.

단어　潔(いさぎよ)い : 맑고 깨끗하다. 떳떳하다. 단념이 빠르다.

根(ね)ざす : 뿌리박히다. 정착하다. 기인하다.

断捨離(だんしゃり) : 사물의 집착을 버리고 불필요한 것을 줄임으로써 생활의 질 향상, 마음의 평온, 기운의 향상 등을 얻으려고 하는 사고방식의 하나.

削(そ)ぎ落(おと)す : 얇게 도려내다.

損(そこ)ねる : 망가뜨리다. 상하게 하다. 살상하다.

いたぶる : 세차게 흔들다. 못살게 굴다.

ひしめく : 와작거리다. 삐걱거리다.

訝(いぶか)しい : 의아스럽다. 수상쩍다.

まみれる : 더러워지다. ―투성이가 되다.

萎(な)える : 쇠잔해지다. 시들다. 후줄근해지다.

醸(かも)し出(だ)す : 빚어내다. 자아내다.

荒(すさ)む : 거칠어지다. 탐닉하다. 사나워지다.

淀(よど)む : 괴다. 침체하다. 막히다. 쌓이다.

まっとうだ : 제대로 됨. 정당함. 정직함. 성실함.

研(と)ぎ澄(す)ます : 잘 갈다. 예민하게 하다.

踏(ふ)みしめる : 힘껏 딛다. 밟아 다지다.

しつらえ : 장치. 장식.

7 정답 3

해설 1 심상을 제대로 그린다.

2 대담한 표현에 유의한다.

3 단적인 말로 바꾼다.

4 장황하게 말하는 것처럼 표현한다.

8 정답 1

해설 1 공간이 제대로 살려져 있지 않다.

2 중요한 것이 부각되지 않는다.

3 물건이 너무 많아 감각까지 마비시키고 있다.

4 불필요한 말로 커뮤니케이션을 망가뜨리고 있다.

9 정답 3

해설 1 불필요한 것을 빼는 것.

2 일상에 기인한 아트.

3 신선한 느낌을 맛보는 것.

4 감각을 예민하게 하는 것.

問題 5 해석 마키 씨는 대학 1학년 학생으로 사회학을 전공하고 있습니다. 동경에서 혼자 생활하고 있습니다. 장학금과 부모로부터의 송금이 있습니다만 그 돈으로는 만엔이상 부족해서 지금 학교근처에서 아르바이트를 찾고 있습니다.

마키 씨는 노인복지에 관심이 있어서 대학에서 봉사활동 동아리에 들어 있습니다. 활동은 주로 일요일이고 노인 홈을 방문해서 어르신 들에게 책을 읽어 드린다든지 하고 있습니다. 목요일 5시부터 동아리 모임도 있습니다.

마키 씨의 시간표는 다음 표와 같습니다. 월수금은 1교시부터 수업이 있기 때문에 밤10시 이후의 아르바이트는 하고싶지 않습니다.

	1교시9:00~10:40	2교시11:00~12:40	3교시1:00~2:40	4교시3:00~4:40	5교시5:00~6:40
월요일	영어	사회심리학			
화요일		소셜미디어론	스포츠 종합		
수요일	영어			아카데믹 스킬	한국어
목요일		정보처리	한국어	사회학 개론	
금요일	기초세미나			복지론	

아르바이트 모집

A 레스토랑 스텝. 평일11:00~14:00 주2회. 시급1200엔.

B 약국 카운터, 판매원. 주3일 수,금 또는 화,목 17:00~22:00. 시급1000엔.

C 편의점 카운터, 판매원. 평일 주2일 하루4시간 가능한 분. 시급900엔.

D 영화관 스텝. 토, 일, 축일 8:00~24:00사이 4시간. 시급1100엔.

E 맥주 홀 스텝. 18:00 23:00 토요일이나 일요일을 포함한 주3일 시급1300엔

10 정답 3

해설 1 A와 B.

2 B와 C.

3 A와 C.

4 C와 E.

11 정답 4

해설 1 23,000엔.

2 20,200엔.

3 17,200엔.

4 14,400엔.

1. 聴解 문제풀이 및 해설(1)

問題 1

1

男の人と女の人が料理をしています。
男の人がこれからすることは何ですか。

男： 何を作ってるの?
女： カレー。
男： いいね。僕も手伝うよ。
女： そう。じゃあ、野菜を切ってくれる?
男： どのぐらいの大きさに切るの?
女： 一口大なんだけど、それは私がやる。今、たまねぎを炒めてるから、こっちをやって。
男： このへらでかきまぜればいいんだね。
女： そう。こげつかないように、茶色になるまでよく炒めると甘味が出ておいしくなるのよ。
男： へえ、肉は焼かなくていいの?
女： もうやってある。あとはなべにお湯をわかして煮込めばいいわね。
男： カレールウは?
女： それはあとでいれるの。

해석　남자와 여자가 요리를 하고 있습니다. 남자가 지금부터 할 것은 무엇입니까?

남 : 뭐 만들고 있니?
여 : 카레.
남 : 좋지. 나도 도울게.
여 : 그래. 그럼 야채 잘라 줄래?
남 : 어느 정도 크기로 자를까?
여 : 한 입크기 보다 큰데 그건 내가 할게. 지금 양파 볶고 있으니까 이 쪽 해줘.
남 : 이 주걱으로 섞어주면 되지?
여 : 응. 눌러 붙지 않고 갈색이 될 때까지 잘 볶아주면 단 맛이 나와 맛있어 져.
남 : 그래. 고기는 안 구워도 되니?
여 : 이미 해 놓았어. 다음은 냄비에 물을 끓여 졸이면 돼.
남 : 카레 루는?
여 : 그건 나중에 넣어.

단어　一口(ひとくち) : 한 입.

へら : 풀, 잉크 등을 개는 주걱.

焦(こ)げ付(つ)く : 눌러 붙다. 꿔 준 돈을 받을 수 없게 되다. 시세 변동이 없다.

정답 3

해설　1 고기를 굽는다.

2 야채를 자른다.

3 양파를 볶는다.

4 냄비 물을 끓인다.

2

> 部長と秘書の女性が出張について話しています。
>
> 秘書がこれからしなければいけないことは何ですか。
>
> 女： 部長、明日からの出張のスケジュール表です。
>
> 男： ああ、ありがとう。出張の準備はできているね。
>
> 女： はい。飛行機のEチケットをプリントアウトしておきました。こちらです。
>
> 男： ホテルの予約も大丈夫だね?
>
> 女： はい、予約確認書を部長の携帯に送っておきました。
>
> 男： 先方にアポの確認もとってくれたかね。
>
> 女： はい、スケジュール表に連絡先も入れておきました。
>
> 男： ああ、ご苦労さん。
>
> 女： それから打ち合わせの資料ですが、部長のノートパソコンとこのUSBに入れて
> おきました。
> 念のため、部長のメールにも送ってあります。
>
> 男： そうか。気が利くね。その資料、飛行機の中で目を通したいんだが、印刷して
> くれないか。
>
> 女： かしこまりました。

해석　부장과 여자비서가 출장에 대해서 이야기 하고 있습니다. 비서가 지금부터 하지 않으면 안 되는
것은 무엇입니까?

여자 : 부장님, 내일부터의 출장스케줄입니다.

남자 : 응 고마워요. 출장준비는 다 돼 있지요?

여자 : 예. 비행기 E티켓을 프린트해 놓았습니다. 여기 있습니다.

남자 : 호텔 예약도 괜찮지요?

여자 : 예, 예약확인서를 부장님 스마트폰으로 보내 놓았습니다.

남자 : 상대 회사에 약속확인도 해 놓았지요?

여자 : 예, 스케줄표에 연락처도 써 놓았습니다.

남자 : 응, 수고했어요.

여자 : 그리고 회의 자료입니다만 부장님 노트북과 이 USB에 넣어 놓았습니다. 만일을 대비해
서 부장님 메일로도 보내 놓았습니다.

남자 : 그래요. 세심한 곳까지 신경도 쓰고 잘 했어요. 그 자료 비행기에서 좀 볼 테니 인쇄해 줘요.

여자 : 예 알겠습니다.

단어　アポ : 상대편과의 회합·면담약속.

気(き)が利(き)く : 자잘한 데까지 생각이 잘 미치다.

정답 2

해설　1 서류를 메일로 보낸다.

2 자료를 프린트 한다.

3 비행기 티켓을 예약한다.

4 스케줄 표에 상대방 연락처를 써 넣는다.

3

男の人が電話で歯医者さんの予約をしています。
男の人はいつ行きますか。

女： 山下歯科でございます。
男： 予約したいんですが。今日できるだけ早い時間に予約できますか。
女： 申訳ありません。今日は月曜日なので予約がいっぱいなんです。
男： そうですか。今日はだめですか。
女： 一番早い予約は明日の午後2時か4時半になります。あさってでしたら午前10時でもけっこうです。
男： 困ったなあ。歯が痛くて。
女： かなり痛みますか。
男： はい、ずきずき痛くて、すごくはれているんです。
女： そうですか。でしたら、12時ごろいらしてください。先生に話しておきますので。
男： ありがとうございます。
女： 午前の予約の方が終わってからの診察になりますので、お待ちいただくことになりますが。
男： かまいません。その時間にうかがいます。

해석 남자가 전화로 치과예약을 하고 있습니다.
남자는 언제 갑니까?

여자 : 야마시타 치과입니다.
남자 : 예약하고 싶습니다만, 오늘 가능하면 빠른 시간에 예약할 수 있습니까?
여자 : 죄송합니다. 오늘은 월요일이어서 예약이 다 차 있습니다.
남자 : 그래요. 오늘은 안 되는군요.
여자 : 가장 빠른 예약은 내일 오후 2시나 4시반입니다. 모레라면 오전 10시라도 괜찮습니다.
남자 : 어쩌지. 이가 아픈데.
여자 : 꽤 아프세요?
남자 : 예. 욱신욱신 아파서 꽤 부어 올랐어요.
여자 : 그러세요. 그렇다면 12시 경에 오십시오. 의사선생님께 말씀 드려 놓을 테니까요.
남자 : 감사합니다.
여자 : 오전 예약하신 분이 끝나고 나서의 진찰이니 기다리시게 됩니다만.
남자 : 괜찮습니다. 그 시간에 방문하겠습니다.

단어 ずきずき : (종기·상처 등이)쑤시고 아픈 모양. 욱신욱신.

정답 3

해설 1 화요일 2시.
2 수요일 10시.
3 월요일 12시.
4 화요일 4시반.

4

社員食堂で男の人と女の人が話しています。男の人がゆうべ遅く寝た理由は何ですか。

女： 佐藤さん、今日遅刻したでしょ。

男：	うん。朝寝坊しちゃってね。
女：	めったに遅刻しない佐藤さんが遅く来たからびっくりしちゃったわ。アラームをセットし忘れたとか?
男：	セットしておいたんだけど、気が付かなくて。
女：	へえー、そう。そう言えば、最近顔色悪いけど、体の調子が悪いんじゃない?
男：	このところ飲み会が続いてたから、少し疲れ気味だけど、ピンピンしてるよ。
女：	昨日も飲んで帰ったの?
男：	いや、昨日は久しぶりに早く帰った。
女：	それなのに起きられなかったの?
男：	この頃、睡眠不足なんだ。実は、最近、動画の配信サービスに加入してね。
女：	ああ、それで。
男：	うん。スマホでも見られるから、寝る前にちょっととか思って見始めると止められなくてね。 テレビでドラマとかあんまり見ない人だったのになあ。
女：	寝る前にスマホでゲームしたり映画見たりすると眠りも浅いんだって。

해석　사원식당에서 남자와 여자가 이야기하고 있습니다. 남자가 저녁에 늦게 잔 이유는 무엇입니까?

여자 : 사토씨. 오늘 지각했지요?

남자 : 응, 늦잠을 자 버려서.

여자 : 거의 지각하지 않는 사토씨가 늦게 와서 놀랬어요. 알람을 세트해 놓는 것을 잊어버렸었어요?

남자 : 세트해 두었는데 눈치를 못채서 말이야.

여자 : 정말. 그리고 보니, 요즘 얼굴색도 좋지 않고 몸 상태 나쁜 거 아니야?

남자 : 요사이 회식이 계속되어서 조금은 피곤하지만 팔팔해.

여자 : 어제도 마시고 왔니?

남자 : 아니, 어제는 오래간만에 빨리 돌아왔어.

여자 : 그런데 못 일어났니?

남자 : 요즈음 수면부족이야. 사실 최근 동영상 수신 서비스에 가입해서 말이야.

여자 : 아 그래서 그랬구나.

남자 : 응. 스마트폰으로도 볼 수 있어서 자기 전에 조금하고 생각하고 보기 시작하면 멈출 수가 없어서 말이야. 텔레비전에서 드라마 같은 거 거의 안 보는 사람이었는데 말이야.

여자 : 자기 전에 스마트폰으로 게임을 한다든지 영화를 본다든지 하면 옅은 잠을 잔데.

단어　ピンピン : 팔팔. 정정.

眠(ねむ)りが浅(あさ)い · 잠이 얕다.

정답　2

해설　1 회식이었기 때문에.

2 드라마를 보았기 때문에.

3 텔레비전을 보았기 때문에.

4 스마트폰으로 게임을 했기 때문에.

|5|

	女の人が面接を受けています。 女の人はどうして会社を辞めましたか。
男：	田中さんはどうして前の会社を辞めたんですか?

女 ： 前の会社は大きな会社でしたし、給料を含めて福利厚生など待遇面でもいいほ
うでした。残業や休日出勤もありましたが、しっかりと手当も出ました。上司
は厳しかったですが、信頼できる方でしたし、同僚にも恵まれて、楽しく仕事
ができたと思います。ただ、一般職だったので、仕事の内容は広告営業の男性
社員をアシストする仕事だったんです。それでもっとやりがいを感じられる総
合職にキャリアアップしたいと思いました。

男 ： 田中さんは具体的にはどんな仕事がしたいと思っていますか?

女 ： 前の会社で広告営業の仕事がどんなものか、どうすればクライアントに満足し
てもらえるか、トラブルが生じた時、どのように対処したらいいのかを学びま
した。その経験を生かして、今度は実際に自分でクライアントの要望にあった
プランを提案し、メディアとクライアントをつなげる架け橋の役割を果たした
いと思っています。

男 ： はい、けっこうです。以上で面接は終わります。

女 ： 本日は貴重な機会を与えてくださりありがとうございました。

해석 　여자가 면접을 보고 있습니다. 여자는 왜 회사를 그만 두었습니까?

남자 : 다나까 씨는 왜 전 회사를 그만두었습니까?

여자 : 전 회사는 큰 회사였고 급료를 포함해 복리후생 등 대우면에서도 좋은 편이었습니다. 잔
업이나 휴일 출근도 있었습니다만 확실히 수당도 나왔습니다. 상사는 엄격했지만 신뢰할
수 있는 분이었고 동료도 좋아서 즐겁게 일을 할 수 있었다고 생각합니다. 단 일반직이어
서 일의 내용이 광고영업 남자사원을 어시스트하는 일이었습니다. 그래서 더욱 보람을
느낄 수 있는 종합직에 캐리어 업하고 싶다고 생각했습니다.

남자 : 다나카 씨는 구체적으로 어떤 일을 하고 싶다고 생각하고 있습니까?

여자 : 전 회사에서 광고회사 일이 어떤 것인지 어떻게 하면 고객을 만족시킬 수 있을까, 트러블
이 생겼을 때 어떻게 대처하면 좋은 지를 배웠습니다. 그 경험을 살려 이번에는 실질적으
로 자신이 고객의 요망에 맞는 플랜을 제안하고 미디어와 고객을 연결하는 다리 역할을
다하고 싶다고 생각하고 있습니다.

남자 : 예, 알겠습니다. 이상으로 면접을 마치겠습니다.

여자 : 오늘은 귀중한 기회를 주셔서 감사합니다.

단어 　架(か)け橋(はし) : 가교. 잔교. 중개함.

정답 　4

해설 　1 급여가 적어서.

2 상사가 엄해서.

3 잔업이나 휴일출근이 많아서.

4 보람을 느낄 수 없어서.

한자 상식 퀴즈 풀이 및 해설

* 다음의 히라가나 표기에 알맞은 한자표기는 어느 쪽?

1) 정답 　②

해설 　야채나 과일 등을 심어 키우는 일. 「裁」는 천을 재단하는 것, 어떠한 사안을 재판하는 것. 「栽」는
필요 없는 가지나 잎을 잘라 식물을 키우는 것. 매우 비슷한 글자로 틀리기 쉬운데 「木」를 키우는
것이 「栽」이고, 옷감을 자르는 것이 「裁」이다.

2) 정답 　①

해설　일을 진행시키는 데 장애가 되는 것.「障り」「触り」 모두 「さわり」로 읽을 수 있지만,「障り」는 장애, 적합하지 않은 것 등에,「触り」는 손발 등으로 만지는 것, 만진 느낌 등을 말한다.「그것을 말하면 문제가 있다」등과 같이 사용한다.

* 다음의 한자표기어를 올바로 읽은 것은 어느 쪽?

1)　정답　①

　　해설　성격이나 얼굴 등이 착하고 온화한 것.「柔」는 잘 휘어지는 나무를 나타내는 자로「やわらかい 부드럽다」「おだやか 부드럽다」 등의 뜻을 갖는다.「柔道」의「柔」는「じゅう」로 읽지만 이 단어는「にゅう」로 읽는다.「柔和な性格の人 유한 성격의 사람」등과 같이 사용한다.

2)　정답　①

　　해설　메밀가루 만으로 만든 메밀국수. 또는 밀가루 등의 혼합물이 적은 메밀국수.「生」은 섞인 것이 없는 것이나 자연 그대로의 뜻을 나타내는 어.「生醤油 きじょうゆ 날간장」「生糸 きいと 생사」등과 같이「き」로 읽는다. 메밀은「蕎麦」라고 쓰는데, 옛날에는「そばむぎ」라고 불리워졌던 것을 생략한 것.

2. 聴解 문제풀이 및 해설(2)

問題 3

6

テレビ番組で紹介された街の話題です。

なんとも小さな筒と思ったら、実は手の平サイズの「ミニ水筒」でした。今、小型化した商品が爆発的に売れているといわれています。その背景には何があるのか取材してみました。

都内の大手雑貨店で売り上げが好調なのが水筒です。それも、これまでの物とは一線を画すミニ水筒が人気だということです。この水筒、ご覧のように手のひらサイズで、ポケットにも入ってしまいます。内容量は120ミリリットルで気軽に持ち運べると、散歩をする年配の人などにも好評のようです。実は今、小型化した商品が続々と登場し、人気となっています。

持ち運びができる小型扇風機は今や暑い日の必需品となっています。さらに都内の百貨店では手のひらサイズの財布が売られています。名刺入れと比べると大きさはほとんど同じです。小さいながら、小銭入れもついていますし、お札もカードも入れられる高機能の財布です。今、幅広い世代の人の間でブームになっているということです。それにしてもなぜ小型化した商品が人気なのでしょうか。

売り場で買い物中の人に聞いてみると、女性の間などで小さいかばんが流行していて、収納しやすい小さいサイズのアイテムを求める人が増えているということでした。

どんな話題について話していますか。

해석　텔레비전 프로그램에서 소개된 거리의 화제입니다.

이렇게도 작은 통인가 하고 생각했는데 실은 손바닥 사이즈의 "미니 물통"이었습니다. 지금 소형화된 상품이 폭발적으로 팔리고 있다고 알려져 있습니다. 그 배경에는 무엇이 있는지 취재해 보았습니다.

도내의 거대 잡화점에서 매상이 좋은 것은 물통입니다. 그것도 지금까지의 것과는 구별되는 미니물통이 인기라고 하는 것입니다. 이 물통 보시는 대로 손바닥 사이즈로 포켓에도 들어가 버립니다. 내용량은 120미리리터로 편하게 가지고 옮길 수 있어서 산보하는 어르신 들 등에도 호평인 것 같습니다. 사실은 지금 소형화한 상품이 계속 등장하여 인기입니다.

가지고 옮길 수 있는 소형선풍기는 지금같이 더운 날의 필수품이 되어 있습니다. 게다가 도내 백화점에서는 손바닥 사이즈의 지갑이 팔리고 있습니다.명함 넣는 것과 비교하면 크기는 거의 같습니다. 작으면서 동전지갑도 달려있고 지폐도 카드도 넣을 수 있는 고기능 지갑입니다. 지금 폭넓은 세대의 삶들 사이에서 붐이 되고 있다고 하는 것입니다. 그렇다고 해도 왜 소형화한 상품이 인기일까요? 매장에서 물건 사는 사람들에게 물어보면 여성 사이에서 작은 가방이 유행하고 있어서 수납하기 쉬운 작은 사이즈의 아이템을 추구하는 사람이 늘고 있다고 하는 것이었습니다.

어떤 화제에 대해서 이야기하고 있습니까?

단어　一線(いっせん)を画(かく)す : 확연히 구분 짓다.

정답　4

해설　1 여름 필수품.

　　2 올해 유행하는 물통.

　　3 인기 있는 지갑이나 백.

　　4 상품의 미니사이즈화.

> テレビショッピングでアナウンサーが話しています。
> こんにちは。今週は旅のパートナーウィークと題しまして、旅やおでかけにぴったりのアイテムをお買い得価格でお届けします。これさえあれば旅もおでかけも快適の人気商品を取りそろえましたので、お見逃しなく、お買い物をお楽しみください。今日の商品は必見です。まさに旅のパートナーにおすすめのこちらの商品です。圧縮袋、掃除機も必要なく、手で押すだけで圧縮できるラクラク設計となっています。こちらのチャックもバルブもすごく使いやすいです。カラーとデザインは四季を表す桜・向日葵・紅葉・雪の華をモチーフとした洗練されたデザインです。サイズはM、L、LLの３サイズ、Mサイズには、マフラー、手袋、ストール、カーディガン、ひざ掛けなど、Lサイズにはダウンジャケット、セーター、もこもこのパジャマなど、ＬＬサイズには、ロングダウンコート、クッション、ダウンジャケット、敷きパットなどが収納できます。
> 旅のお供だけでなく、雑貨を入れたり、引っ越し時に荷物を小さくするなど、使い方はいろいろ。色や柄違いのセットなので、種類別に分かりやすく収納できます。
> アナウンサーは何について話していますか。

해석　텔레비전 쇼핑에서 아나운서가 이야기하고 있습니다.

　　안녕하세요. 이번 주는 여행파트너 위크라는 제목으로 여행이나 외출에 딱 맞는 아이템을 싼 가격에 제공합니다. 이것만 있으면 여행에도 외출에도 쾌적한 인기상품을 갖추어 놓았으니 놓치지 말고 쇼핑을 즐겨 주십시오. 오늘의 상품은 꼭 주목하십시오. 실로 여행 파트너로 추천 드리는 상품입니다. 압축 주머니, 청소기도 필요 없이 손으로 누르는 것만으로 압축할 수 있는 편안한 설계로 되어 있습니다.이 쪽의 지퍼나 밸브도 무척 사용하기 쉽습니다. 색이나 디자인은 사계를 나타내는 벚꽃・해바라기・단풍・눈꽃을 모티브로 한 세련된 디자인입니다. 크기는 M,L,LL의 3개 사이즈로, M사이즈에는 목도리, 장갑, 스톨, 가디건, 무릎덮개 등, L사이즈에는 다운 자켓, 스웨터, 폭신폭신한 잠옷 등, LL사이즈에는 롱다운 코트, 쿠션, 다운 자켓,깔개 등을 수납할 수 있습니다. 여행을 함께하는 것 뿐만이 아니라 잡화를 넣는다든지 이사 때 짐을 작게 하는 등, 사용방법은 여러가지. 색이나 모양이 다른 것이 세트여서 종류별로 알기 쉽게 수납할 수 있습니다.

　　아나운서는 무엇에 대해서 이야기하고 있습니까?

단어　お買(か)い得(どく) : 사면 득이 됨.

　　もこもこ : (옷이나 이불 등이)폭신폭신한.

정답　1

해설 1 수납용 압축 주머니.
　　　2 압축에도 사용할 수 있는 청소기.
　　　3 여행용 접는 가방.
　　　4 다운 자켓 등의 방한용 패션아이템.

問題 4

8 정답 2
　해설 언제나 신세 많이 지고 있습니다.
　　　1 아뇨, 괜찮습니다.
　　　2 아뇨, 저야말로.
　　　3 아뇨, 죄송합니다.

9 정답 1
　해설 포장이십니까? 여기에서 드십니까?
　　　1 여기에서 먹습니다.
　　　2 삼가 가지고 가겠습니다.
　　　3 드시는 것으로 부탁합니다.

10 정답 2
　해설 다나카 씨는 갈 것 같지 않은데.
　　　1 못 가겠지요.
　　　2 안 가겠지요.
　　　3 안 간 것 같아요.

11 정답 1
　해설 어제 교통사고가 나서 말이야. 다행이 긁힌 상처로 끝났지만.
　　　1 그것 참 큰 일 날 뻔했네요.
　　　2 그것 참 안타깝네요.
　　　3 그것 참 안 됐네요.

12 정답 2
　해설 선물이니 배달해 주세요.
　　　1 알겠습니다. 삼가 배달하겠습니다.
　　　2 삼가 받았습니다. 배달하겠습니다.
　　　3 알겠습니다. 보내 주겠습니다.

13 정답 2
　해설 감기 걸려 버렸습니다. 오늘은 쉬고 싶습니다만
　　　1 걱정이군요. 부담스러워 하지말고.
　　　2 안 됐군요. 건강 잘 챙기세요.
　　　3 곤란하네요. 수고했이요.

---

3. 聴解 문제풀이 및 해설(3)

問題 5

14

ある夫婦と不動産屋が賃貸マンションについて話しています。

男：　駅から15分以内の1LDKをお探しでしたね。
男女(夫婦)：　はい。
男：　おすすめの物件はこちらの4つになります。お話ししやすいようにファイルに1
　　　番から4番まで番号をつけさせていただきました。まず、1番の物件をご覧くだ
　　　さい。こちらの部屋は4つの中で一番広いです。新宿からはちょっと遠くなり

ますが、日当たりも良く、築3年の新しいマンションです。2番の物件は新築で間取りがいいです。キッチンに余裕があるので、使いやすいです。3番の物件はデザイナーズマンションで、おしゃれな造りです。設備も充実していて、乾燥機付きの洗濯機が備え付けになっています。4番の物件は駅から2分で新宿へも一番近いです。築15年ですが、リフォームされているのできれいです。

男(夫)：　新宿まで15分で行けるのはいいなあ。残業してまた満員電車に長い時間揺られて帰るのは厳しいから。

女(妻)：　でも4番の物件は一番狭いのに家賃は一番高いわよ。あら、このデザイナーズマンションにはベランダがないわね。洗濯物はどこに干すのかしら。

男：　乾燥機付きの洗濯機がありますし、最近は室内干しする方も多いですから。浴室にも乾燥機が付いていますから、不便なことはないと思いますよ。

女(妻)：　洗濯機、買ったばかりだし。ねえ、2番のキッチンいいわね。カウンターもあるから朝はここで食べてもいいし。新しいマンションだから住み心地よさそう。

男(夫)：　でも、2番は駅から13分だね。それならむしろ1番のほうが駅から7分だからいいんじゃないか?部屋も広いし。

男：　あ、ただ2番は急行が止まる駅なので、所要時間はずっと短いです。

女(妻)：　あなた自転車で駅まで行けばいいんじゃない?

男(夫)：　ああ、そうだね。

男：　これからご案内しましょうか。新築なのでいつでも見られます。

男女(夫婦)：　お願いします。

해석　어떤 부부와 부동산 업자가 임대맨션에 대해서 이야기 하고 있습니다.

남자 : 역에서 15분이내의 1LDK를 찾고계셨지요?

남녀(부부) : 네.

남자 : 추천드릴 집은 여기 4개입니다. 말씀 드리기 쉽도록 파일에 1번부터 4번까지 번호를 적어두었습니다. 우선 1번 집을 봐 주세요. 이 쪽 집의 방은 4개 중에서 가장 넓습니다. 신주쿠에서는 조금 멀어집니다만 햇볕도 잘 들고 지은 지 3년인 새로운 맨션입니다. 2번째 집은 새집으로 구조가 좋습니다. 키친에 여유가 있어서 사용하기 편합니다. 3번째 집은 디자인 맨션으로 멋있게 지어졌습니다. 설비도 충실하고 건조기 달린 세탁기가 달려 있습니다. 4번째 집은 역에서 2분으로 신주쿠에도 가장 가깝습니다. 지은 지 15년 되었습니다만 리모델링되어 깨끗합니다.

남자(남편) : 신주쿠까지 15분에 갈 수 있는 것은 좋네. 잔업 하고 또 만원 전차에 장시간 흔들거리며 돌아오는 것은 힘드니까 말이야.

여자(아내) : 하지만 4번째 집은 가장 좁은데 집세가 가장 비싸요. 어머 이 디자인 맨션에는 배란더가 없네. 세탁물은 어디에 널지요?

남자 : 건조기 달린 세탁기가 있고 최근에는 실내에 너는 사람이 많으니까요. 욕실에도 건조기가 달려있으니까 불편한 것은 없다고 생각해요.

여자(아내) : 세탁기 산 지 얼마 안 되는데. 여보 2번집 키친 괜찮지요. 카운터도 있어서 아침은 여기에서 먹어도 되고 말이에요. 새 맨션이라 살기도 좋을 것 같아요.

남자(남편) : 하지만 2번집은 역에서 13분이야. 그렇다면 1번집 쪽이 역에서 7분이니까 좋지 않을까. 방도 넓고.

남자 : 아, 단 2번집은 급행이 서는 역이어서 소요시간은 훨씬 짧습니다.

여자(아내) : 당신은 자전거로 역까지 가면 되잖아요.

남자(남편) : 아 그러네.

남자 : 지금부터 안내할까요. 신축이라 언제든지 볼 수 있습니다.

남녀(부부) : 부탁 드립니다.

단어　備(そな)え付(つ)け : 비치함. 또는 그 물품.

(14-1)　정답　3

해설　남자는 어떤 점에 주의를 기울이고 있습니까?

1 구조.

2 지어진 연수.

3 통근시간.

4 좋은 설비.

(14-2)　정답　2

해설　둘이 보러 가는 집은 몇 번 집입니까?

1 1번.

2 2번.

3 3번.

4 4번.

1. 言語知識(文字)문제풀이 및 해설

問題 1

1 정답 3

해설 両替(りょうがえ) : 환전.
미국에 여행가기 전에 은행에서 엔화를 달러로 환전해 두는 편이 좋다.

2 정답 1

해설 幼い(おさない) : 어리다. 미숙하다.
尊い(とうとい) : 귀중하다. 존귀하다.
か弱い(かよわい) : 가냘프다. 연약하다.
愛しい(いとしい) : 사랑스럽다. 가엾다.
운전자의 부주의로 인해 어린 생명을 잃게 해서는 안된다.

3 정답 4

해설 質屋(しちや) : 전당포.
전당포에서 고급시계를 사는 사람도 있는 것 같다.

問題 2

4 정답 3

해설 卑怯(ひきょう) : 비겁.
그런 비겁한 방법을 쓰면 비난 받을 것이다.

5 정답 1

해설 金遣い(かねづかい) : 돈 씀씀이.
荒い(あらい) : 거칠다. 세차다. 헤프다.
粗い(あらい) : 엉성하다. 꺼칠꺼칠하다. (알갱이가)곱지 않다.
凄い(すごい) : 무시무시하다. 대단하다. (연용형을 부사적으로 써서)대단히. (정도가)심하다.
辛い(からい) : 맵다. 짜다. (술맛 등이)독하다.박하다. 괴롭다.
그는 마음씨는 착한 사람인데 돈 씀씀이가 헤픈 것이 결점이다.

6 정답 2

해설 住む(すむ) : 살다.
済む(すむ) : 끝나다. 해결되다. 만족하다. 족하다.
澄む・清む(すむ) : 깨끗해지다. 소리가 잘 울리다. 잡념 등이 없어지다. 청음으로 발음하다.
오늘은 일이 빨리 끝났으니 한 잔 마시러 갈 작정이다.

한자 상식 퀴즈 풀이 및 해설

* 다음의 히라가나 표기에 알맞은 한자표기는 어느 쪽?

1) 정답 ①

해설 다른 사람에 대해 상대를 하고 답을 하는 것. 오는 사람에게 답한다는 뜻의 「応」과 대면한 상태에서 답한다는 뜻의 「対」를 조합한 단어로, 「如才(じょさい)ない応対ぶり 싹싹한 응대」등과 같이 사용한다. 「接待 せったい 접대」와 혼동되어서 인지 「応待」로 하기 쉽다. 참고로 「接待」는 사람을 접대하는 것.

2) 정답 ①
   해설 일시적인 안심. 그 곳에서의 일시적인 안심감에 대한 것으로 「気安め」라고는 쓰지 않는다.

* 다음의 한자표기어를 올바로 읽은 것은 어느 쪽?

1) 정답 ①
   해설 꽤 엄청난 모습. 「壮絶 そうぜつ」와 혼동하기 쉽다. 「凄」에는 몸에 저밀 정도로 굉장한, 심하고 격한 등의 의미가 있고, 「物凄(ものすご)い 엄청난」, 「凄惨 せいさん 처참」 등의 어가 있다.

2) 정답 ②
   해설 산이나 계곡에서 일어나는 목소리나 소리의 반향. 메아리. 메아리가 물리적인 현상인 것은 지금은 누구나 알고 있지만 옛날 사람은 그것을 「木」에 깃든 「精霊 せいれい 정령」에 의한 것이라고 생각하고 있었다. 「木魂」, 「谺」로도 쓴다.

2. 言語知識(語彙)문제풀이 및 해설

問題 3

[7] 정답 4
   해설 成功裏(せいこうり) : 성공리.
   처음 기획한 이벤트를 성공리에 끝낼 수 있어서 마음이 놓였다.

[8] 정답 2
   해설 売れ行き(うれゆき) : 팔림새.
   売れ残り(うれのこり) : 팔다 남은 상품.
   売り切れ(うりきれ) : 매절. 매진.
   売り出し(うりだし) : 발매. 방매. 갑자기 인기가 높아짐.
   이번 우리회사의 신상품 팔림새는 꽤 좋다.

問題 4

[9] 정답 3
   해설 慌ただしい(あわただしい) : 분주하다. 어수선하다.
   騒がしい(さわがしい) : 소란스럽다. 뒤숭숭하다.
   そそっかしい : 덜렁대다.
   ばからしい : 시시하다. 바보스럽다.
   또 열쇠 안 잠그고 나와 버렸니. 변함없이 덜렁대기는.

[10] 정답 1
   해설 見直す(みなおす) : 다시 보다. 달리 보다.
   見上げる(みあげる) : 우러러보나. 훌륭하고고 깁단하다.
   見込む(みこむ) : 기대하다. 예상하다. 집요하게 들러붙다.
   見返す(みかえす) : 뒤돌아보다. 되 갚다.
   이번 프로젝트는 정말 잘 했다. 자넬 달리 보게 되었네.

問題 5

[11] 정답 2
   해설 中止する(ちゅうしする) : 중지하다.
   取り消す(とりけす) : 취소하다.
   締め切る(しめきる) : 마감하다. 모두 닫다.
   解除する(かいじょする) : 해제하다.

여행 예정이 변경되었기 때문에 모든 예약을 캔슬해 주세요.

12 정답 2

해설 安易(あんい) : 안이.
容易(ようい) : 용이.
平易(へいい) : 평이.
簡易(かんい) : 간이.
복잡하게 이해관계가 얽혀있는 문제를 해결하는 것은 간단하지 않다.

問題 6

13 정답 3

해설 거절당하는 것은 불을 보는 것보다도 명확하다.

14 정답 2

해설 たしか : (절대적이지는 않으나)분명히, 확실히, 틀림없이, 아마 = たぶん
야마다씨 생일은 분명 오늘이었던 것 같은 느낌이 든다.

3. 言語知識(文法)문제풀이 및 해설

問題 7

15 정답 3

해설 に反して : 장래를 예측하는 의미를 나타내는 명사에 붙어 결과가 그 명사와는 다른 것을 나타
냄.[－とは違って], [－とは反対に]로 바꿀 수 있음. '－와/과 반대로'.
にしろ : 같은 장르의 두 개, 또는 대립하는 두 개를 들어 '어느 쪽의 경우라도'라는 의미를 나타
냄. '－건 －건'.
にもかかわらず : '그러한 사태임에도'라는 의미를 나타냄. 후속하는 문장은 그런 사태라면 당
연히 예측할 수 있는 것과는 전혀 다른 사태를 나타내는 표현이 옴. '－임에도 불구하고'.
のみならず : '그거 뿐만이 아니라 더욱 더'와 같이 추가시킬 때 사용함.
그는 부상을 당한 상태임에도 불구하고 시합에 출전해 금메달을 땄다.

16 정답 4

해설 わけにはいかない : '그렇게 하는 것은 불가능하다'라는 의미를 나타냄.
にちがいない : 뭔가를 근거로 해서 화자가 강하게 확신하고 있음을 나타냄. '－임에 틀림없다'.
にほかならない : '어떤 일이 일어난 이유나 원인이 바로 그것 때문이다'라고 단정적으로 말할
때 이용됨.
とはかぎらない : '－라고 하는 것이 언제나 옳다고는 말할 수 없다'라는 의미를 나타냄.
경험이 없다고 해서 일을 할 수 없다고는 말 할 수 없다.

17 정답 2

해설 あるべき : '－있어야만 하는'의 의미.
あるまじき : '－있어서는 안 되는'이라는 의미를 나타냄.
あるような : '있을 것 같은'의 의미.
동사연용형+かねない : 그 가능성이나 위험성이 있다는 의미. 화자가 마이너스 평가를 할 때만
사용됨. '있을 것 같은'의 의미.
아이를 학대하다니, 인간으로서 있어서는 안 될 행위다.

問題 8

18 정답 4

해설 一旦引き受けたものの大変さのあまり呆然としてしまった。
－たものの : 과거의 일이나 현재의 상황을 말 한 후 '－하지만'이라는 문이 계속될 때 사용됨.

呆然(ぼうぜん) : 어안이 벙벙함. 맥이 빠져 멍함.

일단 하기로 했지만 너무 힘들어 맥이 빠져 버렸다.

[19]   정답   1

해설   ランナーたちはスタートの合図が聞こえるか聞こえないかのうちに走り出した。

런너들은 스타트 신호가 들릴까 말까 하는 사이에 달려 나갔다.

[20]   정답   4

해설   調べてもどうせ完全には分からないのならば、漢字を楽しめばいいという考え方もある。

조사해 보아도 어차피 완전하게는 알 수 없다고 한다면 한자를 즐길 수 있으면 된다는 생각도 있다.

問題 9   해석   학술적으로 커다란 업적을 남긴 것은 일본인과 일본문화에 대한 깊은 애정이 있어서 가능했을 것이다. 일본문학연구자로 고전부터 현대에 이르기까지 많은 일본문학을 번역하고 널리 세계에 소개한 도널드 킹씨가 96세로 소천했다.

미국출생이지만 동일본대지진 후 2012년 일본국적을 취득했다. 지진재해로 많은 외국인이 일본을 떠나가는 것을 안타깝게 여겨 "너무나 좋은 일본에 계속 살고싶다"라는 것이 그 이유였다. 많은 지진피해자들에게 용기를 주었음에 틀림없다.

"스스로 선택한 모국에서 행복하게 마지막을 맞이했습니다"라고 말하는 양자인 킹세이키 씨의 말이 마음을 울린다.

일본문학과의 만남은 태평양 전쟁[日米開戦]이 발발하기 전 어느날 밤에 손에 넣은 "겐지이야기[源氏物語]"의 영어번역본이었다. 어두운 세상에 "미"로 채색된 세계관에 매료되었다.

한편 해군에서 일본어 전문장교로 근무하고 전쟁에도 참여했다. 전사한 일본병사의 일기를 해독하고 그 가족들에 대한 생각, 고뇌 등을 작품화했다.

킹 씨가 전후, 최초로 일본연구의 길을 선택하고 일본문학을 세계와 연결시키는 다리역할을 한 것은 그러한 만남이 있었기 때문일 것이다. 일본이 국제사회에 복귀하기 위해서 상호이해를 깊게 해 가는 데 도움이 된 공적은 이루 헤아릴 수 없다.

또한 다카미 준(高見順), 이토 세이(伊藤整)와 같은 저명한 작가의 전중일기[戦中日記]를 "시대의 1급자료"로써 논한 2009년 출판저서 "일본인의 전쟁"도 전쟁체험 없이는 탄생하지 않았을 것이다. 가혹한 전쟁의 체험을 통해 요사이 일본국헌법개정의 움직임에 경종을 울려 주었다. 고금의 문학을 통해 일본인을 고찰하는 한편 극 연습장에 다니면서 교겐[狂言]을 배웠다. 노[能], 교겐[狂言]이나 분라쿠[文楽], 가부끼[歌舞伎]와 같은 전통예능에도 조예가 깊었다.

그런 만큼 일본사회 속에서 전통예능의 존재감이 사라져 가는 현상을 우려했다. 2012년 당시 하시모토 도오루[橋下徹]・오사카 시장이 분라쿠협회에 대한 보조금 동결방침을 표했을 때, 우려를 표명했다. 일본 교육에서 고전문학이 경시되고 있다는 지적도 무시할 수 없다.

애니메이션이나 만화와 같은 팝컬쳐 뿐만이 아니라 일본이 해외에 자랑할 만한 문화는 얼마든지 있다. 킹 씨가 남긴 생각을 확실하게 받아 들이고 싶다.

단어   勇気(ゆうき)づける : 용기를 주다.

胸(むね)にしみる : 마음을 울리다.

草分(くさわ)け : 개척자. 창시자.

警鐘(けいしょう)を鳴(な)らす : 경종을 울리다.

~傍(かたわ)ら : ―하는 한편. ―함과 동시에.

能(のう) : 일본 고전 예능의 하나. 能楽(のうがく).

狂言(きょうげん) : 能楽(のうがく)의 막간에 상연하는 대사 중심의 희극.

文楽(ぶんらく) : 浄瑠璃(じょうるり)에 맞추어 하는 인형극.

歌舞伎(かぶき) : 에도(江戸)시대에 발달하고 완성된 일본 특유의 민중연극.

[21]   정답   3

해설   のみならず : '뿐만 아니라'.

というもの : '-라는 것'.
からこそ : 이유나 원인을 부각시켜 특히 강조하는 표현. '다름아닌 -이기 때문'.
ものだから : '것이기 때문에'.

22 정답 1
해설 に違いない : '-임에 틀림없다'.
ことになっている : 예정, 일상생활에서의 결정, 법률, 규칙, 관례와 같은 것에 이르기까지 사람을 구속하는 갖가지 약속을 나타냄. '-하는 것으로 되어있다'.
かのようだ : 동사의 사전형, タ형을 받아 실제는 그렇지 않은데 그런 것처럼 행동한다든지 느낀다든지 하는 모습을 나타냄.'-인 것 같다'.
どころではない : 동사나 동작을 나타내는 명사에 붙어서 '그러한 활동을 할 수 있는 상황이나 경우가 아니다'라는 뜻을 나타냄.

23 정답 3
해설 それにもかかわらず : 그럼에도 불구하고.
そこで : 그래서.
一方で : 한 편.
ところで : 그런데.

24 정답 4
해설 それとも : 그렇지 않으면. 아니면.
それはさておき : (화제를 잠시 돌릴 때)그것은 어쨌든. 그건 그렇다 치고.
それでも : 그럼에도 불구하고. 그런데도.
それだけに : 그 만큼. 그런 만큼.

25 정답 2
해설 ～をめぐって : '-을 둘러싸고'.
だけでなく : '-뿐만이 아니라'.
だからこそ : '실로-이기때문에'.
～に先立って : '-기 앞서'.

제6과 読解 실전문제, 단어학습(イ형용사)

1. 読解 문제풀이 및 해설(1)

問題 1

1 해석 면회시간은 평일 오후3시~오후8시, 토·일,축일은 오전10시~오후8시입니다.면회시간 을 지켜 주십시오.

면회를 하실 분은 병동 1층에서 소정의 용지에 기입한 가운데 면회 뱃지를 착용하고 각 병동의 간호사실로 신청해 주세요.장시간 면회는 환자가 피곤해 질 수도 있습니다. 또한 한 번에 많은 사람의 면회나 아이의 면회는 허가하지 않는 경우가 있습니다. 병실에서 음식 먹는 것도 삼가해 주십시오. 병문안용으로 가지고 오는 것 중에 향기가 강한 음식은 피해 주십시오. 생화나 꽃꽂이, 화분 등의 식물은 원칙적으로 금지하고 있습니다.

또한 환자분의 입원에 관해서는 전화문의로는 답변드릴 수 없사오니 양해 부탁 드립니다.

단어 フラワーアレンジメント : 꽃꽂이.

정답 4

해설 1 5월5일 어린이날 11에 병문안 간다.

2 꽃은 금지되어 있기 때문에 과일을 가지고 가서 잘라 함께 먹는다.

3 미리 병실번호를 간호사실 전화로 확인하고 간다.

4 면회뱃지를 달고 간호사실에 신청하면 병실에 들어가도 된다.

2 해석 도카이도신간선에 내년 여름부터 도입되는 신형차량으로 시험적으로 최고시속 360km까지 올리는 주행이 이루어졌는데 그 모습이 보도관계자에게 처음으로 공개되었습니다.

주행시험을 행한 것은 JR도카이가 내년 7월부터 도입하는 도카이도 신간선의 신형차량 N700S 입니다. N700S의 영업시 운전 최고시속은 현재와 같은 285km입니다만 주행시험에서는 360km 까지 올려 승차감이나 연선에 대한 소음 등을 측정합니다.

JR도카이는 지금까지의 차량보다 공기저항을 줄인 가운데 브레이크 개량에 의해 지진 등의 긴급시 안전성을 높이는 것으로 하고 있어 미국이나 대만에 수출을 목표로 성능을 어필하는 것으로 하고 있습니다.

단어 引(ひ)き上(あ)げる : 끌어 올리다.
乗(の)り心地(ごこち) · 승차감

정답 2

해설 1 보통 시속 360km로 주행한다.

2 내년 7월부터 영업운전을 한다.

3 승차감이 좋아져 소음도 억제되었다.

4 아메리카나 대만으로 수출하기로 되어 있다.

問題 2

해석 솔라세일등의 커다란 우주구조물을 로켓에 싣기 위한 작게 접는 기술에 일본의 오리가미(종이접기)가 활용되고 있다는 뉴스가 화제가 되었습니다. 최근에는 이것이 오리가미공학으로써 갖가지 분야에서도 응용할 수 있도록 되어 주목을 받고 있습니다.

AI나 자동운전 등 기술의 진보에 의해 로봇이나 컴퓨터가 인간을 대신해서 일을 하게 되어 인간에게 요구되는 역할이나 능력은 지금도 그리고 지금부터라도 하루하루 변화해 가리라고 생각합니다.

같은 작업의 반복이나 지식의 주입으로는 인간은 로봇이나 컴퓨터에 상대가 될 리가 없고 인간에게 새로운 아이디어를 창출하여 구체화하는 창조력이 요구됩니다.

그 때 힘이 되는 것이 인간에게는 다양성이 있다는 것입니다. 한 가지 것을 다양한 시점으로 생각해 세상의 변화에 대해서 유연하게 대응할 수 있다고 하는 것입니다.

오리가미 공학에는 한 가지 체계가 있는 것이 아니라 다양한 전문분야로부터 다양한 시점을 가진 가진 사람들이 독자적인 연구를 하고 협동해서 연구하는 중에 새로운 창조가 생겨나고 있습니다. 원통이 찌그러질 때의 패턴에서 음료 캔을 창조하는 사람도 있는가 하면 방진기를 창조하려고 하는 사람도 있습니다.

그러한 의미에서 자연계의 형태를 재현하려고 하는 일본인의 시행착오에서 발전해 갔으리라 여겨지는 오리가미를 기초로 하는 오리가미 공학은 꽤나 인간적이어서 인간의 가능성을 끌어내는 가능성이 가득 찬 학문분야라고 생각합니다.

단어　積(つ)み込(こ)む : 짐을 싣다.
　　　詰(つ)め込(こ)む : 쑤셔 넣다. 주입하다.
　　　試行錯誤(しこうさくご) : 시행착오.
　　　引(ひ)き出(だ)す : 끌어내다.

3　정답　4
　해설　1 우주로켓.
　　　　2 자동운전.
　　　　3 로봇.
　　　　4 음료 캔.

4　정답　3
　해설　1 다양한 분야의 폭넓은 지식.
　　　　2 치밀한 작업을 계속 할 수 있는 것.
　　　　3 아이디어를 생산해 내는 상상력.
　　　　4 하나의 체계를 만들어 내는 것.

한자 상식 퀴즈 풀이 및 해설

* 다음의 히라가나 표기에 알맞은 한자표기는 어느 쪽?

1)　정답　②
　해설　많은 사람이 일제히 행동하여 어떠한 일을 일으키는 것. 집을 들쑤셔서 벌이 일제히 날아오르는 모습에 빗대어 만든 어로, 폭동, 반란 등에 대해서 쓴다.「民衆(みんしゅう)が各地(かくち)で武装蜂起(ぶそうほうき)した 민중이 각지에서 봉기했다」등과 같이 사용한다.「峰」는 높은 산, 산 정상의 뜻으로 돌기된 부분이기는 하지만「峰起」라는 말은 없다.

2)　정답　②
　해설　뒤에 있어서 지키고 도와주는 사람. 후원자. 본래는 후방에서의 공격을 막는 방패를 말한다.「後ろ楯」라고도 쓴다.

* 다음의 한자표기어를 올바로 읽은 것은 어느 쪽?

1)　정답　②
　해설　일이 제대로 되지 않는 것.「破(やぶ)れ綻(ほころ)びる　찢어져 터지다」의 뜻에서 계획 등을 세울 수 없어 실패로 끝나는 것을 말한다.「県(けん)の財政(ざいせい)が破綻(はたん)する 현의 재정이 파탄 나다」등과 같이 사용한다.

2) 정답 ②
　　해설 초목의 꽃이나 가지를 손으로 꺾어 따다. 「手」는 훈으로 「て」와「た」. 「た」로 읽는 어는 적은데, 이 밖에 「手向(たむ)ける 신불이나 헤어지는 사람에게 선물하다」 「手綱(たづな) 말고삐」등이 있다.

2. 読解 문제풀이 및 해설(2)

問題 3　해석　A
저는 어렸을 때 분양맨션 5층에서 자랐기 때문에 독채보다 맨션 3층이상이 안정감이 있다는 점과 분양보다 임대하는 편이 자유로울 수 있기 때문입니다.
집세를 낸다고 치면 사서 자신의 것으로 하는 편이 좋다고 하는 생각도 이해는 갑니다만 나이 들어서 혼자 되었을 때 여러가지 사정으로 그 맨션에 계속 살 수 없게 된다고 하는 것도 생각할 수 있습니다.
사건 빌리건 한 평생 드는 돈은 변함이 없다고 하지만 나로서는 자유롭게 언제든지 홀가분하게 움직일 수 있다고 하는 것이 임대의 가장 좋은 매력입니다. 남편의 전근, 아이의 학교 등 인생에 있어서 무엇이 일어날 지 모르기 때문에 그 지역에 구애받지 않는 편이 좋기 때문입니다. 만일 맨션 내의 인간관계가 나빠져 버렸을 경우에도 필요하면 이사갈 수 있는 편이 마음도 편합니다.
이전에 친구가 사는 지역이 수해를 입어 많은 집들이 떠내려 갔을 때 주택 론 빚만 남아 살 곳이 없어져 버린 사람이 많이 있었습니다.

　　단어　分讓(ぶんじょう) : 분양.
　　　　　賃貸(ちんたい) : 임대. 세줌.
　　　　　身軽(みがる)に : 가뿐하게. 홀가분하게.

　　　　　B
지금은 저금리이기 때문에 손에 가지고 있는 돈이 충분히는 없다고 하는 경우에도 맨션을 사기 쉽습니다. 노후에 일이 없어진 후에 집세 걱정으로 이래저래 생각하는 것은 불안하고 자신의 거주지가 되지 않는 거주지에 끊임없이 집세를 지불하는 것도 아깝기 때문이다.
자기 집이라면 필요할 때 재산이 됩니다. 게다가 주택담보대출 차입 시에 많은 금융기관에서 강제적으로 가입하지 않으면 안 되는 단체신용생명보험이라는 것이 있습니다. 간단히 말한다면 주택 론을 하기로 한 남편이 도중 만약에 사망했을 경우 그 뒤의 주택 론은 없던 일로 한다고 하는 것입니다.
그러한 것이 없어도 샀을 경우 주택 론 완납 후는 매월 주거비는 관리비와 수선적립금뿐이어서 노후에 얻어지는 안심감이 크다고 생각합니다.

　　단어　持家(もちや) : 자기 집. 소유가옥.
　　　　　借入(かりいれ) : 차입.꾸어 들임.
　　　　　チャラにする : 없던 일로 하다.

　5　정답　2
　　해설　1 B씨는 집값이 올라가는 것을 기대하고 있다..
　　　　　2 A씨는 장래 무엇이 일어날 찌 모른다고 하고 있다.
　　　　　3 B씨는 집세를 지불하는 편이 더욱 비싸게 먹힌다고 생각하고 있다.
　　　　　4 A씨는 주택 론을 지불할 수 없어서 살 곳이 없어지는 것을 걱정하고 있다.

　6　정답　3
　　해설　1 A씨.
　　　　　2 B씨.
　　　　　3 두 명 다 생각하고 있다.
　　　　　4 두 명 다 생각하고 있지 않다.

問題 4　해석　쇼와40년대에는 일본어를 한자가나혼합문으로 쓰고 있는 한 타이프라이터로 아름다운 문서를 신속하게 작성할 수 있는 구미사회와는 대등하게 논할 수 없다. 때문에 기계로 쓸 수 없는 "뒤처진" 문자인 한자 등은 폐지해 버려라 하는 논의가 비즈니스계를 중심으로 진지하게 행해졌던 것이다.

하지만 시대는 크게 변했다. 기술자들의 노력에 의해 컴퓨터로 대량의 한자를 사용할 수 있도록 되어 한자는 복권되었다. 지금은 쓰기 어렵고 외우기 어려운 우울도, 빈축도, 유린도 키를 단지 몇 번 누르는 것으로 간단히 화면에 표시할 수 있고 버튼 하나로 깨끗하게 인쇄할 수 있다. 그러나 눈 앞에 기계가 언제나 있다고는 할 수 없다. 어쩔 수 없이 손으로 한자를 쓰려고 했는데 몇 갠가의 한자를 쓸 수 없다고 하는 사실을 알고 사람들은 충격을 받는다.

컴퓨터를 사용하기 시작하면서 한자를 깜박 잊어버리게 되었다고 많은 사람들은 말한다. 하지만 그것은 문자기록환경이 옛날로 되돌아갔을 뿐으로 한자를 쓸 수 있는가 아닌가는 확실히 말해 한자에 관한 개개인 각자의 지식량과 습득달성도에 의한 것이다.

어떤 시대에 있어서도 문자를 손으로 쓴다고 하는 것은 없어지지 않고 제아무리 컴퓨터가 진화한다고 해도 문장의 읽고 쓰기가 국어의 기본인 것은 절대로 변하지 않을 것이고, 그러기 위한 기본교육을 등한시 하는 것은 결코 용서받을 수 없다.

단지 손으로 쓰는 시대에는 커다란 영력을 필요로 한 복잡한 한자가 지금은 기계에 의해서 간단히 쓸 수 있고, 깨끗하게 인쇄할 수 있도록 된 것에 대해서도 객관적인 사실로써 확실하게 주목할 필요가 있을 것이다. 이제부터는 반드시 손으로 써야 하는 한 덩어리의 기본적인 한자군과 바르게 읽는 방법과 사용하는 방법을 파악만 할 수 있으면 반드시 손으로 정확하게 쓸 수 없어도 좋은 한자군, 과 같이 한자전체를 2중 구조로 나누어도 좋은 것은 아닐까.

컴퓨터로 문장을 쓰는 것이 보통 행위가 된 시대에 20수년전에 정해진 규격이 나타내는 "상용성"이 크게 요동치기 시작한 것은 당연하다. 그리고 문화심의회국어분과회가 상용한자에 대한 재검토를 재기한 배경에도 물론 한자를 둘러싼 그런 시대의 변화가 있었던 것은 틀림없다.

문자는 문화의 근간에 위치하는 것이다. 문화심의회의 제기를 계기로 우리들을 둘러싼 문자환경이 보다 편리하고 합리적인 것이 되도록 각 방면의 적극적인 노력을 기대하고 싶은 것이다.

단어　渡(わた)り合(あ)う : 논쟁하다.

ど忘(わす)れ : 깜빡 잊고 생각해 내지 못함.

もとを正(ただ)す : 일의 원인과 이유를 확실하게 하다.

疎(おろそ)か : 등한시 함. 변변치 않다. 허술함.

[7]　정답　2
해설　1 시대에 뒤떨어지기 때문에.
2 기계로 쓸 수 없기 때문에.
3 쓸 수 없는 글자가 많기 때문에.
4 쓰기 어렵고 외우기 어렵기 때문에.

[8]　정답　3
해설　1 문서 중에 한자사용이 늘었다.
2 사람들의 한자 쓰는 능력이 향상되었다.
3 복잡한 한자를 간단히 쓸 수 있고 인쇄할 수 있게 되었다.
4 한자는 쓸 수 없더라도 읽을 수 있고 사용방법을 알면 되게 되었다.

[9]　정답　1
해설　1 상용한자를 재검토하는 것.
2 한자를 복권시키는 것.

3 한자를 깜박 잊어버리는 것이 없어지는 것.

4 국어교육에서 한자교육의 비중을 늘리는 것.

問題 5　해석　<본사(오피스)이전 알림>

신록의 계절, 귀사의 번영을 축하 드립니다. 평소 각별히 이끌어 주셔서 참으로 감사를 드리는 바입니다.

이번 저희 회사는 「진심 서포트」를 필두로 하는 MINATO21 프로젝트를 완성시키기 위한 업무확장의 일환으로써 6월 1일(토)에 본사 오피스를 아래의 요령으로 이전하게 되었습니다. 또한 5월 31일(금)까지는 구 오피스에서 본래대로 영업을 합니다.

또한 이전과 함께 전화·팩스 번호가 아래와 같이 변경됩니다. 수고스러우시겠습니다만 적어 놓으신 전화·팩스 번호를 변경시켜 주시기를 원합니다.

옛 사무소는 교통편이 불편해서 왠지 폐를 끼쳤습니다만 신사무소는 금융가이기도 한 가야바쵸역에서 가깝고 에도 정서가 남은 옛 거리임을 느끼면서 사무소까지 올 수가 있어서 보다 액티브한 영업활동의 거점이 되리라 생각합니다. 근처에 오셨을 때는 꼭 들러 주십시오.

이것을 계기로 모든 사원은 마음을 새롭게 해서 평소의 애정에 보답하기 위해서 전심으로 노력하려 하오니 앞으로도 지도, 편달 부탁 드리는 바입니다. 일단은 간략하게나마 서면 통지를 통해 여러분들에게 인사를 올립니다.

기

【신동경본사】 104-0033 도쿄토 주오우쿠 아라카와1-3 동경부동산 아야바쵸빌딩7층

· 가야바쵸역(히비야선·동자이선)도보 약 7분

· 도쿄역에서 차로 약12분(2.5km)

전화:03-6464-0806 FAX:03-6464-0807

【영업개시일】 2019년 6월 3일(월)

【이전일】　 2019년 6월 1일(토)종일

*이전당일은 대표번호, 팩스 모두 잘 연결되지 않을 가능성이 있습니다. 부디 양해 바랍니다.

【구동경본사】 108-0075 도쿄도 미나토구 미나토미나미 2-8 오크 시나가와31층

전화:03-5433-0806 FAX:03-5433-0807

단어　手数(てすう) : 수고. 귀찮음. 폐.

手元(てもと) : 주변. 곁. 바로 옆.

控(ひか)え : 예비로 준비함. 적어둔 메모.

略儀(りゃくぎ) : 간략. 약식.

[10]　정답 3

해설　1 평상시의 감사말.

2 신 사무소의 위치.

3 신 프로젝트의 내용

4 가야바쵸역에서 신동경본사까지 걸리는 시간.

[11]　정답 2

해설　1 6월1일부터 영업을 개시한다.

2 구오피스는 교통 편이 좋지 않았다.

3 신 사무소는 금융의 거리인 동경역에서 가깝다.

4 전화번호는 바뀌지 않지만 팩스번호는 변경한다.

1. 聴解 문제풀이 및 해설(1)

問題 1

1

女の人が会社で部長と話しています。
女の人はこのあと何をしなければなりませんか。

女：部長、明日のプレゼンの資料、見ていただけたでしょうか。
男：うん、わかりやすいし、よく出来てるね。
女：あ、ありがとうございます。
男：しいて言えば、新製品のPRがちょっと弱い気がするんだよねー。でもまあ、そ
　　れはいいか。あと、この写真、もう少し大きくできないかな？この辺、スペー
　　スが空いちゃってるから。
女：あ、そうですね。わかりました。
男：あ、そういえば、会議室はおさえてあるよね？
女：はい、701号室をとっておきました。
男：あと、パソコンとかマイクの確認も頼むよ。
女：あ、そちらは大丈夫です。

해석　여자가 회사에서 부장과 이야기 하고 있습니다. 여자는 이제부터 무엇을 하지 않으면 안 됩니까?

여자 : 부장님. 내일 프리젠테이션 자료, 보셨습니까?
남자 : 응, 알기 쉽고 잘 만들어 졌네.
여자 : 예 감사합니다.
남자 : 굳이 말하자면 신제품 PR이 좀 약한 느낌이 드네. 하지만 그건 괜찮아.그리고 이 사진 조
　　　금 더 크게 할 수 없을까? 이 부분 스페이스가 비어 있으니까.
여자 : 아 그렇군요. 알겠습니다.
남자 : 아 그리고 보니 회의실은 잡아 놓았지?
여자 : 예, 701호실을 잡아 놓았습니다.
남자 : 그리고 퍼스널 컴퓨터라든지 마이크 확인 부탁해.
여자 : 아 그건 괜찮습니다.

정답　3
해설　1 자료를 준비한다.
　　　2 PR을 손본다.
　　　3 사진 레이아웃을 바꾼다.
　　　4 회의실 퍼스널 컴퓨터와 마이크를 테스트한다.

温泉旅行について女の人が2人で話しています。
絶対に持って行ったほうがいいものは何ですか。

女1： 今度高校の時の友達と日帰りの温泉旅行に行くことにしたの。

女2： いいね。車で行くの?

女1： ううん。バスツアーに申し込んだんだ。だから、あんまり荷物を多くしたくないんだけど、絶対に持って行かなきゃならないものって何かな?

女2： そうねえ、私も1月に日帰りで行って来たけど、なんでもそろってて、何も持って行かなくてもいいぐらいだったよ。

女1： ボディーウォッシュとか、シャンプーとか、リンスなんかは?

女2： それも向こうで使い捨てのを売ってる。

女1： じゃあ、それでいいや。タオルとかはどう?

女2： レンタルがあるから借りられるよ。レンタル料がかかるのがいやだったら持って行ったほうがいいかも。

女1： 濡れたタオル持って帰って来るの嫌だから借りる。濡れたものを入れるビニールバッグも要らないね。

女2： そうね。手ぶらで温泉とか宣伝してる所あるしね。

女1： じゃあ、特別持って行くものってないかしら。

女2： ああ、髪をまとめる輪ゴム持って行ったほうがいいよ。私は持って行かなかったから、温泉に入る時、アップにできなくて大変だった。

女1： ああ、いいこと聞いた。じゃ、それだけ持って行けばいいね。

해석　온천여행에 대해서 여자 둘이서 이야기하고 있습니다. 반드시 가지고 가는 편이 좋은 것은 무엇입니까?

여자1： 이번에 고등학교 때 친구와 당일치기 온천여행가기로 했어.

여자2： 좋겠네. 차로 가니?

여자1： 아니. 버스투어로 신청했어. 때문에 별로 짐을 많이 가지고 가지 않을 생각인데, 꼭 가지고 가지 않으면 안 되는 것으로 뭐가 있을까?

여자2： 글쎄. 나도 1월에 당일치기로 갔다 왔는데 모두 갖춰져 있어서 아무것도 가지고 가지 않아도 될 정도였어.

여자1： 보디워셔라든지 샴푸나 린스 같은 것은?

여자2： 그것도 거기서 일회용을 팔고 있어.

여자1： 그럼 그걸로 됐고. 타올은 어때?

여자2： 렌탈이 있으니까 빌릴 수 있어. 렌탈료 드는 것이 싫으면 가지고 가는 편이 좋을지도.

여자1： 젖은 수건을 가지고 돌아오는 것은 싫으니까 빌릴게. 젖은 것 넣는 비닐 백도 필요 없겠네.

여자2： 그러네. 빈 손으로라고 온천에서 선전하고 있는 곳도 있으니까 말이야.

여자1： 그럼 특별히 가지고 갈 것은 없는 건가.

여자2： 아, 머리 묶는 헤어고무 가지고 가는 편이 좋아. 나는 가지고 가지 않아서 온천에 들어갈 때 올릴 수 없어서 정말 힘들었어.

여자1： 아 그래. 좋은 정보 들었네. 그럼 그것만 가지고 가면 되겠네.

정답　2

해설　1 타올.

2 헤어고무.

3 비닐 백.

4 샴푸와 린스.

問題 2

3

> 女の人がスポーツ用品店で店員と話しています。
> 女の人はどうして品物を返品しましたか。
>
> 女： あのう、すみません。
> 男： いらっしゃいませ。
> 女： このテニスウェア、おととい買ったんですけど、ここに汚れのようなものがついているんです。
> 男： ちょっと見せていただけますか。
> 女： はい、これです。
> 男： ああ、しみですね。申し訳ありません。すぐに交換させていただきます。
> 女： お願いします。
> 男： お客様、申し訳ございません。このサイズは在庫が切れておりまして。少々お時間がかかるんですが。
> 女： どのぐらいかかりますか?
> 男： 一週間ほど見ていただかないと。
> 女： ええー、明日着たかったのに。
> 男： 本当に申し訳ございません。他のデザインのものとお取替えしてはいかがですか。
> 女： うーん。このデザインが気に入っていたので。
> 男： 払い戻しいたしましょうか。
> 女： そうね。そうしてください。
> 男： かしこまりました。こちらへどうぞ。

해석　여자가 스포츠 용품점에서 점원과 이야기를 하고 있습니다.
　　　여자는 왜 물건을 반품했습니까?

　　　여자 : 저 죄송합니다.
　　　남자 : 어서 오세요.
　　　여자 : 이 테니스 웨어, 그제 샀는데, 여기에 얼룩과 같은 것이 묻어 있어서요.
　　　점원 : 좀 볼 수 있을까요?
　　　여자 : 예 이겁니다.
　　　점원 : 아 얼룩이군요. 죄송합니다. 바로 교환해 드리겠습니다.
　　　여자 : 부탁 드립니다.
　　　점원 : 손님, 죄송합니다. 이 사이즈는 재고가 없어서요. 조금 시간이 걸립니다만.
　　　여자 : 어느 정도 걸립니까?
　　　점원 : 일주일 정도 보아야 할 겁니다.
　　　여자 : 아니, 내일 입고 싶었는데.
　　　점원 : 정말 죄송합니다. 다른 디자인과 바꾸시는 것은 어떠신지요?
　　　여자 : 음, 이 디자인이 마음에 들어서요.
　　　점원 : 환불해 드릴까요?
　　　여자 : 그러게요. 그렇게 해 주세요.
　　　점원 : 알겠습니다. 이 쪽으로 오시죠.

단어　払(はら)い 戻(もど)し : 환불.

3　정답　1

1 얼룩이 져 있어서.

2 재고가 없어서.

3 사이즈가 맞지 않아서.

4 디자인이 마음에 들지 않아서.

4

男の人と女の人が電話で話しています。
男の人がクラス会に行くかどうか悩んでる一番の理由は何ですか。

女： ねえねえ、今度の土曜日のクラス会行くでしょ?
男： 実は今悩んでるんだ。
女： えー、なんで?
男： 石原も来るんだろ?
女： うん。それがどうかしたの?
男： おれ、あいつにふられたからさ。
女： そんな昔のこと忘れちゃってるわよ。
男： それはどうでもいいんだけど。
女： じゃあ、おいでよ。田中君も来るって。鈴木君に会いたがってたよ。
男： 田中も来るのか。なつかしいな。でも、その日おじいちゃんの法事なんだ。
女： 法事って何時に終わるの?
男： お昼食べて解散だから3時ぐらいには終わると思うけど。
女： クラス会は夕方からだから大丈夫だよ。
男： 喪服着て行かなきゃならないから、一度帰って着替えるのも面倒くさいし。
女： 喪服でも別にいいじゃない。誰も気にしないよ。

해석 남자와 여자가 전화로 이야기하고 있습니다.

남자가 클래스 회에 갈지 말지를 고민하고 있는 가장 큰 이유는 무엇입니까?

여자 : 있잖아, 이번 토요일 클래스 회에 갈 거지?

남자 : 실은 지금 고민 중이야.

여자 : 왜?

남자 : 이시하라도 오지?

여자 : 응, 그게 어째서?

남자 : 나, 게한테 차였거든.

여자 : 그렇게 옛날 일, 잊어버렸을 거야.

남자 : 그건 어째도 상관없는데.

여자 : 그럼 와. 다나카 군도 온데. 스즈키 군 만나고 싶어 했어.

남사 : 나나카노 오니? ㄱ딥구민. 아지민 ㄱ 닐이 힐이비지 제삿날이거든.

여자 : 제사가 몇 시에 끝나니?

남자 : 점심 먹고 해산이니까 3시 정도에는 끝나리라고 생각하는데.

여자 : 클래스 회는 저녁부터니까 괜찮아.

남자 : 상복 입고 가지 않으면 안 되니까 일단 돌아가서 옷 갈아입는 것도 귀찮고 말이야.

여자 : 상복이어도 상관 없지 않아. 아무도 신경 안 써.

정답 3

해설 1 제사가 있어서.

2 이시하라 씨에 차여서.

3 상복을 입고 가고 싶지 않아서.

4 다나카 군이 만나고 싶어해서.

昼休みに男の人と女の人が話しています。
女の人がうれしそうにしている理由は何ですか。

女： 今日はいい天気ですね。

男： そうだね。ところで中村さん、なんかいいことでもあったの?

女： えっ、どうしてですか。

男： 今日やけに機嫌がいいから。月曜日なのに仕事もテキパキはりきってるみたいだし。

女： 実は、私遠距離恋愛してたんですけど、大阪に行ってた彼が転勤になって戻って来たんです。

男： へえ、それはよかったね。

女： ええ、これからは会いたい時にいつでも会えるし、週末大阪に会いに行って、月曜日の出勤が辛いこともないし。

男： ああ、それで今朝も元気一杯だったんだね。

女： なによりも新幹線に乗らなくて済むから、その分貯金できるようになったことが一番うれしくって。

男： なんだ結局お金の問題が一番なんだね。

해석 점심 휴게시간에 남자와 여자가 이야기 하고 있습니다.
여자가 기쁜 듯이 행동하고 있는 이유는 무엇입니까?

여자 : 오늘은 좋은 날씨군요.

남자 : 그러네. 그런데 나카무라씨, 뭔가 좋은 일 있었어?

여자 : 예, 왜요?

남자 : 오늘 꽤 기분 좋아 보여서. 월요일인데 일도 착착 잘 하는 것 같고.

여자 : 실은 저 원거리 연애 해 왔는데 오사카로 갔던 남자친구가 전근으로 인해 돌아왔어요.

남자 : 아, 그거 잘 됐네.

여자 : 예, 이제부터는 만나고 싶을 때 언제라도 만날 수 있고 주말에 오사카로 만나러 가서 월요일 출근이 괴로운 것도 없을 거예요.

남자 : 아, 그래서 오늘 아침도 활력이 넘쳤었구나.

여자 : 무엇보다도 신간선 타지 않아도 괜찮으니까 그만큼 저금도 할수 있게 된 것이 가장 기뻐서요.

남자 : 뭐야 결국 돈 문제가 가장 크네.

단어 やけに : 몹시. 무척. 마구.

テキパキ : 척척. 시원시원.

張(は)り切(き)る : 팽팽하고 탄력 있다. 힘이 넘치다.

정답 4

해설 1 전근을 가게 된 것.

2 주말에 오사카에 갈 수 있는 것.

3 원거리 연애를 하고 있는 것.

4 저금을 할 수 있게 된 것.

한자 상식 퀴즈 풀이 및 해설

* 다음의 히라가나 표기에 알맞은 한자표기는 어느 쪽?

1) 정답 ②

해설 어떤 상태에서 다른 상태로 변하는 계기. 「期」는 「期限」 「期間」 등과 같이 정해진 때, 일정한 때를 말하는 데 반해서,「機」는「機運」「機会」등과 같이 때 중에서도 특별한 때, 계기, 제때, 기회 등에 쓰인다.

2) 정답 ①

해설 자신을 잃는다든지 상대의 위세에 눌린다든지 해서 기가 죽는다든지 하는 것.「後れる」는 다른 사람 뒤에 가거나 다른 사람의 아래에 위치하는 것을 말하고,「遅れる」는 일정한 때보다 뒤가 되는 것을 말한다. 참고로「後れを取る」는 다른 사람에게 선을 내주거나 뒤떨어지는 것.

* 다음의 한자표기어를 올바로 읽은 것은 어느 쪽?

1) 정답 ②

해설 의무로서 행해지는 노동. 공적인 일에 관계하는 노동을 말한다.「役」는 한음으로「えき」, 오음으로「やく」로 읽는다.

2) 정답 ②

해설 일을 다른 사람에게 부탁해 맡기는 것.「委」는 맡기다,「嘱」은 부탁하다의 뜻.「属性 ぞくせい 속성」이라는 단어를 연상에서「ぞく」라고 혼동하기 쉽지만「嘱」에「ぞく」음은 없다.

---

2. 聴解 문제풀이 및 해설(2)

問題 3

6

デパートの店内アナウンスです。

毎度ご来店くださいまして、誠にありがとうございます。お客様にご案内申し上げます。ただいま当店では春の入学シーズンに向けまして、さまざまなイベントを開催しております。5 階文房具売り場では、ランドセル、学用品などの新入学に欠かせない商品を一堂に集め、お求めやすいお値段でご提供しております。8 階家具売り場では学習机やシングルベッドを通常の半額でご奉仕しております。10 階催物会場では、お買い上げいただいた商品への名入れサービスを行なっております。新入学を迎えたお子様の入学準備、またお孫様へのプレゼントをお考えのお客様は是非ご利用くださいませ。

何について案内していますか。

해석 백화점 안의 아나운스입니다.

매번 찾아와 주셔서 참으로 감사를 드립니다. 손님들께 안내를 드립니다. 지금 본 백화점에서는 봄 입학시즌에 맞추어 갖가지 이벤트를 개최하고 있습니다. 5층 문구 매장에서는 란도셀(초등학생용 메는 가방), 학용품 등 신입학에 빼놓을 수 없는 상품을 한꺼번에 모아 구입하기 쉬운 가격으로 제공하고 있습니다. 8층 가구매장에서는 학습책상이나 싱글 침대를 보통 가격의 반으로 판매하고 있습니다.10층 특선 매장에서는 구입한 상품에 이름을 새겨주는 서비스를 행하고 있습니다. 신입학을 맞이한 아이들의 입학준비, 또는 손자들에게 선물을 생각하고 계신 손님은 꼭 이용해 주시기 바랍니다.

무엇에 대해서 안내하고 있습니까?

정답 2

해설 1 가구 전시회.

2 입학준비상품.

3 미아에 대한 알림.

4 손님 호출.

7

男の人がある犯罪について話しています。

「おれだけど…。実は100万借金してるんだけど、今返さないと訴えられるんだ。そうなったら会社もクビになっちゃうし…。どうしよう。」泣きながら、とぎれとぎれに話す息子を名乗る男。あわてて100万を送金してしまってから、騙されたと気が付いても後の祭りです。

しかし、たぶん皆さんは、そんな電話がかかってきても自分は冷静に対応できるはずだ。騙されるのは、警戒心が薄い人や認知症の症状が進んでいる人だろう。だから、自分は大丈夫と思っているのではないでしょうか。

そう思っていると、落とし穴に落ちます。犯罪組織のメンバーの中には、普通の大学生や、場合によっては高校生、中学生まで加わっているケースもあるし、犯罪集団が使用している名簿、いわば「カモリスト」には氏名、郵便番号、住所、電話番号、生年月日はもちろん、家族構成や学歴などまで記載されているものもあるそうです。手口はより巧妙になって来ているということです。

このような犯罪は欧米ではあまり起きないらしいのです。というのも、欧米では家族や親族であっても、完全に信用するのではなく、疑う気持ちを持つ文化があるからだと言われています。知らない人間はもちろん、家族であっても簡単には信用しない。それぐらいの心構えでいたほうが、詐欺被害は防げるのではないかと思います。

どんな犯罪について話していますか。

해석　남자가 어떤 범죄에 대해서 이야기 하고 있습니다.

"난데…. 실은 100만엔 빌렸는데 지금 갚지 않으면 고소당해. 그렇게 되면 회사도 짤리는데…. 어떡하지." 울면서 띄엄띄엄 말하며 아들이라고 말하는 남자. 당황해서 100만엔을 송금해 버리고 나서 속았다고 알아차리는 것은 뒷 북을 치는 것입니다.

그러나 아마 여러분은 그런 전화가 걸려와도 자신은 냉정하게 충분히 대응할 것이다. 속는 것은 경계심이 얕은 사람이나 치매증상이 심해진 사람일 것이다. 때문에 자신은 괜찮다고 생각하고 있는 것은 아닐까요.

그렇게 생각하고 있으면 함정에 빠집니다.범죄조직 멤버 중에는 보통 대학생이나 경우에 따라서는 고등학생, 중학생까지 가담하고 있는 경우도 있고, 범죄집단이 사용하고 있는 명부, 소위 "가모리스트"에는 이름, 우편번호, 주소, 전화번호, 생년월일은 물론 가족구성이나 학력 등까지 기재되어 있는 것도 있다고 합니다.수법이 보다 교묘해 져 가고 있다고 하는 것입니다.

이러한 범죄는 구미에서는 별로 일어나지 않는 것 같습니다. 그것도 구미에서는 가족이나 친족이라도 완전히 신용하는 것이 아니라 의심하는 마음을 갖는 문화가 있기 때문이라고 알려져 있습니다. 모르는 인간은 물론 가족이어도 간단히 신용하지 않는다. 그 정도의 마음가짐으로 있는 편이 사기피해를 방지할 수 있는 것은 아닐까 생각합니다.

어떤 범죄에 대해서 이야기 하고 있습니까?

단어　とぎれとぎれ : 띄엄띄엄. 단속적임.

정답　3

해설　1 청소년 범죄.
　　　2 개인정보유출.
　　　3 보이스피싱.
　　　4 가족에 의한 범죄.

　8　정답　2

　　　해설　며칠 전에는 정말 잘 대접받았습니다. 감사합니다.

　　　　　1 저야말로.

　　　　　2 별 말씀을요.

　　　　　3 잘 먹었습니다.

　9　정답　3

　　　해설　비가 와도 가니?

　　　　　1 비가 오면 가.

　　　　　2 응 비가 온다고 해도 가요.

　　　　　3 응 비가 왔지만 가요.

　10　정답　3

　　　해설　실례합니다.

　　　　　1 터무니 없습니다.

　　　　　2 아니요, 상관 없습니다.

　　　　　3 자 어서 올라 오십시오.

　11　정답　3

　　　해설　그럼 시작하겠습니다.

　　　　　1 예 그렇게 하겠습니다.

　　　　　2 예 알겠습니다.

　　　　　3 잘 부탁 드립니다.

　11　정답　1

　　　해설　많은 사람 앞에서 스피치를 했습니다.

　　　　　1 그것 참 힘드셨겠네요.

　　　　　2 그것 잘 되었네요.

　　　　　3 그것은 훌륭하군요.

　13　정답　1

　　　해설　어젯밤에는 푹 쉬셨습니까?

　　　　　1 예 덕분에.

　　　　　2 예 천천히 할 수 있었습니다.

　　　　　3 아뇨, 일찍 자 버렸습니다.

3. 聽解 문제풀이 및 해설(3)

問題 5

　14

> 男の人と女の人が天気予報を見て話しています。
>
> こんにちは。7月12日金曜日です。関東地方の天気をお伝えします。7月15日月曜日は海の日。明日から3連休という方も多いのではないでしょうか。連休のお天気が気になります。梅雨前線が日本付近に停滞しているため、関東や東北太平洋側の低温傾向が続く模様です。関東地方の山間部では所により雷雨や大雨のおそれもありますので、充分に注意してください。明日土曜日の東京地方のお天気は朝のうちはくもりで、日中少し晴れますが、夕方から夜にかけて強い雨が降りそうです。週末から来週にかけて雨の降る日が多く、梅雨明けは来週の週末になりそうです。20日以降は晴れて気温も上がり、厳しい暑さとなるでしょう。気温の変化が激しいこの時期、体調をくずさないよう注意してください。

해석　남자와 여자가 일기예보를 보고 이야기하고 있습니다.

안녕하세요. 7월12일 금요일입니다. 관동지방 날씨를 전해 드리겠습니다. 7월15일 월요일은 "바다의 날". 내일부터 3일연휴인 분도 많지는 않은지요. 연휴 날씨가 마음에 걸립니다. 장마전선이 일본부근에 정체하고 있어 관동이나 동북 태평양 쪽의 저온경향이 계속될 모양입니다. 관동지방의 산간부에서는 곳에 따라 뇌우나 큰 비의 위험도 있기 때문에 충분히 주의해 주십시오. 내일 토요일의 동경지방의 날씨는 아침은 흐리고 낮은 조금 맑겠습니다만 저녁부터 밤에 걸쳐 강한 비가 내릴 것 같습니다. 주말부터 다음 주에 걸쳐서 비오는 날이 많아 장마가 끝나는 것은 다음 주 주말이 될 것 같습니다. 20일 이후는 맑아서 기온도 올라가고 혹독한 더위가 될 것입니다. 기온 변화가 심한 이 시기에 몸 상태를 장 유지할 수 있도록 주의해 주십시오.

여자 : 내일은 하코네 사원여행이죠?

남자 : 응. 그런데 왜?

여자 : 산간부에서는 큰 비가 내릴 지도 모른다고 해서요. 차로 가지 않는 편이 좋지 않을까요.

남자 : 안 돼. 야마다 씨와 시라이 씨도 태우고 가기로 되어 있어서.

여자 : 게다가 내일도 기온이 올라가지 않는 것 같아요.

남자 : 그래. 그럼 겉옷 가지고 가야지.

(14-1)　정답　4

해설　내일 동경의 날씨는 어떻습니까?

1 큰 비 주의보.

2 하루종일 강한 비.

3 장마가 끝나 기온이 올라감.

4 흐린 뒤 갬, 저녁부터 비.

(14-2)　정답　2

해설　여자는 무엇을 걱정하고 있습니까?

1 큰 비가 내리는 것.

2 남자가 차로 가는 것.

3 남자가 사원여행을 가는 것.

4 남자가 겉옷을 입고 가지 않는 것.

1. 言語知識(文字)문제풀이 및 해설

問題 1

☐1 정답 2

해설 乾燥(かんそう) : 건조.
險相(けんそう) : 험상. 험악한 인상.
喧騒(けんそう) : 훤소. 떠들썩함.
献奏(けんそう) : 헌주. 신에게 주악을 올림.
겨울은 건조해 지기 쉽기 때문에 화재에 충분히 주의하지 않으면 안 된다.

☐2 정답 4

해설 健(すこ)やか : 건강한. 건전한.
鮮(あざ)やか : 선명한. 뚜렷한.
速(すみ)やか : 빠른. 신속한.
爽(さわ)やか : 상쾌한. 명쾌한.
산 속의 아침은 싸늘해서 상쾌했다.

☐3 정답 3

해설 警笛(けいてき) : 경적.
強敵(きょうてき) : 강적.
形跡(けいせき) : 형적. 흔적.
곧 12시 출발 경적이 울릴 것이다.

問題 2

☐4 정답 3

해설 見事(みごと) : 멋진. 훌륭한.
상대편 에이스의 멋진 슛으로 인해 역전 당하고 말았다.

☐5 정답 4

해설 努(つと)め : 힘씀. 노력함.
勤(つと)め : 근무. 업무.
務(つと)め : 의무. 임무.
아이가 결혼하게 돼서, 비로서 부모로서의 임무를 다한 것 같은 느낌이 들었다.

☐6 정답 1

해설 用量(ようりょう) : 사용하는 일정량. 사용량.
容量(ようりょう) : 용기 안에 넣을 수 있는 분량.
要領(ようりょう) : 요령.
약사에게 약의 용량을 지켜서 먹지 않으면 안 된다고 이야기를 들었다.

* 다음의 히라가나 표기에 알맞은 한자표기는 어느 쪽?
1) 정답 ②

해설 천천히. 천천히 가다의 뜻인 「徐」를 겹친 부사로, 일이 천천히 변화 진행하는 모습을 말한다. 「除」는 「除外 じょがい 제외」「除去 じょきょ 제거」 등의 「除」로 제외하다는 뜻.

2) 정답 ②

해설 영어의 「honeymoon」에서 온 말. 허니문이라는 것은 원래 결혼해서 1개월간을 가리키며, 신혼여행을 말하는 단어가 되어있다. 관계가 친밀하고 「蜜 꿀」과 같이 달콤한 시기라는 것.

* 다음의 한자표기어를 올바로 읽은 것은 어느 쪽?
1) 정답 ①

해설 불교에서 말하는 모든 살아있는 것. 본래는 인간을 포함한 모든 생물을 말하는데, 「괴로움이 많은 이 세상에 사는 사람들」의 뜻으로 사용되어지는 경우가 많다. 「衆」는 대부분 한음으로 「しゅう」라고 읽지만 위의 경우는 오음인 「しゅ」로 읽는다.

2) 정답 ②

해설 마지막까지 도망가다. 「果(おお)せる」는 보통 동사 연용형에 붙어서 "완전히 ~하다", "완수하다"의 뜻을 나타내는 어. 「見事にやってのける 보기 좋게 해내다」의 뜻이 포함되어 「まんまと逃げ果せる 보기좋게 도망가다」와 같이 사용한다.

2. 言語知識(語彙)문제풀이 및 해설

問題 3

7 정답 1

해설 広告料(こうこくりょう) : 광고료.
고가의 상품가격에는 광고료도 포함되어 있다.

8 정답 2

해설 追(お)い出(だ)す : (밖으로)쫓아내다.
追(お)い込(こ)む : (가축 등을)몰아넣다. (곤경에)빠뜨리다.
追(お)い付(つ)く : (뒤쫓아)따라잡다. (같은 수준에)도달하다.
追(お)い越(こ)す : 추월하다. 앞지르다.
부디 사람을 궁지에 몰아넣는 일은 하지 말았으면 합니다.

問題 4

9 정답 4

해설 確(たし)か : 아마 틀림없이.
かえって : 오히려.
せめて : 적어도.
ちゃんと : 제대로. 확실히.
축하선물을 받았으면 제대로 답례를 하는 것이 상식이지요.

10 정답 3

해설 器用(きよう)だ : 손재주가 있음. 요령이 좋음.
安易(あんい)だ : 안이함.
曖昧(あいまい)だ : 애매함.
謙遜(けんそん)だ : 겸손함.
그런 애매한 표현으로는 상대에게 진의가 전달되지 않는다.

　　11　정답　3

　　　　해설　遊戯(ゆうぎ) : 유희.
　　　　　　　休息(きゅうそく) : 휴식.
　　　　　　　娯楽(ごらく) : 오락.
　　　　　　　歓楽(かんらく) : 환락.
　　　　　　　관광객을 유치하기 위해서는 레저시설을 확충하지 않으면 안 된다.

　　11　정답　4

　　　　해설　よくある : 자주 있는.
　　　　　　　よくない : 좋지 않은.
　　　　　　　とくべつな : 特別한.
　　　　　　　あまりない : 드문.
　　　　　　　신칸선이 운행을 중단하는 것은 드문 일이다.

　　13　정답　1

　　　　해설　아무리 바빠도 적어도 전화정도는 하는 법이다.

　　14　정답　4

　　　　　그는 지금 새로운 연구에 몰두하고 있다고 한다.

3. 言語知識(文法)문제풀이 및 해설

　　15　정답　2

　　　　해설　うちに : -하는 중에.
　　　　　　　ところ : -한데, -인데, -인 중에.
　　　　　　　うえに : -한데다가, -인데다가.
　　　　　　　ものの : -하지만.
　　　　　　　바쁜데 일부러 와 주셔서 감사합니다.

　　16　정답　1

　　　　해설　-かけ : (동사의 연용형에 붙어) 그 동작을 하고 있는 중임을 나타냄.
　　　　　　　-きる : (동사 연용형에 붙어) 다…해내다. 끝까지 …하다.
　　　　　　　-とおす : (동사의 연용형에 붙어) 끝까지[계속해서] 하다.
　　　　　　　-そこなう : (동사 연용형에 붙어) -하는데 실패하다. 잘못- 하다. -할 기회를 놓치다. (하마터면)-할 뻔하다.
　　　　　　　하고있던 일을 빨리 처리하지 않으면 안 된다.

　　17　정답　4

　　　　해설　-といえども : -라고 해도. -라 할지라도.
　　　　　　　-とあれば : -라면.
　　　　　　　-ときたら : -은(는), -로 말하자면, -말할 것 같으면.
　　　　　　　우리 집 남편으로 말할 것 같으면 일요일에는 딩굴딩굴하며 잠만 자요.

　　18　정답　3

　　　　해설　-だけあって : -한 만큼, -인 만큼, -답게.
　　　　　　　彼の指摘は、熱心に研究しているだけあって納得できるものだった。
　　　　　　　그의 지적은 열심히 연구하고 있는 만큼 납득할 수 있는 것이었다.

| 19 | 정답 | 4 |

해설 　-につれて：-에 따라서.

-つつある：지금-하고 있다.

スマホの普及につれてインターネットの利用が増えつつある.

스마트폰의 보급에 따라서 인터넷 이용이 늘고 있다.

| 20 | 정답 | 4 |

해설 　もっとも語と文字とが自然な形式でむすびついたのが当て字である.

가장 단어와 문자가 자연스러운 형식으로 결합된 것이 아테지(当て字)다.

問題 9 　해석 　북해도의 소야미사키(宗谷岬)는 북위45도31부. 글자 그대로 일본의 최북단이다. 관광시즌에는 특히 젊은 사람들로 북적거리는 "극점"이다.

극점이라는 것은 엄밀히 말하면 위도90도의 북극점과 남극점을 말하는데 일반적으로 말한다면 도달할 수 있는 마지막 점이다. 사람들은 왠지 극점을 동경한다. 많은 관광 소재지가 그것을 증명하고 있다.

갈 수 있는 곳까지 가고 싶다고 하는 마음이 사람들을 쑥 내민 그 끝으로 억지로 가게 한다. 극점의 매력이라는 것이 도대체 무엇인가. 일상적인 생활권이 끝나버리는 지점. 그 곳에 섰을 때 어느 정도의 긴장감과 함께 미지의 전방으로 향하려는 복잡한 감정에 휩싸인다. 비일상적인 영역에 대한 두려움. 희망을 느끼는 경우도 있을 지 모른다. 쾌감을 동반한 탈출에 대한 기대감을 느끼는 것 조차 있는 지도 모른다.

꽤 오래 전에 가보・다・로카(로카 곶)에 섰을 때가 생각난다. 포르투갈의 수도 리스본에서 서쪽으로 한참 간다. 신토라 산지의 서쪽 끝에 화성암 절벽이 있다. 높이 144미터. 발 밑에서 대서양의 파도가 절벽에 세차게 부딪친다. 시인 가몬이스의 시비가 있다. "여기가 육지의 끝, 바다 시작".

광대한 유라시아 대륙인 여기가 서쪽 끝이다. 앞 면의 물이 펼쳐져 팽창된 것처럼 보인다. 육지 위에서의 생활자에 있어서는 "육지 끝"이 상식이었음에 틀림없다. 하지만 그 곳에서 더 앞의 "신세계"를 향해 배를 타고 출발한 사람이 있었다. '어떠한 충동 때문이었을까', '용기도 필요했을 것이다' 등을 곶 위에서 생각했다.

새로운 해, 각자가 다양한 곳에 우리들은 서 있다. 젊은 사람들 중에는 수험을 위한 곳, 취직을 위한 곳, 결혼을 위한 곳에 서 있는 사람도 있을 것이다. 미지의 체험에 용기와 희망을 가지고 도전하고 싶다.

단어 　突端(とっぱな)：쑥 내민 끝. 첫머리. 시초.

駆(か)り立(た)てる：억지로 가게 하다.

なにがし：아무개. (수량, 특히 금액이 별로 많지 않을 때 씀)얼마간, 약간.

押(お)し寄(よ)せる：밀려오다. 밀어 붙이다.

カモンイス：포르투갈 역사상 최대의 시인으로 알려진 인물(1524년경~1580년). 그의 작품은 호메로스, 베르기리우스,단테 등의 고전시인들의 작품과도 견줄 정도임. 일찍기 포르투갈에서 발행된 500에스쿠도 지폐의 인물로 알려져 있음.

噛(か)む：깨물다. 씹다. (비유적으로)세차게 부딪치다. (살을)에다.

岬(みさき)：갑. 곶.

| 21 | 정답 | 3 |

해설 　率直にいえば：솔직히 말하면.

簡単にいえば：간단히 말하면.

厳密にいえば：엄밀히 말하면.

例えていえば：예를들어 말하자면.

22 정답 4
    해설 を避(さ)ける：－을 피하다.
          につきあたる：－에 부딪치다. 봉착하다.
          に落(お)ちつく：－에 자리잡다.
          にあこがれる：－에 대해 동경하다.

23 정답 2
    해설 に対しては：－에 대해서는.
          にとっては：(사람)－에게 있어서는.
          においては：(추상명사)－에 있어서는.
          については：－에 대해서는.

24 정답 1
    해설 だが：하지만.
          さて：(화제전환)그런데. 한데. 그건 그렇고. 각설하고. 한편.
          それで：그래서.
          つまり：즉. 그래서.

25 정답 2
    해설 振(ふ)り返(かえ)る：뒤돌아 보다. 회고하다.
          挑(いど)む：도전하다.
          戦(たたか)う：싸우다.
          誘(さそ)う：권하다.

1. 読解 문제풀이 및 해설(1)

問題 1

1 해석   자전거는 보도 등에 방치하면 철거해 버립니다.역 주변에서 자전거를 이용할 경우에는 반드시 주륜장을 이용해 주십시오

유료주륜장은 일시이용의 경우, 당일 1회에 한해서 (이용일의 날짜가 바뀔 때까지를 당일 로 해서 한 번 빼고 넣음) 자전거는 100엔, 원동기 자전거는 150엔으로 이용할 수 있습니다. 정리원이 지정한 장소에 주차하고 반드시 이용권을 뽑아 주십시오.이용일 날짜가 바뀌었을 경우는 날짜가 바뀐 횟수분의 이용요금이 추가로 과금됩니다. 정기이용의 경우 계약기간은 1개월(1200엔)·3개월(3000엔)·6개월(5700엔)로 몇 번이나 빼고 넣을 수 있으며 종일 이용할 수 있습니다.

정답   3

해설   1 좋아하는 곳에 자전거를 주차하면 된다.

2 당일이라면 한 번 나왔다가 다시 주차할 수 있다.

3 오후 2시부터 밤12시반까지 10시간반 주차해서 200엔 지불했다.

4 1주일에 3번정도밖에 이용하지 않기 때문에 정액이용 안 하는 편이 이득이다.

2 해석   동경에 가면 역 에스컬레이트에서 많은 사람들이 계단 왼쪽에 서고 그 옆을 샐러리맨 등이 서둘러 뚫고 나간다. 먼저 가려고 하는 사람은 "우측보행". 간사이에서는 "좌측보행"이라고 한다. 이러한 매너를 고치려고 하는 움직임이 있다. JR동일본에서는 이번 겨울 특정한 역에서 보행자숙을 호소했다.

몸이 불편한 사람 중에는 스텝의 좌우 한 쪽으로 서는 위치를 정할 수 없는 경우가 있다. 그러한 사람이나 어르신 옆을 서둘러 빠져나간다든지 접촉한다든지 하면….

업계단체도 멈춰 서서 이용하는 것이 안전기준의 전제라고 해서 이전부터 주의를 촉구하고 있다. "보행금지"가 되면 찬반이 있을 것이다. 하지만 장애자들,약자들에 대한 배려가 부족하다고 하면 새로운 룰 만들기가 당연히 요구될 것이다.

단어   急(いそ)ぎ足(あし) : 빠른 걸음.

擦(す)り抜(ぬ)ける : 빠져 나가다.

정답   3

해설   1 왼쪽에 선다.

2 오른쪽에 선다.

3 걸어서는 안된다.

4 서둘러 빠져 나간다.

問題 2   해석   일본열도의 대동맥, 도카이도 신간선 승객이 요즘 꽤 늘고 있다.4년간에 18%나 늘었다. 조금 늘어난 것을 가지고 좋다고 하는 상식을 뒤집는 기세이다.JR도카이에 있어서 실로 행운이다.하지만 승객은 괴롭다. "지정석을 좀처럼 잡을 수 없다", "2시간이나 꽉 차서 서 있었다"라고 화를 낸다.소위 금귀월래(금요일 밤에 돌아갔다가 월요일 아침 온다)로 단련된 정치가들도 지정석을 끊을 수 없을 때가 있어서 객실 밖에 쪼그려 앉아 가는 국회의원도 있다고 한다.

승객이 늘어난 주원인은 경기가 활황인데다 동경 한 곳에 집중된 것이라고 JR측은 설명한다. 동

경에 가서 면담하지 않으면 아무 것도 이야기가 진전되지 않는다든지, 상담이 성립되지 않는다 든지 마을 활성화 예산도 따 낼 수 없다든지…. 이러한 구조가 점점 공공연해 졌다고 말할 수 있을 것이다.

특히 혼잡한 것은 평일 오전, 동경을 향하는 "히카리"다. 대부분 사람들은 신문이나 책을 읽거나 서류를 보거나 동료와 회의를 하거나 키보드를 두드리는 사람도 있고 휴대전화를 걸거나 하는 사람도 있다…

도카이도신간선 승객은 평균 1일 대략 33만명, 평일은 이 숫자의 약 7할인 24만명이 출장으로 동부서주하는 사람들이다.

신간선이 처음 달리기 시작한 것은 동경올림픽이 열린 해이다. 그로부터 26년. "히카리"는 지금은 "달리는 직장", "달리는 사무실"이 된 느낌이 든다. 달리기 시작한 당시는 "꿈의 초특급"으로 불리웠다. 그 당시 받아들인 "꿈"이었다고 하는 것은 도대체 무엇이었을까.

단어 昨今(さっこん) : 작금. 요즘. 근래.

覆(くつがえ)す : 뒤집다.

しゃがみこむ : 웅크리고 앉다. 덜썩 주저앉다.

3 정답 2

해설 1 마을 활성화 예산을 얻어낼 수 없어서.

2 동경에 정치·경제가 집중되어 있기 때문에.

3 정치가들이 많이 이용하게 되었기 때문에.

4 철도의 상식에서 차편이 조금 증가하는데 불구했기 때문에.

4 정답 4

해설 1 월요일 아침.

2 금요일 밤.

3 토요일 아침과 저녁.

4 평일 오전.

한자 상식 퀴즈 풀이 및 해설

* 다음의 히라가나 표기에 알맞은 한자표기는 어느 쪽?

1) 정답 ②

해설 불교어의 「億劫 おっこう 억겁」이 「おっくう」와 같이 방언식으로 발음되어 「何をするのも億劫だ 무엇을 해도 귀찮다」와 같이 사용한다.

2) 정답 ②

해설 꽤 서둘러서 숨을 거칠게 쉬다. 전력으로 달렸을 때 하아하아 하고 거칠게 숨을 쉬는 것을 말한다. 「せき」는 「咳 せき 기침」이 이니라 재촉하다, 호흡이 격하게 되는 뜻인 「急(せ)く 숨이 가빠지다」.「息急き切って追(お)い掛(か)ける 숨을 헐떡이며 서둘러 뒤쫓다」

* 다음의 한자표기어를 올바로 읽은 것은 어느 쪽?

1) 정답 ①

해설 아무것도 없는 공간. 또는 넓은 하늘. 한어의 처음부분에 붙는 「虚」의 대부분은 한음 「きょ」로 읽지만 위의 어는 오음 「こ」로 읽는다.

2) 정답 ①

해설 자손의 대에 이르기까지. 이 말은 관용구로 「孫子(まごこ)の代(だい)まで語(かた)り継(つ)ぐ 자손대까지 구전하다」등과 같이 사용한다. 「まごこ」는 아들과 손자, 또는 자손의 뜻. 「そんし」라고 읽으면 인명.

問題 3 　해석

A

90이 넘은 내가 말하는 것은 이상할 지 모르겠지만 오래 산다는 것이 그렇게 좋은 것일까요? 어느 정도의 연령이 되면 심각한 병이 아니라도 "이제 슬슬 떠날 수 있게 해 주실 수 없을까요"하고 신청하는 권리가 있어도 좋은 것은 아닌가 하고 생각합니다. 물론 자살은 안 되기 때문에 고령자 본인의 의사를 확실하게 확인하고 가족도 친척도 납득하고 도장을 찍는다면 조용하게 안락사할 수 있습니다.그러한 제도가일본에 있어도 좋다고 생각합니다.

치매가 되어 아무 것도 모르게 되면 살아있고 싶지 않습니다. 신체를 움직일 수 없게 되면 살아있고 싶지 않습니다. 즐거움이 사라지면 역시 살아있고 싶지 않다고 생각하는 것입니다. 저 자신에게는 아들도 손자도 없고 남편은 이미 죽었습니다. 천애고독이라 이제부터는 타인에게 폐를 끼치고 싶지 않을 뿐. 제 주위의 것을 스스로 할 수 없게 되기 전에 죽고 싶습니다.

단어 　申(もう)し出(で)る : 자청해서 말하다. 신청하다.

　　　天涯孤独(てんがいこどく) : 천애고독.

B

안락사나 존엄사에 대한 논의는 고액의 치료비와의 돈(개인 부담이라기 보다 모든 사람의 돈, 재정압박)문제와 세트가 되기 쉽상입니다. 때문에 "국가나 제도가 정한 일정의 기준에 근거하여 판단되는 것"과 혼동하기 쉬상인 것 같습니다. 현 상태에서 안락사를 제도화하고 있는 나라에서는 우선 본인의 의사가 명확한 지가 대전제가 되어 있습니다.게다가 몇 갠가의 객관적인 조건을 부과하고 있습니다. 가령 본인이 죽고 싶다고 생각하고 있어도 회복의 여지가 없는 병이 아닐 경우는 인정할 수 없는 경우도 있습니다.

그 전제가 많은 사람에게 오해를 받은 채라면 본인이 바래서 살고 싶다고 생각하고 있어도 주위의 분위기가 "세금만 축내니까 빨리 죽어라"라고 할 가능성이 있습니다.

지금의 일본은 그 정도로 자기결정이 자유롭지 않습니다. 사람의 자유를 지키는 기반도 부족합니다.왕따도 일어나고 과로사도 일어납니다. 그리고 자살자도 꽤 많습니다. 이런 사회에서 안락사만이 앞다투어 제도화 되면 많은 사람이 "살기 힘들다"고 하는 이유로 안락사를 선택해 버리는 것은 아닐까요.

단어 　課(か)する : 과하다. 부과하다.

5 　정답 1

　　　해설 1 본인의 의지.

　　　　　 2 객관적 조건.

　　　　　 3 회복의 여지.

　　　　　 4 의료비 부담.

6 　정답 2

　　　해설 1 B씨는 국가가 기준을 정해야 한다고 생각하고 있다.

　　　　　 2 A씨는 남에게 폐를 끼치고 싶지 않다고 생각하고 있다.

　　　　　 3 A씨는 오래 사는 것은 좋은 것이라고 생각하고 있다.

　　　　　 4 B씨는 사는 것이 괴로운 사람이 안락사를 선택하고 있다고 하고 있다.

問題 4 　해석 　나라(奈良) 야쿠시지(薬師寺)의 도토(東塔)를 우러러보며 하쿠오(白鷗)양식의 율동미를 "전율하는 음악"이라고 절찬한 것은 1878년 일본에 온 미국의 동양미술연구가 페노로사였다고 한다. 지금 국보인 그 탑이 조금 기울어져 가고 있다. 바로 무너지는 것은 아니지만 수리할 필요가 있다고 하는 것이 전문가의 견해.

문제는 당장 수리한다고 해도 과연 궁 전문목수가 갖추어 질지 어쩔지가 염려되는 상황이다. 나라의 국보나 중요문화재지정 건조물수리 등을 자주 수리하는 궁 전문목수의 수입은 일반 목수직보다 낮기 때문에 아무래도 비교적 좋은 쪽으로 일손을 빼앗겨 버린다고 한다.

하지만 후계자도 제대로 육성되지 않고 솜씨가 좋은 궁 목수는 하나같이 고령화되어 있다. 일찍이 전국에서 500명이상은 있었다고 알려지는 궁 목수가 현재 100명까지 줄어있는 것도 그러한 것이 원인의 하나이다.

문화재보존기술보유자로 호류지(法隆寺)의 쇼와 대수리라든지 야쿠시지의 사이토(西塔) 등을 재건한 야쿠시지 궁 목수 우두머리인 니시오카 츠네카즈(西岡常一)씨에 의하면 제 몫을 하는 궁 목수가 되기 위해서는 10년이상의 시간이 걸린다고 한다. 나무의 성질을 간파하고 적재적소에 구분해서 사용하는 안력을 기르지 않으면 안 될 뿐더러 불교사 공부도 빼놓을 수 없기 때문이다. 목조로 된 절의 개축이나 이축 시, 빠르게 철근콘크리트로 바뀌고 있는 것이 궁 목수 일이나 보존기술의 실력을 연마하는 기회를 얼마나 적게 하고 있는지 모른다. 방재면에서 건축기준법 등의 법적제약이 있는 것은 알지만 전통문화와 현대 법률에 있어서 여유가 있는 균형을 관계자는 한 번 정도 검토해 보아도 이상하지는 않을 것 같다.

나무 문화하면 불상의 수리도 근심거리 중의 하나이다. 영구보존을 바라고 1898년에 오카쿠라 덴신이 만든 재단법인 "미술원"(교토시)은 우리나라에서 유일하게 1개 있는 국보수리소인데 수리기사가 겨우 24명. 전국에서 연간 약200건에 이르는 국보나 자치제지정, 또는 미지정 불상의 수리의뢰에 반도 응하지 못하는 상태이다. 때문에 언젠가는 중요문화재급 지정이 되리라 생각되는 불상이 수리를 기다리지 못하고 미숙한 목수에게 대충 수리를 받아 가치를 잃어버리는 케이스도 나오고 있다. 불상수리기사들의 "천직의식"에만 의존해 온 구실이 전통문화의 발목을 위험하게 하고 있는 것이다.

우리들은 외국의 다양한 문화를 받아들여 그것을 소화하는 것이 실로 탁월하다고 이야기되어져 왔다. 하지만 한편 고래의 독자문화를 너무 숨어지내는 사람처럼 해 온 것은 아닐까. 문화활동이 어떻게 전개되고 향수되어 지탱되고 있는가는 그 나라의 마음의 깊음과 풍부함을 나타낸다고 하는 것에 주목하면 우리나라 문화의 실상이 보인다.

7 정답 2
해설 1 다시 짓는다.
2 수리한다.
3 다른 장소로 이축한다.
4 철근 콘크리트로 한다.

8 정답 1
해설 1 수가 줄어들고 있다.
2 천직의식이 결여되어 있다.

3 기술의 뛰어남은 세계에서 인정받고 있다.

4 실력을 닦을 기회가 적기 때문에 기술이 떨어져 있다.

9 정답 1

해설 1 궁 목수의 후계자를 육성해야만 한다.

2 방재면에서 문화재 보강이 필요한다.

3 외국에서 다양한 문화를 도입해야 한다.

4 우리 나라 문화의 실상을 명확하게 해야만 한다.

問題 5 해석 2020년도 일본문화대학 외국인유학생 입학시험요항

1 출원자격

(1) 외국에 있어서 학교교육 12년 과정을 수료한자 또는 2019년3월31일까지 수료예정자

(2) 외국에 있어서 학교교육 12년 과정을 수료한 자와 동등한 자격을 가진 자로 2019년 3월31일 까지 18세에 달한 자

2 출원수속

학부·대학원연구과·단기대학부의 출원 접수는 2019년 7월 1일(월)부터 10월 9일(수)까지입니다.

학부·대학원연구과·단기대학부의 출원은 출원마감일까지 우편필착입니다. 또한 창구에서의 접수는 일절 받지 않습니다.

출원서류의 송부처는 일본국내출원과 일본국외출원이 각각 다릅니다.

● 일본국내 출원의 경우(간이등기우편)

〒102-8787 일본우편 주식회사 고지마치 우체국 등기

[일본문화대학 본부 학무부 입학과 외국인유학생 입시담당]

※ 우체국 등기기 때문에 택배 등으로는 받을 수 없으니 반드시 [간이등기우편]으로 보내 주십시오.

● 일본국외 출원의 경우(EMS 또는 등기 취급 항공편)

〒102-8275 도쿄도 지요다쿠 구단 1-2-3

[일본문화대학본부 학무부 입학과 외국인유학생 담당]

NIHON BUNKA UNIVERSITY, Admissions Division, 1-2-3, Kudan, Chiyoda-ku, Tokyo

102-8275 JAPAN

3 출원서류

① 출원확인표(인터넷 출원시에 인쇄한 것)

② 본인기입용지(인터넷 출원시에 인쇄한 것)

③ 이력서(본인자필서)

④ 졸업(예정)증명서(원본)

⑤ 성적증명서(원본)

⑥ 여권(복사한 것)

⑦ 지망이유서(본 대학 소정의 양식에 본 대학의 학부·학과·전공을 지원한 이유를 지원자가 자필로 구체적으로 기입해 주세요.)

(주)

Ⅰ. 출원서류 작성시에는 검정잉크 펜 또는 검정잉크 볼펜을 사용해 주세요.

Ⅱ. 지정한 곳 이외는 모두 일본어로 기입해 주세요.

Ⅲ. 출원서류 중 외국어로 쓰여진 증명서 등에는 일본어를 첨부해 주세요.

4 검정료 35000엔

5 입학시험일정 및 시험과목

Ⅰ. 시험일 11월 24일 (일) (①일본어에 의한 소논문(60분 600자) ②면접)

Ⅱ. 시험장 본교

Ⅲ. 합격발표 12월 3일(화)

10 정답 3
해설 1 영문 졸업증명서와 성적증명서를 준비했다.
2 출원서류를 갖추어 대학 입학담당에게 가지고 갔다.
3 이력서와 지망이유서는 검정잉크 볼펜으로 썼다.
4 고등학교에 가지 않고 1년간 열심히 공부해서 대학입학자격검정에 합격했다.

11 정답 3
해설 1 시험날짜.
2 송부처.
3 입금방법.
4 출원접수기간.

제10과 **聴解** 실전문제, 단어학습(부사 Ⅱ)

1. 聴解 문제풀이 및 해설(1)

問題 1

1

> 車をぶつけられた女の人が電話で男の人に相談しています。
> 女の人はまず何をしなければなりませんか。
>
> 女： 車のことなんだけど、今コンビニから出て来たら、当て逃げされてて、車のバンパーの所がへこんじゃってる。どうしよう。
> 男： ええー、まだ新車なのに。
> 女： ごめん。
> 男： いや、君のせいじゃないよ。やっぱりドライブレコーダーつけておけばよかった。お店の監視カメラを確認してみて。
> 女： それがお店の人に確認してもらったんだけど、ちょうど死角になってて、写ってなかったの。警察に届けたほうがいいかな？
> 男： そうだな。とりあえず保険会社に連絡したほうがいいんじゃない？警察は保険会社の人と相談してから届けよう。
> 女： でも、保険使ったら、次の契約の時、高くなっちゃうんじゃない？ 会社の人も車ぶつけた時、自分で直したって言ってたから。
> 男： 当て逃げされた時は保険料高くならないはずだよ。それにバンパーだったら、けっこうお金かかると思うよ。
> 女： そうか？ わかった。じゃあ、また電話するね。

해석 접촉사고를 당한 여자가 전화로 남자에게 상담하고 있습니다.
여자는 우선 무엇을 하지 않으면 안됩니까?

여자 : 차에 대한 건데 지금 편의점에서 나왔더니 부딪치고 도망가서 차 범퍼 쪽이 푹 들어갔어. 어쩌지?
남자 : 뭐, 아직 새 찬데.
여자 : 미안.
남자 : 아냐. 당신 탓이 아니야. 역시 드라이브 레코더 달아 두었으면 좋았을 텐데. 가게 감시카메라 확인해 봐.
여자 : 그게 말이야 가게 주인에게 확인해 보았는데, 정확히 사각지대여서 안 찍혀 있었어. 경찰에 신고하는 편이 좋을래나?
남자 : 그래. 일단 보험회사에 연락하는 편이 좋지 않을까? 경찰서에는 보험회사 사람과 상담하고 나서 신고하지.
여자 : 하지만, 보험 사용하면 다음 계약 시에 비싸지는 것 아니야? 회사 사람도 차 부딪혔을 때 스스로 고쳤다고 해서 말이야.
남자 : 부딪치고 도망갔을 때는 보험료 비싸지지 않을 거야. 게다가 범퍼니까 꽤 돈 들거라고 생각해.
여자 : 그래. 알았어. 그럼 또 전화할게.

단어　当(あ)て逃(に)げ : 자동차 선박 등이 충돌사고를 일으키고는 그대로 뺑소니치는 일.
　　　凹(へこ)む : 움푹 패다.

정답　3

해설　1 스스로 고친다.
　　　2 경찰에 신고한다.
　　　3 보험회사에 전화한다.
　　　4 감시카메라를 확인한다.

2

> 日本料理のお店に予約の電話をしています。
> どんな席を予約しましたか?
>
> 男： 20日土曜日の12時に予約をしたいんですが。
> 女： ありがとうございます。何名様ですか。
> 男： 12人です。個室でお願いします。
> 女： はい、かしこまりました。
> 男： 個室がありますか?
> 女： はい。ございます。
> 男： お座敷ですか?
> 女： いえ、あいにくお座敷のお部屋のほうは予約が入っておりまして、テーブル席になります。
> 男： そうですか。じゃあ、じゃ、個室じゃなくてもいいので、お座敷にしてください。子供がいるものですから。
> 女： 申し訳ございません。フロアーはお座敷じゃなくて、テーブル席かソファー席になりますが。
> 男： ソファー席ですか、、、。お座敷のキャンセル待ちとかできますか?
> 女： そうですね。キャンセルが出ましたらご連絡いたしますが、キャンセルが出るかどうか。
> 男： じゃあ、とりあえず個室で予約していただけますか?
> 女： かしこまりました。ベビーチェアーをご用意しておきます。
> 男： お願いします。

해석　일본요리 가게에 예약전화를 하고 있습니다.
　　　어떤 자리를 예약했습니까?

남자 : 20일 토요일 12시로 예약하고 싶습니다만.
여자 : 감사합니다. 몇 분이십니까?
남자 : 12명입니다. 단독 방으로 부탁 드립니다.
여자 : 예 알겠습니다.
남자 : 단독 방이 있습니까?
여자 : 예 있습니다.
남자 : 좌식입니까?
여자 : 아뇨. 마침 좌식 방 쪽이 예약이 되 있어서 테이블 석이 되겠습니다.
남자 : 그래요. 그럼, 단독 방이 아니어도 괜찮으니 좌식으로 해 주세요. 아이가 있어서요.
여자 : 죄송합니다. 플로워는 좌식이 아니고 테이블 석이든지 소파 석이든지 입니다만.
남자 : 소파 석이라…. 좌식 캔슬하는 것을 기다리는 것은 안 됩니까?
여자 : 글쎄요. 캔슬이 나오면 연락 드리겠습니다만 캔슬이 나올 지 어쩔지 모르겠습니다.

남자 : 그럼 일단 단독 방으로 예약해 주시겠습니까?

여자 : 알겠습니다. 베이비 체어를 준비해 두겠습니다.

남자 : 부탁 드립니다.

[2] 정답 1

해설 1 단독 방.

2 소파 석.

3 테이블 석.

4 좌식 방.

問題 2

[3]

男の人と女の人が話しています。木はなぜ枯れてしまいましたか。

男 : あれ、この間植えたばかりの木が枯れちゃってるよ。

女 : わあ、本当だ。どうして枯れちゃったのかしら?お水もやってたのに。

男 : 虫にやられたのかな?

女 : ちゃんと薬まいておいたんだけど。

男 : この薬が強過ぎたんじゃないかな。

女 : ちゃんと量ってやったわよ。ほら、ここに書いてある通り。

男 : おかしいな。水何回やった?

女 : ちゃんと一日3回たっぷりあげてたわよ。

男 : えー、あげ過ぎだよ。この木は土が乾燥してないとうまく育たないんだ。

女 : そうなんだ。知らなかった。

해석 남자와 여자가 이야기하고 있습니다. 나무는 왜 말라버렸습니까?

남자 : 어, 요전에 심은 지 얼마 안 되는 나무가 말라버렸네.

여자 : 와 정말이네. 왜 말라버렸지? 물도 줬는데.

남자 : 벌레가 먹었나?

여자 : 제대로 약도 뿌려 두었는데.

남자 : 이 약이 너무 강했던 건 아닌가.

여자 : 제대로 재서 줬어. 봐, 여기에 써 있는 대로.

남자 : 이상한데. 물 몇 번 줬니?

여자 : 제대로 하루에 3번 듬뿍 줬어.

남자 : 뭐, 너무 많이 줬어. 이 나무는 흙이 건조하지 않으면 제대로 못 자란단 말이야.

여자 : 그렇구나. 몰랐어.

정답 4

해설 1 벌레가 붙어서.

2 약이 너무 강해서.

3 흙이 건조해서.

4 물을 너무 많이 줘서.

[4]

男の人がアポイントをとるために社長秘書と電話で話しています。
男の人は社長にいつ会いますか。

男 : 中山商会の鈴木と申しますが。

女 : 秘書室の川上と申します。いつもお世話になっております。

男：こちらこそ。先日長谷川社長にお目にかかりまして、事業計画書をお持ちすることになっているんですが。

女：いつがよろしいでしょうか。

男：明日の午前中はいかがでしょうか。

女：明日の朝は大阪支社から戻りまして、午後出社になりますが。

男：では、午後2時以降ではいかがですか。

女：1時から役員会議がございまして、その後、ショールームのほうへ出かけてしまうんです。

男：明日は厳しいということですね。では、あさってのスケジュールはどうなっていますか。

女：あさってでしたら、午前10時と午後1時、4時があいております。

男：それでは午前中にうかがいます。計画書のほうは本日中にメールでお送りしておきますので。

女：かしこまりました。

男：よろしくお願いします。

해석　남자가 약속을 잡기 위해 사장비서와 전화로 이야기 하고 있습니다.
　　　남자는 사장과 언제 만납니까?

남자 : 나카야마 상회의 스즈키라고 합니다만.

여자 : 비서실의 가와카미라고 합니다. 언제나 신세 많이 지고 있습니다.

남자 : 저야말로. 며칠 전 하세가와 사장을 뵙고는 사업계획서를 가지고 오기로 되어 있습니다만.

여자 : 언제가 좋으십니까?

남자 : 내일 오전 중은 어떠신지요?

여자 : 내일 아침은 오사카 지사에서 돌아와서 오후에 나오십니다만.

남자 : 그럼 오후 2시이후는 어떠신지요?

여자 : 1시부터 임원회의가 있고 그 후에는 쇼룸 쪽으로 외출하시게 됩니다.

남자 : 내일은 어렵다는 이야기군요. 그럼 모레 스케쥴은 어떻게 되어 있습니까?

여자 : 모레라면 오전 10시와 오후4시가 비어 있습니다.

남자 : 그럼 오전 중에 찾아 뵙겠습니다. 계획서는 오늘 중에 메일로 보내 놓을테니까요.

여자 : 알겠습니다.

남자 : 잘 부탁 드립니다.

정답　4

해설　1 오늘.

　　　2 내일 오전중.

　　　3 모레 1시.

　　　4 모레 10시.

[5]

男の人が電話で商品を注文しています。
確認を求められた内容が正しい場合は何番を押しますか。

音声

お電話ありがとうございます。ミューズショッピングご注文受付センターでございます。

해석　남자가 전화로 상품을 주문하고 있습니다. 확인을 요구하는 내용이 바르면 몇 번을 누릅니까?

음성

전화 감사 드립니다. 뮤즈쇼핑 주문접수 센터입니다. 주문하실 분은 3번을, 카달로그 청구하실 분은 4번을, 주문 캔슬하실 분은 5번을, 그 밖의 분은 6번을 눌러 주십시오. 주문을 받겠습니다. 손님번호 4자리 숫자를 눌러 주십시오. 손님의 전화번호를 누르고 마지막으로 샤프를 눌러 주십시오. 다나카 마모루 님이라면 1번을, 다르다면 2번을 눌러 주십시오. 다음으로 상품번호를 눌러 주십시오. 다음으로 주문수량을 눌러 주십시오. 확인하겠습니다. 상품번호246571을 3개가 맞습니까? 맞으면 1번을, 다르면 2번을 눌러 주십시오. 주문 감사 드립니다. 등록하신 메일 어드레스로 주문 확인서를 보냈습니다. 확인한 가운데 입금 부탁 드립니다. 주문을 종료할 경우는 7번을, 다른 상품을 주문할 경우는 8번을 눌러 주십시오.

정답　1

해설　1 1번.

　　　2 2번.

　　　3 3번.

　　　4 8번.

한자 상식 퀴즈 풀이 및 해설

＊ 다음의 히라가나 표기에 알맞은 한자표기는 어느 쪽?

1)　정답　②

해설　죽은 사람의 속명, 계명 등을 적은 나무 표찰. 「牌」는 이름 등을 써서 게시하는 표찰. 옛날 중국에서 죽은 자의 관위를 쓴 나무 표찰을 모신 것에 유래한다고 하여 「位牌」라고 쓴다. 일본에는 선종의 전래와 함께 전해졌다.

2)　정답　①

해설　어떤 것에도 좌절하지 않고 해 내려고 하는 강한 의지. 「概」는 「概況 がいきょう 개황」 「概説 がいせつ 개설」 등과 같이 「おおよそ 대략, 대요」의 뜻으로 사용되어지는 경우가 많은데 위 단어에서는 「おもむき 기분」의 뜻으로 「必勝(ひっしょう)の気概にあふれる 필승의 기개로 넘치다」 등과 같이 쓴다.

* 다음의 한자표기어를 올바로 읽은 것은 어느 쪽?

1) 정답 ①
   해설 마지막까지 완전히 해 내는 것.「遂」는 한음으로는「すい」, 오음으로는「ずい」. 자주 사용되는 「遂(つい)に 드디어」가 훈으로 읽힌 것으로 틀리기 쉽다.

2) 정답 ②
   해설 소나무 등을 묶어서 불을 붙여 밝힌 것. 소나무는 진이 많고 불이 잘 붙기 때문에 조명으로 사용되었다.「松まつ　소나무」의「明(あ)かり 빛」이라고 하는 뜻. 음으로 읽어서「しょうめい」라고 하는 경우도 있다.

---

2. 聴解 문제풀이 및 해설(2)

問題 3

6

> かつては、若者の問題として注目された「不登校」や「ひきこもり」ですが、当時の若者が40代から50代、その親が70代から80代となり、長期高齢化しています。こうした親子が社会的に孤立し、生活が立ち行かなくなるケースが目立ちはじめています。この問題は親と子の年齢から「8050」問題とも呼ばれ、深刻化しています。
> 障害者と違って、これらの人は支援とつながっていないことが多く、また、　自分の子どもがそういう状態だと認めない　親によって、隠されてしまっているケースもあります。
> こうした人々に対する支援というと、就労というのが1つのゴールになっていて、働けるようになるための支援をするというものしか事実上なかったと思うんです。今後は実態調査を行って、課題が何なのか、何を当事者たちが求めているのかを知った上でメニューを構築していかなければならないと思います。
>
> 誰に対する支援について話していますか。

해석 일찍이 젊은이의 문제로 주목을 받아 온 "부등교"나 "집 안에 틀어 박혀 있는 상태"가 있습니다만 당시의 젊은이가 40대에서 50대, 그 부모가 70대에서 80대가 되어 장기 고령화 되고 있다. 이러한 부자가 사회적으로 고립되어 생활을 꾸려나갈 수 없게 되는 케이스가 두드러지기 시작하고 있습니다. 이 문제는 부모와 아이의 연령에서 "8050"문제라고 불리어져 심각해지고 있습니다.
장애자와 달리 이러한 사람들은 지원과 연결되지 않는 경우가 많고 또한 자신의 아이가 그러한 상태라고 인정하지 않는 부모에게 있어서 숨겨져 버리는 케이스도 있습니다.
이러한 사람들에 대한 지원하면, 취업이라는 것이 하나의 골이 되어 있어 일할 수 있도록 하기 위한 지원을 한다고 하는 것밖에 사실상 없었다고 생각합니다. 앞으로 실태조사를 해서 과제가 무엇인지, 무엇을 당사자들이 요구하고 있는가를 안 가운데 메뉴를 구축해 가지 않으면 안 된다고 생각합니다.

누구에 대한 지원에 대해서 이야기하고 있습니까?

단어 立(た)ち行(ゆ)く : 사업이나 생활이 그럭저럭 되어 나가다.

정답 2

해설 1 부등교 청소년.
2 고령인 집안에 틀어박힌 자를 데리고 있는 가족.
3 고령자를 개호하고 있는 고령자.
4 부모가 사회에서 숨기고 있는 장애자.

社長が新入社員の研修で話しています。

この製品を知っていますか。我が社の製品です。我が社はこの製品で国内シェア1位の会社です。みなさんもその誇りを持って、さらにシェアを伸ばし、世界市場への進出をいっしょに目指しましょう。

ビジネスマンに求められる能力は何でしょうか。瞬発力、そうですね。1日24時間しかありませんから、休んでいる暇はありません。スピーディーに仕事を片付けなくてはなりません。それから整理すること。頭の中も整理しなければなりませんし、みんなから出された意見も整理しなければなりません。机の上だって整理しなければ仕事がはかどりません。また、最近よく言われるのが問題解決能力、指示がないと動けなかったり、本に書いてあることしかできないようでは戦力になりません。まだまだいろいろありますが、今我が社で一番必要としている人材は、最後まであきらめない人です。仕事がうまく行かない時でも、最後まであきらめず、ねばってねばってやり遂げる人が必要なんです。

해석 사장이 신입사원 연수에서 이야기하고 있습니다.

이 제품을 알고 있습니까? 우리 회사 제품입니다. 우리 회사는 이 제품으로 국내점유 1위의 회사입니다. 여러분도 자부심을 가지고 더욱 점유율을 높이고 세계시장에의 진출을 함께 목표로 합시다. 비즈니스맨에게 요구되는 능력은 뭘까요? 순발력, 그렇습니다. 하루 24시간밖에 없기 때문에 쉬고 있을 여유가 없습니다. 스피드하게 일을 처리하지 않으면 안 됩니다. 그리고 정리하는 것. 머리 속도 정리하지 않으면 안 되고 모두로부터 나온 의견도 정리하지 않으면 안 됩니다. 책상 위도 정리하지 않으면 일이 진척되지 않습니다. 또한 최근 자주 이야기되는 것이 문제해결능력, 지시가 없으면 움직일 수 없다든지 책에 쓰여져 있는 것밖에 할 수 없어서는 전력이 될 수 없습니다. 아직 많이 있습니다만 지금 우리 회사에서 필요로 하는 인재는 마지막까지 포기하지 않는 사람입니다. 일이 잘 진행되지 않을 때도 마지막까지 포기하지 않고 끈질기게 버텨 이루어 내는 사람이 필요합니다.

단어 捗(はかど)る : 진척되다. 일이 잘 되어가다.

粘(ねば)る : 끈덕지게 견디며 버티다.

정답 3

해설 무엇에 대하여 이야기 하고 있습니까?

1 회사 설명.

2 금후의 전망.

3 회사가 요구하는 인재.

4 비즈니스맨으로서의 마음가짐.

問題 4

8 **정답** 2

해설 먼저 실례하겠습니다.

1 수고하셨습니다.

2 어서 오세요.

3 상관없습니다.

9 **정답** 1

해설 별거 아니오니 꺼려하지 마시고 받아 주십시오.

1 그렇습니까? 그럼 말씀에 의지해서.

2 그렇습니까? 그럼 말씀하신대로 하겠습니다.

3 그렇습니까? 그럼 말대꾸하는 것 같습니다만.

|10| 정답 1

해설 이 옷 어때? 안 어울려?

1 와아, 당신한테 딱 맞는데.

2 와아, 마침 딱 맞네.

3 와아, 꽤 적절한데.

|11| 정답 2

해설 입사해서 일주일 지났는데 어때요?

1 처음있는 일이어서 헤매고 있습니다.

2 익숙하지 않은 것이 많아서 당황스럽습니다.

3 어떻게 하면 좋을까 모르는 것 뿐이어서 고민하고 있습니다.

|11| 정답 3

해설 아아, 또 떨어졌네. 올해도 재수다.

1 그러니까 조금 더 노력해 두면 좋아.

2 그러니까 조금 더 노력해 두어도 좋은 거야.

3 그러니까 조금 더 노력해 두었으면 좋았을 텐데.

|13| 정답 1

해설 있잖아, 아베 선생님과 사이키 선생님, 결혼한대.

1 뭐! 전혀 몰랐었네.

2 뭐! 처음 듣는 이야기였다.

3 뭐! 아마 들은 적 있었다.

---

3. 聴解 문제풀이 및 해설(3)

問題 5

|14|

> 車内アナウンスを聞いて男の人と女の人が話しています。
>
> アナウンス
> ご乗車のお客様にお知らせ申し上げます。ただいま前の電車が故障のため、次の山下駅の手前で停車している影響で、この電車はこの駅で折り返し運転をいたします。お急ぎのところご迷惑をおかけしますが、ご了承ください。
>
> 男： この電車折り返し運転するんだって。戻っちゃうんだ。降りようか。
> 女： えー、でもここで降りてどうするの。
> 男： しょうがないからタクシーで行こう。
> 女： でも、ここからタクシーに乗ったら料金かなりかかるよ。
> 男： そうだな。どうしよう。とりあえず、新宿キで戻ろう。
> 女： 戻っていたら、試合に間に合わないよ。チケット高かったのに。
> 男： じゃあ、どうする?
> 女： 二つ手前の駅まで戻って、高山線に乗り換えたらどうかしら?
> 男： 高山線に乗ってどこへ行くの?
> 女： 高山線で飯田まで行って、そこからタクシーに乗れば基本料金で行けるよ。
> 男： あ、今調べてみたら、一駅戻ればそこからバスがある。このほうが早いし、料金も安くつくよ。
> 女： いいね。そうしよう。
> 男： あ、もう着いちゃった。早く降りなきゃ。

해석　차내 아나운스를 듣고 남자와 여자가 이야기하고 있습니다.

아나운스

승차하신 손님께 알려드립니다. 지금 앞 전차 고장으로 인해 다음 야마시타역 바로 앞에서 정차하고 있는 영향으로 인해 이 전차는 이 역에서 되돌아 가는 운전을 하겠습니다. 바쁘신 중에 폐를 끼치게 되었습니다만 양해를 부탁 드립니다.

남자 : 이 전차 되돌아 가는 운전한대. 돌아간다. 내릴까?

여자 : 하지만 여기서 내려서 어떻게 해?

남자 : 어쩔 수 없으니까 택시로 가자.

여자 : 하지만 여기서 택시타면 요금 꽤 나와.

남자 : 그렇지. 어떡하지. 일단 신주쿠까지 돌아가자.

여자 : 돌아가면 시합시간에 못 맞춰. 티켓 비쌌는데.

남자 : 그럼 어떡하지?

여자 : 2개 앞 역까지 돌아가서 다카야마선으로 갈아타면 어떨까?

남자 : 다카야마 선 타고 어디로 가는데?

여자 : 다카야마 선으로 이이다까지 가서 거기에서 택시타면 기본요금으로 갈 수 있어.

남자 : 아, 지금 조사해 보니 한 역 돌아가면 거기에 버스가 있어. 이 편이 빠르고 요금도 싸게 들어.

여자 : 괜찮네. 그렇게 하자.

남자 : 아 벌써 도착했네. 빨리 내려야지.

단어　折(お)り返(かえ)し : 되돌아 옴.

(14-1)　정답　4

해설　전차가 되돌아가는 운전을 하는 것은 어째서입니까?

1 선로에 이상이 발견되어서.

2 다음 역에서 화재가 발생해서.

3 앞에서 전차와 차 사고가 있어서.

4 고장으로 선로에 멈춰 서 있는 전차가 있어서.

(14-2)　정답　3

해설　둘은 어디에서 전차를 내립니까?

1 신주쿠까지 돌아간다.

2 이 역에서 내린다.

3 두 역 돌아가서 내린다.

4 한 개 역 돌아가서 내린다.

제11과 言語知識 실전문제, 단어학습(명사Ⅰ)

1. 言語知識(文字)문제풀이 및 해설

問題 1

1 정답 4

해설　天候(てんこう) : 천후. 날씨. 일기.

作物(さくもつ) : 작물. 농작물.

이상기후로 인해 농작물 수확에 영향을 줄 것이 우려된다.

2 정답 2

해설　鞍上(あんじょう) : 말 안장 위.

安静(あんせい) : 안정.

安全(あんぜん) : 안전.

安定(あんてい) : 안정.

수술은 성공했지만 어느정도 안정을 취하며 상태를 볼 필요가 있다.

3 정답 3

해설　長閑(のど)かだ : 한가로움. 화창함.

朗(ほが)らかだ : 명랑함. 쾌청함.

遥(はる)かに : (많이 차이나는 모양)훨씬.

俄(にわ)かに : 갑작스럽게. 별안간. 돌연.

결국 예상에 훨씬 못 미치는 결과가 되어 버렸다.

問題 2

4 정답 2

해설　真剣(しんけん)だ : 진지함.

세일이어서 온 사람들은 모두 진지한 얼굴로 물건을 고르고 있었다.

5 정답 2

해설　盛(さか)んだ : 번성함. 왕성함. 열렬함. 성행함. 빈번함.

산이 많고 추운 나라에서는 겨울 스포츠가 성행한다.

6 정답 1

해설　傍線(ぼうせん) : 방선. 주의·강조할 글줄의 옆에 그은 줄.

해당하는 곳에 방선을 그어 주세요.

한자 상식 퀴즈 풀이 및 해설

* 다음의 히라가나 표기에 알맞은 한자표기는 어느 쪽?

1) 정답　①

해설　생활이나 행동 등의 실제상태를 조사하는 것. 「실제상태」를 조사하는 것이기 때문에 「実態」라고 쓰고, 「労働者世帯(ろうどうしゃせたい)の実態調査(じったいちょうさ)を行(おこな)う 노동자 세대의 실태조사를 행하다」와 같이 사용한다. 「実体」는 사물의 내용이나 본체에 관련된 것으로 「実体のない幽霊会社(ゆうれいがいしゃ) 실체가 없는 유령회사」 등과 같이 사용한다.

2) 정답 ①

해설 뭔가 이유가 있어서 공적으로 세상에 얼굴을 내놓을 수 없는 사람. 「日陰 ひかげ 음지」는 「日向 ひなた 양지」의 반대어로 햇볕이 들지 않는 곳을 말하며, 「日影」는 햇볕, 햇살을 말한다. 「日陰」에는 혜택 받지 못한 지위나 경우의 뜻도 있어 「日陰者の身では、口出(くちだ)しもできない 숨어사는 사람으로서는 발언도 할 수 없다」 등과 같이 사용한다.

* 다음의 한자표기어를 올바로 읽은 것은 어느 쪽?

1) 정답 ②

해설 무고한 죄. 「冤」은 단독으로도 「무죄」라는 의미가 있다. 「免除 めんじょ 면죄」「免責 めんせき 면책」등의 「免」자의 연상으로부터 「めん」으로 잘못 읽기 쉽다. 한음으로는 「えん」이라고 읽는다. 「冤罪(えんざい)を晴(は)らす 무고한 죄를 풀다」 등과 같이 사용한다.

2) 정답 ②

해설 칼로 사람을 상처입히는 것. 「刃」는 칼로 음으로 「じん」「にん」, 훈으로는 「は」. 이 경우는 「にん」으로 읽는다.

2. 言語知識(語彙)문제풀이 및 해설

問題 3

7 정답 2

해설 受(う)け取(と)る : 받다. 납득하다. 떠맡다.
受(う)け入(い)れる : 받아 들이다.
請(う)け負(お)う : 도급맡다. 책임지다.
受(う)け持(も)つ : 담임하다.
결과를 받아들여 개선하는데 노력해야 한다.

8 정답 4

해설 掛(か)け合(あ)い : 서로 번갈아 가며 함. 담판.
かけがえのない : 다른 것과 바꿀 수 없는. 더할 나위 없이 소중한.
掛(か)け替(が)え : 여벌. 예비로 준비해 두는 같은 종류의 것.
駆(か)け込(こ)み : 뛰어듬. (늦지 않게)허둥됨.
駆(か)け落(お)ち : 사랑의 도피. 그 고장에 있을 수 없어 타지로 도망쳐 모습을 감추는 일.
그 여자배우는 애인과 사랑의 도피를 한 것으로 유명해 졌다.

問題 4

9 정답 1

해설 気難(きむずか)しい : 성미가 까다롭다. 깐깐하다. 꽤 까다롭다. 신경질적이다.
どうせ : (부사. 자조적인 심정을 나타내거나 얕잡아 추측하거나 단정하는 심정을 나타냄.)어차피. 이왕에. 결국.
めったに : (부정의 말이 따라) 좀처럼. 거의.
必(かなら)ずしも : (부정의 말이 따라) 반드시…라고는 (할 수 없다). 반드시…인 것은 (아니다).
まるで : 마치.
그녀는 꽤 까다로워서 옷을 선물해도 어차피 안 입게 되어있다.

10 정답 3

해설 逆(さか)らう : 역행하다. 거스르다.
訴(うった)える : 소송하다. 호소하다. 과격한 수단을 쓰다. 작용하게 하다.
頷(うなず)く : 수긍하다.
呆(あき)れる : 기가 막히다. 놀라다.
처음에는 모두 의문을 가졌지만 그의 설명을 듣고 다들 수긍했다.

問題 5

11 정답 1

해설 貢献(こうけん) : 공헌.

寄与(きよ) : 기여.

協調(きょうちょう) : 협조.

活躍(かつやく) : 활약.

입사하게 된다면 회사 발전에 공헌할 수 있도록 노력하고 싶다고 생각합니다.

11 정답 2

해설 微妙(びみょう)な : 미묘한.

詳細(しょうさい)な : 상세한.

正確(せいかく)な : 정확한.

大事(だいじ)な : 중요한.

사고 사실은 들어왔지만 세세한 것은 전해지지 않았다.

問題 6

13 정답 3

해설 익숙하다고 해서 방심하면 실수한다.

14 정답 3

해설 지장이 없다면 용건을 물어보지요.

---

3. 言語知識(文法)문제풀이 및 해설

問題 7

15 정답 2

해설 −たところで : −해봤자, −해 본들.

−たうえは : −한 이상은.

−たあげく : −한 끝에.

−ことから : −때문에, −데에서.

심히 고민한 끝에 회사를 그만두기로 했다.

16 정답 1

해설 −ざるを得ない : −하지 않을 수 없다.

−わけにはいかない : −할 수는 없다.

−ものではない : −서는 안 된다.

데이터와 결론이 전혀 다르기 때문에 그 논문의 결론은 틀려있다고 말하지 않을 수 없다.

17 정답 2

해설 −のみだ : −만이다.

−までだ : −뿐이다. −하면 끝이다.

−だけだ : −만이다.

−からだ : −부터다.

제아무리 좋은 대학에 들어갔다고 해도 병에 걸려 버리면 그걸로 끝이다.

問題 8

18 정답 2

해설 −ことになっている : −하게 되어 있다.

今度学生の代表として環境問題についてスピーチすることになっているので今から緊張している。

이번에 학생대표로서 환경문제에 대해서 스피치하게 되어 있어서 지금부터 긴장하고 있다.

19 정답 1

해설 甲斐(かい) : 보람. 효과.

1年間頑張って来たかいがあってついに試験に合格した.

1년간 열심히 노력해 온 보람이 있어서 결국 시험에 합격했다.

20 정답 1

해설 思(おも)い込(こ)む : 굳게 믿다. 깊이 마음먹다.

潜(ひそ)む : 숨다. 잠재하다. 내재하다.

当然と思い込んでいる中に意外なことが潜むことに気づいた.

당연하다고 굳게 믿고 있는 것 중에 의외의 것이 숨겨져 있는 것을 알아차렸다.

問題 9 해석 그 후 나는 서점 점원을 그만두고 서점을 취재하러 돌아다니게 되었다. 이상한 손님은 어느 서점에나 있다는 것을 알았다.

여기저기의 서점에서 보고되는 것은 서점점원보다 재고상태를 잘 아는 손님. 매일같이 와서는 한 시간정도 머무르다가 아무것도 사지 않고 돌아가는 손님도 많다.

예를 들면 손님이 점원에게 신간서적 한 권에 대해서 묻는다. 점원이 "그 책은 품절입니다"라고 대답한다. 그러자 아무 것도 사지않고 돌아가던 그 단골손님이 옆에서 말참견을 한다.

"그 책이라면 저 책장 밑 서랍 속에 있어요."

"……." 점원은 묵묵히 지시한 서랍을 연다. 그러자 그의 말대로 재고가 몇 권인가 남아 있는 것이다.

"고마워요"하고 그 손님은 기쁜 듯이 감사의 인사를 한다. 물론 점원에게가 아니라 아무 것도 사지 않는 단골손님에게다.

그 중에는 "계속 있는 손님도 있어요"라고 하는 서점주인도 있었다. 매일 아침 개점하고 조금 있으면 와서 책이나 잡지를 둘러본다. 점심 때가 지나면 사라진다. 그러나 2시간 정도 되면 또 들이닥친다. 아무래도 점심을 먹으러 자택으로 돌아가는 것 같다. 또 다시 그는 책이나 잡지를 보고 저녁 무렵 서점이 혼잡해 지면 조용히 모습을 감춘다.

그런데 서점에 오는 손님이 이상한 경우가 많지만 실은 서점 점원도 이상한 사람이 많다. 어쨌든 일반적인 서점점원은 휴일에도 서점에 간다는 것이다. 물론 자신이 일하는 서점 이외의 서점에. 휴일에 다른 서점에 가는 것 만이라면 아직은 괜찮다. 그런데 어떻게 적지 않은 서점점원이 손님으로서 다른 서점에 가서 묵묵히 그 곳의 책장 정리를 한단 말인가. 서서 읽고 가는 손님이 어질러 놓은 잡지를 잘 맞춰서 책장에 놓고 책꽂이의 책이 굽은 띠를 제대로 정리한다. 게다가 그들은 그러한 일련의 행위를 무의식 중에 해 버리고 있는 것 같다.

정말 창피한데 나도 이러한 병을 가진 사람의 한 명이다. 서점 점원을 그만 둔 지 10년이 되는데 아직도 서점에 들어가면 책꽂이 정리를 해 버린다.

취재를 간 곳에서 이렇게 하면 불쾌하리라고 느낀다. "죄송해요. 더럽게 해서"라고 점장한테 소리를 듣기도 하고.

"아냐 아냐. 그냥 버릇이니까"라고 말하지만 이미 때는 늦다.

단어 なにしろ : 여하튼. 어쨌든. 아무튼.

常連客(じょうれんきゃく) : 단골 손님.

口を挟(はさ)む : 말참견하다.

なんと : 어떻게, 어찌. 뭐라고. 어쩌면 저렇게. 이 얼마나.

立(た)ち読(よ)み : 책은 사지 않고 선채로 읽음.

21 정답 1

해설 たとえば : 예를 들면.

まず : 우선.

なぜ : 왜.

すなわち : 즉. 다시 말해서.

22 　정답　3

　　해설　ところが : 그러나.

　　　　けれども : 하지만.

　　　　すると : 그러자.

　　　　それから : 그리고.

23 　정답　4

　　해설　さらに : 게다가.

　　　　一方(いっぽう) : 한편.

　　　　つまり : 즉. 다시말해.

　　　　しかし : 그러나.

24 　정답　3

　　해설　したがって : 따라서.

　　　　しかしながら : 그렇지만. 그렇기는 하지만.

　　　　ところで : 그런데.

　　　　ようするに : 요약하자면. 다시말해.

25 　정답　1

　　해설　行くだけならまだいい : 가는 것 만이라면 아직은 괜찮다.

　　　　行くことはいいことだ : 가는 것은 좋은 것이다.

　　　　行くわけにはいかない : 갈 수는 없다.

　　　　行かざるをえない : 가지 않을 수 없다.

제12과 読解 실전문제, 단어학습(명사Ⅱ)

1. 読解 문제풀이 및 해설(1)

問題 1

1 해석 집에 눌러앉기 쉽고 외출도 제대로 할 수 없는 고령자 분에게 만족과 삶의 의미를 가지고 생활할 수 있도록 도움을 주겠습니다. 희망하는 분은 자택까지 모시러 갑니다.

오신 후 건강체크를 합니다.입욕은 오신 분의 상태에 맞는 방법으로 들어 갈 수 있는 욕실을 준비하고 있습니다.이용하시는 분에 맞는 식사를 제공합니다.

계절감 넘치는 야외활동이나 간식 만들기, 손 끝을 쓴 공예창작 등의 레크리에이션을 행하고 있습니다. 또한 전문 담당자가 일상생활을 영위하는데 필요한 재활도 수시로 행하고 있습니다. 이용일은 월요일~토요일(축일·오봉(음력7월보름)·연말연시를 제외함)입니다.

정답 2

해설 1 계절감 넘치는 식사가 제공된다.

2 몸이 불편한 사람이라도 목욕탕에 들어갈 수 있다.

3 집에 와서 생활에 도움을 준다.

4 들어 오기 전에 건강체크를 받지 않으면 안 된다.

2 해석 애니메이션의 어원은 혼이나 생명을 의미하는 라틴어 아니마라고 한다. 여기에서 파생한 것이 "생명을 불어 넣는다"고 하는 영어의 동사 아니메트. 2차원의 캘릭터에 생명을 불어 넣어 움직이기 시작한 애니메이션은 지금이야말로 일본이 세계에 자랑할만한 팝컬쳐이다. 그렇다고 해도 일본애니메이션의 원조로 알려진 "우쯔시에[유리에 그림을 그리고 그것을 환등기로 벽이나 스크린에 비추는 것]"는 그다지 알려져 있지 않다.2006년 공연시 다카하다 이사오(高畑勲)감독이 "일본에서는 애니메이션·만화적인 것이 면면히 향유되어 왔는데 이것 또한 훌륭한 증거의 하나이다"라도 평한 것은 대단히 흥미롭다. 그 또한 새로운 표현을 추구한 개척자였다.애니매이션에 생명 뿐만이 아니라 문명비평이나 리얼리즘을 불어 넣었다.1974년 방송된 "알프스 소녀 하이디"는 경제발전으로 인해 잃어버린 것에 대해 문제를 제기했다.

서거한 지 1년남짓. 평화라는 것은 진정한 풍족함이라는 것은. 작품에 투영된 메세지가 들려온다.

단어 吹き込む(ふきこむ) : 불어넣다. 녹음하다. 윤이 나도록 닦다.

写し絵(うつしえ) : 유리에 그림을 그리고 그것을 환등기로 벽이나 스크린에 비추는 것. 판박이그림.

引き換え(ひきかえ) : 바꿈. 교환.상환.

정답 3

해설 1 우쯔시에는 다카하타이사오에 의해 계승되고 있다.

2 애니메이션의 어원은 영어의 아니마이다.

3 우쯔시에는 일본애니메이션의 원조라고 한다.

4 애니메이션은 원래 문명비판이나 리얼리즘으로 부터 생겨났다.

問題 2 해석 아이들의 어휘는 한 살때 다섯단어, 한살 반때 40단어, 두살 때 2백60단어로 늘다가 3살 때가 되면 한꺼번에 800단어로 증가한다. 그리고 중요한 것은 이 800단어 전후로 자의식이 발생한다고 하는 것이다. 세 살버릇 여든까지라는 속담대로 아이는 800단어로 자신의 의지를 갖는 것입니다.

게다가 5살부터 7살에 걸쳐서 초등학교 들어가기 전후에 제2의 넘어야할 산이 온다는 것을 알았다. 어휘가 늘어나는 것은 당연하지만 감각으로써가 아니라 말을 이용해서 사고와 추리를 축척할 수 있도록 된다.

제3의 넘어야할 산은 13세, 14세 전후에 온다. 한층 어휘는 늘어나지만 이 시기에는 말의 질서화가 행해진다. 예를 들면 무한－우주－은하계－태양계－지구－아시아－일본－동경도－지요다구－후쿠로고지－번지…와 같이 갖가지 표현을, 그리고 말이 지시하는 사실이나 지식, 관념을 자기를 중심으로 질서를 세워 정리하고 자기나름대로의 세계관(자신은 이 세상을 어떻게 보는가? 그러한 세상에 자신은 어떻게 살아가면 좋은가?)을 확립한다. 이렇게 해서 그들은 결국 실질을 겸비한 "사람"이 되는 것이다.

따라서 칼로 교사를 찌르는 남자아이나 둘이 공격해서 노인을 두들겨 죽인 여자아이의 출현에 어른이 놀라 넘어지는 것은 잘못된 것이다.그들에게 그러한 세계관을 갖도록 한 태내에 문제가 있는 것은 분명하기 때문이다.

아무튼 그들을 키운 태내, 가정－그 주위의 공동체－학교, 사회, 합쳐서 어른들의 세상은 거의 빈약한 말 밖에 가지고 있지 않고, 그 소행이야말로 눈을 덮을 정도로 심각하다. 어른들에게 말을 정확하고 성실하고 풍부하게 그리고 재미있게 사용하려고 하는 각오가 없는 한 아이들에게 낙원은 없다.

단어　驚倒(きょうとう) : 크게 놀람.

☐3☐　정답　2
　　　해설　1 감각－추리－관념.
　　　　　 2 의지－사고－질서화.
　　　　　 3 40단어－260단어－8－단어.
　　　　　 4 한 살 반－다섯~일곱－열셋, 네 살 전후.

☐4☐　정답　4
　　　해설　1 언어교육은 세 살까지가 가장 중요하다.
　　　　　 2 아이의 교육은 태내부터 시작되고 있다.
　　　　　 3 고등학생까지는 인간으로서의 세계관이 확립된다.
　　　　　 4 어른은 말 사용에 주의를 기울이지 않으면 안 된다.

한자 상식 퀴즈 풀이 및 해설

* 다음의 히라가나 표기에 알맞은 한자표기는 어느 쪽?
　1)　정답　②
　　　해설　넓은 마음으로 사람은 이해하고 받아득이는 능력.「包容」은 싸서 넣는 것.「抱擁」은 안는 것으로 「抱擁力」으로는 사용하지 않는다.
　2)　정답　①
　　　해설　일상에 일반적으로 있는 일. 매일의 식사와 같이 평범한「것」의 뜻으로,「밥 때」가 아니다. 단순히「日常茶飯」으로도 쓴다.

* 다음의 한자표기어를 올바로 읽은 것은 어느 쪽?
　1)　정답　①
　　　해설　술을 많이 마시는 사람. 술을 마신 후 나오는 버릇. 술을 마시지 않더라도 무언가를 들어 자주 웃는 사람을「笑(わら)い上戸(じょうご)」라고 한다. 술을 마실 수 없는 사람을「下戸(げこ)」라고 한다.

2) 정답 ②

해설 술잔 한 잔의 술. 「献上 けんじょう 헌상」「献呈 けんてい 헌정」등의 「献」의 한음은 「けん」으로 읽지만, 이 단어는 오음으로 읽는다. 「献」은 바치다라는 뜻인데, 술을 권하는 것에도 사용한다.

2. 読解 문제풀이 및 해설(2)

問題 3   해석   A

고령자에 의한 큰 사고는 끊임없이 일어나고 있는 것 같습니다. 교통사망사고 전체를 점하는 75세 이상의 운전자 비율은 2006년 7.4%에서 2016년 13.5%로 증가하여 고령자 이외의 운전자에 비해 2배나 된다고 합니다.

저도 그렇습니다만 나이가 들어감에 따라 운전적응능력이 저하되고 있습니다. 그것은 어쩔 수 없는 것이라고 생각합니다. 면허의 강제반납을 요구하는 것이 상당한 정도로 "판단능력이 떨어졌다"인지 아닌지의 판단을 구체적으로 어떠한 기준으로 행할 것인가 하는 "실질적인 기준"이 중요하다고 생각합니다. 그렇다고는 해도 검사에는 기술적인 문제나 코스트 문제도 있기 때문에 현실적으로는 어렵다고 생각합니다.

알코올이나 담배는 연령에 따라 강제적으로 일률적으로 금지하고 있습니다. 즉 인간의 행복추구권이라고 해도 일정한 제약에 따르는 것은 사회구조상 명확합니다.

단 마의 카가 필수인 지역에서는 고령자가 운전면허를 강제적으로 반납해 버리게 되면 이동수단을 빼앗겨 버리게 되는 것입니다. 고령자가 일반적으로 이동할 수 있는 교통수단(철도·버스) 정비도 동시에 필요하다고 생각합니다.

단어   後(あと)を絶(た)たない : 끊임이 없다.

B

내각부에 의하면 75세 이상의 운전자에 의한 사망사고 발생비율은 75세 미만군과 비교해서 2배 이상이 되어있다고 하는 데이터가 있습니다. 단 명확히 데이터를 확인하면 "16세부터 24세"군과 비교하면 약 1.2배 정도 밖에 다름이 없습니다. "고령자"여서 사고율이 높은 것이 아니라 "젊은 층"도 사고율이 높은 것입니다.

75세 이상의 고령자에 대해서 치매나 운전능력에 대해서 신중한 심사를 해야 한다고 하는 것은 현재도 실시하고 있고 그러한 대책을 강화하는 것에 대해서는 반대할 만한 이유는 없습니다.

그러나 "고령자"라고 해서 연령으로 뚝 잘라 반납시키는 구조는 알기 쉬운 면에서는 좋지만 기준 적용의 구체적 장면에서 발생할 법한 불합리는 충분히 상상할 만합니다.

고령자는 일반적으로 자신의 심신쇠약을 잘 자각하고 있으며 경험도 풍부하기 때문에 신중한 운전에 신경을 쓰는 분이 많은 것은 아닐까요. 운전할 수 없으면 생활이 곤란하다고 하는 지역성의 문제도 있어서 검사를 한 가운데 개인판단에 맡기는 편이 좋다고 생각합니다.

단어   輪切(わぎ)り : 원통형 물건을 단면이 둥글게 썲. 또는 그렇게 썬 물건.

5   정답   2

해설   1 A씨는 검사해도 강제반납을 요구해야 한다는 의견이다.
2 B씨는 검사는 하지만 반납은 강제하지 않는 편이 좋다고 하고 있다.
3 A씨도 B씨도 고령자의 사고율이 특히 높은 것은 사실이라고 말하고 있다.
4 A씨도 B씨도 연령을 정해 강제 반납시키는 것이 현실적이라고 하고 있다.

6   정답   1

해설   1 이동수단이 없는 지역.
2 검사기술과 코스트.
3 판단기준의 애매함.
4 운전능력의 개인차에 의한 불합리.

問題 4　해석　　현대문명은 과학·기술의 소산을 빼고는 생각할 수 없다. 과학에 한계가 있다는 것은 알고 있지만 그것은 어려운 문제와 관계되는 것으로 일상의 사항에 관계서는 이미 거의 알고 있다. 알지 못하는 것도 있을 지 모르지만 그것도 시간의 문제로 바로 명확하게 해 줄 것이다. 그렇게 생각하는 사람은 메일이나 채트에 열중해서 인터넷에 블로그를 만들어 적극적으로 과학의 성과를 활용하려고 한다. 건강식품도 인터넷에서 정보를 얻어 잘 비교해서 선택한다. 자신의 행위는 틀림없다고 확신하고 있는 것이다. 과학을 편애하고 있는 사람도 많다.

　　　　그러나 이러한 사람들은 의심한다고 하는 것을 잊어버리기 쉽게 된다. 과학의 마이너스 적인 면을 본다든지 듣는다든지 해도 그것은 사용하는 쪽이 나쁘다고 생각하는 것이다. 과학을 잘 모르는 사람이 실수를 했다고 해석하고 과학을 옹호한다. 과학에 둔한 사람을 보면 시대에 뒤떨어졌다고 간주하고 자신은 과학을 만끽하며 살고 있다는 자신을 가지고 있다. 사실 퍼스널컴퓨터의 사용법을 숙지하고 최신식의 스마트폰을 휴대하는 등 과학의 이용에 대해서는 남보다 뛰어나다. 과학을 편애하면 변장한 과학에 오로지 관심이 쏠려 "사다리"를 타게 된다. 새로운 운동기구가 나오면 계속해서 사 갖추고, 어떤 건강식품이 몸에 좋다는 평판이 나면 무조건 달라붙어 버린다. 그다지 깊이 관여하지 않는 분 만큼 해악을 입는 경우가 적어 실망하게 되는 경우도 거의 없다. 그럼으로써 자신은 적확한 판단을 해 왔다고 생각하고 한층 자신을 갖게 된다. 과학주의가 흔들림 없다는 것이다.

　　　　지금까지는 극단적인 묘사였지만 많건 적건 현대인이라면 누구나가 가지고 있는 과학신앙의 한 단면이 아닐까? 과학이용에 대해서 일종의 매니어가 되어 있는 것이다. 그 반대가 과학주의에의 실망인데 현대는 과학에 대한 절대적 신뢰 아니며 극단적인 불신에 압박을 받고 있는 시대일지도 모른다.

　　　　과학지상주의나 반과학으로 달려버리는 근본에는 자신을 객관적으로 관찰하고 사회적인 시점에서 스스로를 성찰하는 훈련이 결여되어 있는 경우가 있다. 자기본위로 모두 자신의 척도로 재려고 하는 것이다. 그러한 사람은 시회적인 발언을 피하고 드러나는 것을 꺼려한다. 메뉴에 쓰여진 것에 대한 선택에는 시끄럽지만 스스로 새로운 메뉴를 첨가하려고는 하지 않는다. 다시 말해 관객민주주의의 담당자가 되어 주어진 것을 선택할 뿐의 "맡기는" 체질이 되어 버리는 것이다.

　　　단어　立(た)ち上(あ)げる : 시작하다. 시동하다.

　　　　　へまをする : 실수를 하다.

　　　　　目(め)移(うつ)り : 관심이 쏠림.

　　7　　정답　3

　　　해설　1 퍼스널컴퓨터를 자유자재로 사용한다.

　　　　　2 메일이나 채팅에 열중한다.

　　　　　3 넷 쇼핑에 열중한다.

　　　　　4 새로운 운동기구를 계속해서 사 갖춘다.

　　8　　정답　4

　　　해설　1 말을 잘 한다.

　　　　　2 시대에 뒤떨어진다.

　　　　　3 한쪽으로 쏠리기 쉬운 성격이다.

　　　　　4 의심하는 것을 잊어버리기 쉽다.

　　9　　정답　4

　　　해설　1 정보를 받아들여 비교하는 것이 중요하다.

　　　　　2 과학을 절대적으로 신뢰하도록 압박을 받는다.

　　　　　3 과학에는 한계가 있지만 그것을 뛰어넘어야만 한다.

　　　　　4 주어진 것을 선택하는 것 만의 체질이 되어서는 안 된다.

問題 5 해석　미나미 스포츠 짐 회원모집

미나미 스포츠 짐은 전국 382시설을 가진 일본최대의 스포츠클럽입니다. 집 근처나 회사 근처 등 전국 어디에서나 이용할 수 있습니다.

・월회원 플랜

이용빈도에 맞추어서 선택해 주세요.

　① 무리하지 않는 격주(월2회까지) 3000엔/월

　② 일단은 주 1회(월4회까지)5000엔/월

　③ 확실히 주2회(월8회까지)7000엔/월

　④ 좋아하는 만큼 자유롭게(회수제한없음)10000엔/월

Ⅰ. 플랜이용회수를 넘어도 1500엔/회으로 이용할 수 있습니다.

Ⅱ. 페이스가 안 맞을 경우 월초 신청 시에 요금플랜을 변경할 수 있습니다.

Ⅲ. 월 이용회수가 소화할 수 없을 경우에는 다음 달로 2회분을 이월할 수 있습니다. 만약 당월 남은 것이 3회이상 있었다고 해도 2회까지의 이월이 됩니다.

Ⅳ. 월 도중에 입회했을 경우의 첫 달 요금은 이용개시일에 맞추어서 주말단위로 이용할 수 있습니다. 자세한 것은 이용수속을 참고해 주십시오.

・이용할 수 있는 시설

<머신 짐>　초보자부터 본격적인 트레이닝을 하고 싶은 분까지 모든 요망에 답할 수 있는 최신 머신을 에어리어별로 갖추고 있습니다. 또한 맨투맨으로 개별지도도 있습니다 (유료, 단 첫 회에 한해서 무료).

<스튜디오>　에어로빅계나 댄스계, 필라테스・조정계, 요가・스트레치계, 격투기계 등 갖가지 최신 프로그램을 풍부하게 갖추고 있으니 반드시 빠져서 할 수 있는 레슨을 발견할 수 있을 것입니다.

<풀>　넓은 풀은 수질관리가 잘 되고 있어 안심하고 이용할 수 있습니다. 각종 스쿨도 개설되어 있습니다(유료).

<휴게시설>　넓은 목욕탕에 편안하고 릴랙스하게. 기포탕이나 사우나, 미스트 룸, 인공온천, 맛사지 체어, 보디케어룸(유료)도 있습니다.

| 10 | 정답 | 1 |

해설　1 6000엔.

2 5000엔.

3 4500엔.

4 3000엔.

| 11 | 정답 | 3 |

해설　1 요가레슨은 무료다.

2 첫 회는 유료이자만 맨투맨 지도를 받는 편이 좋다.

3 8회중 4번밖에 하지 않았다. 다음 주에는 10회 이용할 수 있다

4 집 근처와 학교근처의 점포는 이용할 수 있지만 여행지에서는 이용할 수 없다.

제13과 聴解 실전문제, 단어학습(외래어)

1. 聴解 문제풀이 및 해설(1)

問題 1

1

女の人が店員とスーパーで話しています。
女の人は何を買いましたか。

女： このさばのパックはこれだけですか。
男： はい、これ一つ残りましたから、20円引きにしますよ。
女： うーん。ちょっと足りないわね。うちは5人家族だから。
男： 今日はさけの切り身がお安くなってますよ。
女： いつも食べてるから、今日は他のものにしようと思ったんだけど。
男： 奥さん、サンマはどうですか。今サンマが油が乗っておいしいですよ。
女： 焼くの大変だし…。
男： 今日は子持ちカレイも入ってますよ。煮つけにしたらおいしいですよ。
女： わあ、おいしそうね。でも高いわね。やっぱりこの切り身にするわ。
男： はい、毎度ありがとうございます。

해석　여자가 점원과 슈퍼에서 이야기하고 있습니다.
　　　　여자는 무엇을 샀습니까?

　　　여자 : 이 고등어 팩은 이것 뿐입니까?
　　　남자 : 예, 이거 한 개 남았기 때문에 20엔할인해 드리겠습니다.
　　　여자 : 음, 좀 부족한데. 우리 집은 5인가족이어서.
　　　남자 : 오늘은 손질한 연어 팩이 싸게 나왔습니다.
　　　여자 : 언제나 먹고 있어서 오늘은 다른 것으로 하려고 생각하고 있었는데.
　　　남자 : 사모님, 꽁치는 어떠십니까? 지금 꽁치는 순이어서 맛있습니다.
　　　여자 : 굽는 것 힘든데….
　　　남자 : 오늘은 알 들은 가자미도 들어 와 있습니다. 조리면 맛 있습니다.
　　　여자 : 와이, 맛있겠는데. 하기만 비싼데. 역시 이 손질한 생선으로 해야지.
　　　남자 : 예, 언제나 감사합니다.

단어　油(あぶら)が乗(の)る : 생선 등의 기름기가 줄줄 흘러 맛있음.
　　　　煮(に)付(つ)け : 조림.

정답　2
해설　1 고등어.
　　　　2 연어.
　　　　3 꽁치.
　　　　4 가자미.

デパートのインフォメーションカウンターで女の人が迷子のお知らせを頼んでいます。
子供の特徴としてあげられているのは何ですか。

女： 子供が迷子になってしまったんです。
男： 女のお子さんですか。男のお子さんですか。
女： 男の子です。
男： おいくつですか。
女： 5歳です。
男： どんなお洋服をお召しですか。
女： 青と緑のしまのTシャツに黄色い半ズボンをはいています。あ、それから手に
　　 ロボットのおもちゃを持っています。
男： どこではぐれたんですか。
女： 子供服売り場です。私がちょっと見ている間にいなくなってしまったんです。
男： すぐに子供服売り場に連絡して見てもらいます。それから、館内放送もします
　　 ので、こちらでお待ちください。
女： お願いします。

해석　백화점 안내 카운터에서 여자가 미아를 찾아 달라는 방송을 부탁하고 있습니다. 아이의 특징으
　　　로서 들고 있는 것은 무엇입니까?

여자 : 아이가 미아가 돼 버렸어요.
남자 : 여자 아이입니까? 남자 아이입니까?
여자 : 남자아이입니다.
남자 : 몇 살입니까?
여자 : 5살입니다.
남자 : 어떤 옷을 입고 있습니까?
여자 : 청색과 녹색의 얼룩말 무늬 티셔츠에 노란 반바지를 입고 있습니다. 아, 그리고 손에 로봇
　　　 장난감을 가지고 있습니다.
남자 : 어디에서 엇갈렸습니까?
여자 : 아동복 매장에서 입니다. 제가 조금 보고 있는 동안에 없어져 버렸습니다.
남자 : 곧 아동복 매장으로 연락해 보겠습니다. 그리고 관내방송도 하겠사오니 여기에서 기다
　　　 려 주십시오.
여자 : 부탁 드립니다.

단어　はぐれる : 일행에서 떨어지다. 엇갈리다.
정답　4
해설　1 5살 여자아이.
　　　2 청색 티셔츠를 입고 있다.
　　　3 장난감 매장에서 엇갈렸다.
　　　4 노란 반바지를 입고 있다.

問題 2

銀行で男の人が銀行員と話しています。
男の人が口座を作るために持って行ったものでないものはどれですか。

女： 本日はどのようなご用件ですか。
男： 口座を作りたいんですが。

女 ： こちらにどうぞ。こちらの入力項目にご住所、お名前、電話番号などを入力し
　　てください。
男 ： はい。生年月日も入力しますか。
女 ： はい、お願いします。
男 ： これでいいですか。
女 ： はい、けっこうです。ご本人と確認できるものをお持ちですか。
男 ： ええと、学生証でいいですか。
女 ： 申し訳ありません。ご住所が確認できる免許証かパスポートをお持ちですか。
　　健康保険証でもけっこうです。
男 ： あ、免許証ならあります。
女 ： お預かりします。それから、こちらにご署名と捺印をお願いします。
男 ： サインをしてハンコを押せばいいんですね。
女 ： はい。ありがとうございます。本日のお預かり金はどういたしましょうか。
男 ： 1000円でお願いします。
女 ： はい、かしこまりました。こちらが通帳になります。

해석　은행에서 남자가 은행원과 이야기 하고 있습니다.
　　　남자가 구좌를 트기 위해서 가지고 간 것이 아닌 것은 무엇입니까?

여자 : 오늘은 어떤 용건이십니까?
남자 : 구좌를 만들고 싶습니다만.
여자 : 이쪽으로 오십시오. 이 쪽 입력항목에 주소, 이름, 전화번호 등을 입력해 주세요.
남자 : 예, 생년월일도 입력합니까?
여자 : 예, 부탁 드립니다.
남자 : 이렇게 하면 됩니까?
여자 : 예 좋습니다. 본인을 확인할 수 있는 것 가지고 계십니까?
남자 : 음, 학생증으로 괜찮습니까?
여자 : 죄송합니다. 주소를 확인할 수 있는 면허증이나 여권 가지고 계십니까? 건강보험증이라
　　　도 괜찮습니다.
남자 : 아, 면허증이라면 있습니다.
여자 : 주십시오. 그리고 여기에 서명과 날인 부탁합니다.
남자 : 사인을 하고 도장을 찍으면 됩니까?
여자 : 예. 감사합니다. 오늘 예금액은 어떻게 하시겠습니까?
남자 : 1000엔으로 부탁 드립니다.
여자 : 예, 알겠습니다. 통장 여기 있습니다.

정답　4
해설　1 인감.
　　　2 돈.
　　　3 면허증.
　　　4 여권.

4

男の人がワインを選んでいます。
男の人はどのワインを選びましたか。

女 ： こちらが今キャンペーン中のワインです。
男 ： どれがいいかな。

女： こちらの2つが人気があります。左のものはドイツのワインで甘口です。右の
　　 ものはイタリアのワインでドライなので、辛口がお好きな方におすすめです。
男： 両方ともビンがしゃれてるね。どっちも白ですか。
女： 赤がよろしければ、これなんかいかがでしょう。フランスのもので口当たりが
　　 いいです。こちらはチリのもので人気があります。
男： チリのワインもこの間飲んだけど、おいしかったな。フランス産もいいし…。
　　 でも、贈り物だからビンがきれいなほうがいいかな。
女： でしたら、こちらの2つがよろしいと思います。
男： そうね。あんまりドライじゃないほうがいいから、こっちにしよう。

해석　남자가 와인을 고르고 있습니다.
　　　남자는 어떤 와인을 골랐습니까?

여자: 이 쪽이 지금 캠페인 중인 와인입니다.
남자: 어느 쪽이 좋을래나.
여자: 이 쪽의 2개가 인기가 있습니다. 왼 쪽 것은 독일 와인으로 부드럽게 넘어갑니다. 오른 쪽
　　　것은 이태리 와인으로 드라이어서 칼칼하게 넘어가는 것을 좋아하는 분에게 추천드립
　　　니다.
남자: 양 쪽 다 병이 멋있네. 양 쪽 다 화이트 와인입니까?
여자: 레드 와인이 좋으시면 이것은 어떠신지요? 프랑스 것으로 입 맛이 좋습니다. 이 쪽은 칠레
　　　산으로 인기가 있습니다.
남자: 칠레 와인도 일전에 마셨는데 맛있었는데. 프랑스 산도 좋은데…. 하지만 선물이어서 병
　　　이 예쁜 편이 좋은데.
여자: 그러시면 이 쪽 2개가 좋다고 생각합니다.
남자: 그렇죠. 별로 드라이하지 않은 편이 좋으니까 이 쪽으로 해야지.

정답　1
해설　1 독일 화이트 와인.
　　　2 칠레 레드 와인.
　　　3 프랑스 레드 와인.
　　　4 이태리 화이트 와인.

5
男の人と女の人が昨日行ったお店について話しています。
女の人はお店の何が一番重要だと考えていますか。

男： 昨日の店、おいしかったな。バイキングだったし。
女： そうね。バイキングであの値段はありえないよね。でも、ちょっと雰囲気がね。
男： 雰囲気、雰囲気っていうけど、俺は雰囲気が良くて、おいしくても量が少な
　　 かったら許せないなあ。
女： 雰囲気は大切よ。でも、やっぱりなんと言ってもおいしくなくちゃ。あなたは
　　 量さえ多ければ、味なんてどうでもいいんじゃない?
男： そんなことないよ。まずいのは嫌だね。でもとにかくお代わり自由っていうの
　　 はいいね。
女： そうね。それに安ければ言うことないわね。

해석　남자와 여자가 어제 간 가게에 대해서 이야기하고 있습니다.
　　　여자는 가게의 무엇이 가장 중요하다고 생각하고 있습니까?

남자 : 어제 가게, 맛있었지. 뷔페였고 말이야.

여자 : 그렇지. 뷔페로 그 가격은 아마 없지. 하지만 좀 분위기가.

남자 : 분위기, 분위기라고 하지만 나는 분위기 좋고 맛있어도 양이 적으면 용납 못 하는데.

여자 : 분위기 중요해. 하지만 역시 뭐니뭐니해도 맛있지 않으면 안 되지. 당신은 양만 많으면 맛 따위는 아무래도 좋은 거 아니야?

남자 : 안 그래. 맛 없는 것은 싫어. 하지만 어쨌든 무한 리필이라는 것은 좋네.

여자 : 맞아. 게다가 가격도 싸면 말할 것도 없고.

정답 2

해설 1 양.

2 맛.

3 가격.

4 분위기.

한자 상식 퀴즈 풀이 및 해설

* 다음의 히라가나 표기에 알맞은 한자표기는 어느 쪽?

1) 정답 ②

해설 확실하다고 보장할 수 있는 정도. 「憑」은 어려운 한자로, 의지하다, 증거라는 뜻으로 「証憑書類(しょうひょうしょるい) 증빙서류」등과 같이 사용한다.

2) 정답 ②

해설 원본의 내용을 그대로 복사해 작성한 문서. 특히 호족등본을 말한다. 「謄」은 종이를 놓고 복사하는 것. 「本」은 「正本(せいほん)」의 「本」으로 정식문서를 말한다. 「謄」은 오르다 라는 뜻으로 「物価騰貴 ぶっかとうき 물가등귀」「地価(ちか)가 高騰(こうとう)する 지가가 고등하다」등과 같이 사용되어지는 한자이기 때문에 「本」과는 결합하지 않는다.

* 다음의 한자표기어를 올바로 읽은 것은 어느 쪽?

1) 정답 ②

해설 책의 모두에 편집방침이나 이용법 등을 정리해서 개조식 표기로 한 부분. 「凡」은 모두, 대략, 흔히 있다 등의 의미를 갖는 글자로, 「平凡 へいぼん 평범」「凡俗 ぼんぞく 범속」등 대부분 오음인 「ぼん」으로 읽는데, 이 단어는 통상 한음인 「はん」으로 읽힌다.

2) 정답 ①

해설 생물세포나 조직의 일부가 죽는 것. 읽는 방법 어려운 의학용어의 하나. 「壊」는 「壊滅 かいめつ 괴멸」의 「壊」인데, 이 경우는 오음인 「え」로 읽는다.

2. 聴解 문제풀이 및 해설(2)

問題 3

6

テレビで男の人が紫外線カットについて話しています。

UVカットの化粧品から日傘や帽子、サングラス、洋服、カーテンとちまたには紫外線をカットして、美肌や目を守る商品があふれています。今日はちょっと違った紫外線カットの効用についてお話したいと思います。

夏の夜、電気をつけていると、いろいろな虫が飛んできて、困ったという経験をされた方は多いと思います。ところが、コンビニはあんなに照明がついているのにもかかわらず、ほとんど虫がいないということに気付いている方は、あまりいないのではないでしょうか。昆虫は光に集まる性質を持っています。なかでも、ある波長

の紫外線に最も集まると言われています。実は、コンビニの蛍光灯には、その波長の紫外線をカットする紫外線カットフィルターというのが取り付けられているのです。それによって、虫にとっては、あの蛍光灯の光が真っ黒に見えています。だから、そこには集まりません。ご家庭でも、そのフィルターをつけると、虫が来るのを阻止できるんです。

どんな効用について話していますか。

해석 텔레비전에서 남자가 자외선 컷에 대해서 말하고 있습니다.

UV컷 화장품부터 양산, 모자, 썬글래스, 옷, 커튼과 시중에는 자외선 컷 해서 아름다운 피부나 눈을 보호하는 상품이 넘치고 있습니다. 오늘은 조금 다른 자외선 컷의 효용에 대해서 이야기 하고 싶다고 생각합니다.
여름 밤, 전기를 키고 있으면 여러가지 벌레가 달려와서 곤란했다는 경험을 한 사람이 많으리라 생각합니다. 하지만 편의점은 그렇게 조명이 켜져 있는 데도 불구하고 거의 벌레가 없다고 하는 것을 알아차린 분은 그다지 없는 것이 아닐까요. 곤충은 빛에 모여드는 성질을 가지고 있습니다. 그 중에서도 어떤 파장의 자외선에 가장 잘 모여든다고 알려져 있습니다. 사실 편의점 형광등에는 그 파장의 자외선을 컷하는 자외선 컷 필터라는 것이 부착되어 있는 것입니다. 그것 때문에 벌레에게는 그 형광등 빛이 새까맣게 보입니다. 그래서 거기에는 모이지 않습니다. 가정에서도 이 필터를 달면 벌레가 오는 것을 저지할 수 있는 것입니다.

어떤 효용에 대해서 말하고 있습니까?

정답 2
해설 1 아름다운 피부를 지키는 것.
2 벌레를 막는 것.
3 눈 병을 막는 것.
4 편의점 조명을 밝게 하는 것.

7

男の人が話しています。

作曲するためには「楽器が弾けないと……」「譜面が読めないと……」そう思いがちです。僕も以前は、作曲する人＝楽器演奏者というイメージがありました。しかし、僕自身作曲をするようになって、楽器を弾くことができる必要はないことに気がつきました。作曲は、脳内、頭の中で行うことができるのです。
僕の場合、日常生活で音楽と関係ないことをしているときに、いいメロディを思いつきます。そして、そこから頭の中で曲を広げていきます。頭の中で作曲をすると、思いついたメロディの続きをすぐに作ることができます。また、頭の中で曲を考えることができれば、楽器演奏の技術がなくても問題ありません。僕は、まともに演奏できるのは小学校で習ったリコーダーくらいです。あとは、ピアノは「猫ふんじゃった」をちょっと速く弾けるくらいです。
楽器をうまく演奏できなかったとしても、頭でイメージすることができれば作曲はできます。頭の中で作曲できれば、時間や場所に囚われません。といっても、人に会っていたり仕事をしていたりすると手が放せないです。そんなとき、僕はスマホのボイスレコーダー機能を使っています。スマホを使って、思いついたメロディがあれば、口ずさんで録音します。こうしておけば、そのときの用事で忙しくてメロディを忘れてしまっても、後で思い出すことができます。また、声がどうしても出せないときは、スマホの作曲アプリでメロディを打ち込んでおくこともあります。

思い描いたメロディをある程度スマホに打ち込んで、後はそのデータをパソコンに送って続きを作るということを僕はよくやっています。

何について話していますか。

해석　남자가 이야기하고 있습니다.

작곡하려면 "악기를 못 다루면…", "악보를 못 읽으면…" 그렇게 생각하기 쉽상입니다. 저도 이전에는 작곡하는 사람＝악기연주자라고 하는 이미지가 있었습니다. 그러나 나 자신 작곡을 하게 돼서 악기를 연주할 필요가 없다는 것을 알아차리게 되었습니다. 작곡은 뇌 속, 머리 속에서 할 수가 있는 것입니다.

나의 경우, 일상생활에서 음악과 관계없는 것을 하고 있을 때에 좋은 멜로디가 떠오릅니다. 그리고 거기부터 머리 속으로 곡을 펼쳐 갑니다. 머리 속에서 작곡을 하면 떠오른 멜로디의 계속되는 부분을 바로 만들 수가 있습니다. 또한 머리 속에서 곡을 생각할 수 있으면 악기연주의 기술이 없더라도 문제가 없습니다. 나는 제대로 연주할 수 있는 것은 초등학교에서 배운 리코더 정도입니다. 그리고 피아노는 "고양이 밟았다"를 조금 빨리 연주할 수 있는 정도입니다.

악기를 잘 연주할 수 없었다고 해도 머리로 이미지할 수 있으면 작곡은 할 수 있습니다. 머리 속에서 작곡할 수 있으면 시간이나 장소에 구애 받지 않습니다. 그렇다고 해도 사람을 만나고 있다든지 일을 하고 있다든지 하면 일손을 놓을 수가 없습니다. 그럴 때 나는 스마트폰의 보이스 레코더 기능을 사용합니다. 스마트폰을 사용해서 떠오른 멜로디가 있으면 흥얼거리며 녹음을 합니다. 이렇게 해 두면 그 때의 일로 바빠서 멜로디를 잊어버려도 나중에 생각해 낼 수가 있습니다. 또한 소리를 아무리해도 낼 수 없을 때는 스마트폰의 작곡 어플로 멜로디를 쳐 두는 것도 있습니다. 상상으로 그린 멜로디를 어느 정도 스마트 폰으로 쳐 두고, 그 다음은 데이터를 퍼스널컴퓨터에 보내 계속이어서 곡을 만드는 것을 나는 자주 하고 있습니다.

무엇에 대해서 말하고 있습니까?

단어　手(て)が離(はな)せない : 일손을 놓을 수 없다. 손을 놓을 수 없다.
　　　思(おも)いつく : 생각이 떠오른다.
　　　口(くち)ずさむ : 중얼거리다.

정답　3
해설　1 악기연주에 대해서.
　　　2 녹음방법에 대해서.
　　　3 작곡방법에 대해서.
　　　4 스마트폰 사용법에 대해서.

問題 4

8　정답　2
해설　축하까지 해 주시고 몸 둘 바를 모르겠습니다.
　　　1 아뇨, 고맙게 받았습니다.
　　　2 아뇨, 마음 정도니 너무 어려워 하지 마세요.
　　　3 아뇨, 신경쓰게 해서 죄송합니다.

9　정답　1
해설　이 제품 카달로그 보고 싶습니다만.
　　　1 예, 보내 드리겠습니다.
　　　2 예, 바로 보내 주겠습니다.
　　　3 예, 즉시 받겠습니다.

10　정답　3

해설 오늘 중으로 끝나지 않을 것 같은 데 이것 좀 도와 줄래?
1 열심히 해. 바로 도와줄 테니까.
2 괜찮아. 오늘 중으로 끝나면 되니까.
3 이 쪽 끝나면 해 줄게.

[11] 정답 2

해설 하네다 선수, 이번 대회에서의 포부를 들려 주세요.
1 전력을 재정비해서 열심히 노력하겠습니다.
2 지금까지 해 온 것을 믿고 전력을 다 하겠습니다.
3 지금부터 시합결과를 재점검해서 나쁜 점을 수정해 오겠습니다.

[12] 정답 2

해설 오늘은 포근해서 봄 같은 날씨네.
1 슬슬 벚꽃이 필 것 같은데.
2 정말. 어제가 절분이었는데.
3 응. 완연히 봄 다워졌네.

[13] 정답 3

해설 하마터면 비행기에 늦을 뻔 했다.
1 서두르면 시간 안에 도착할 수 있어.
2 다음 비행기로 왔니?.
3 늦지 않아서 다행이다.

3. 聴解 문제풀이 및 해설(3)

問題 5

[14]

男の人と女の人がテレビを見ながら話しています。

トレーナー　健康増進に必要な運動を大きく捉えると、まずは何と言ってもウォーキング、自転車、水泳などの有酸素運動で、これは全身を使って、10分以上継続する運動です。次に、筋力トレーニング、そしてストレッチの3つで、これらをバランス良く取り入れて運動することが大切です。特に有酸素運動は、健康の維持増進には絶対に不可欠な運動です。また、筋力トレーニングは10年程前にはそれ程重要視されていませんでしたが、肥満解消のための基礎代謝の向上や糖尿病の予防になるインシュリン感受性の改善、また、高齢者の骨粗鬆症予防に効果があるなどとして、今やウォーキングとならんで重要な運動として認められるようになりました。ストレッチについては、ウォーミングアップやクーリングダウンに行う運動というイメージが強く、補助的なものと捉えられがちですが、代謝の悪い体をほぐし血行を良くするとともに、肩こり、腰痛などを予防改善するためにもとても重要な運動であり、日常的に実践する必要がある運動だといえるでしょう。

男：有酸素運動かあ。おれは通勤でけっこう歩いてるからなあ。
女：ウォーキング10分ね。家事労働だと継続しないから、だめね。これからは散歩でもしようかしら。
男：おれは明日から毎朝ダンベル体操を始めよう。この頃、筋肉がなくなってるから。
女：私は掃除、風呂洗いなんかでけっこう筋肉使ってるからいいわ。階段の昇り降りもしてるし。

해석　남자와 여자가 텔레비전을 보면서 이야기를 하고 있습니다.

트레이너

건강증진에 필요한 운동을 크게 나누면 우선 뭐니뭐니해도 워킹, 자전거, 수영 등의 유산소 운동으로 이것은 전신을 써서 10분 이상 계속하는 운동입니다. 다음으로 근력 트레이닝, 그리고 스트레치3번으로 이것을 밸런스에 맞게 반영시켜 운동하는 것이 중요합니다. 특히 유산소 운동은 건강유지증진에는 절대적으로 필요한 운동입니다. 또한 근력 트레이닝은 10년정도 전에는 그다지 중요시 되지 않았습니다만 비만해소를 위한 기초대사 향상이나 당뇨병 예방이 되는 인슐린 감수성의 개선, 또한 고령자 골다공증 예방에 효과가 있는 것 등으로 해서 지금은 워킹과 함께 중요한 운동으로써 인정받게 되었습니다.스트레치에 대해서는 워밍 업이나 쿨링다운(cooling down)으로 하는 운동이라는 이미지가 강해 보조적인 것으로 취급되기 쉬웠습니다만 대사가 나쁜 몸을 풀고 혈행을 좋게 함과 동시에 어깨 결림, 요통 등을 예방개선하기 위해서도 꽤 중요한 운동이며 일상적으로 실천할 필요가 있는 운동이라고 말할 수 있을 겁니다.

남자 : 유산소 운동. 난 통근으로 꽤 걷고 있으니까.

여자 : 워킹 10분 말이지. 가사노동은 계속 안 하니까 안 되겠는데. 이제부터는 산보라도 할까.

남자 : 난 내일 아침부터 아령체조 시작해야지. 요즈음 근육이 없어져서 말이야.

여자 : 난 청소, 목욕탕 청소 등으로 꽤 근육 쓰고 있어서 괜찮아. 계단 오르내리기도 하고 있고.

남자 : 문제는 스트레치네.

여자 : 그러게. 스트레치 체조 비디오 있는데 같이 안 할래?

남자 : 좋았어. 둘이서 하면 질리지 않고 오래 계속 할 수 있을 것 같네.

단어　骨粗鬆症(こつそしょうしょう) : 골다공증.

(14-1)　정답　3

해설　건강증진에 필요한 운동으로써 들고 있지 않은 것은 어느 것입니까?

1 유산소 운동.

2 스트레치.

3 밸런스 운동.

4 근육 트레이닝.

(14-1)　정답　4

해설　1 산보.

2 아령 체조.

3 계단 오르내리기

4 스트레치 체조.

저 자 소 개

▎정현혁(鄭炫赫)

[약력]

한국외국어대학교 일본어과 졸업(1993년 학사). 한국외대 일반대학원 일어일문학과 졸업(1995년 석사). 후에 와세다대학대학원 문학연구과에서 『キリシタン版国字本の文字・表記に関する研究』로 박사학위 취득(2007년). 현재 사이버한국외국어대학교 일본어학부 교수(일본어학/일본어사 전공).

[주요 논문 및 저서]

「吉利支丹心得書の仮名遣い－和語を中心に－」
「慶応義塾図書館蔵『狭衣の中将』の仮名の用字法」
「キリシタン版『ぎやどぺかどる』の仮名の用字法」
「キリシタン版『落葉集』の定訓と漢字の一考察」
『한 권으로 끝내는 新 일본어 능력시험N1』(책사랑 2012) 공저
『일본어첫걸음』(제이앤씨 2016) 공저
『미디어일본어』(제이앤씨 2017)
『한국인을 위한 일본어 발음』(지식과 교양 2018) 사카이 마유미 교수 감수
『뉴 스마트 일본어』(지식과 교양 2018) 사카이 마유미 교수 감수
『일본 상용한자 2136자 읽기』(제이앤씨 2019)
『일본어학 입문』(지식과 교양 2019) 등 다수.

▎사카이마유미(酒井真弓)

[약력]

東京女子大学의 社会学部(학사) 졸업. 한국외대 일반대학원 일어일문학과 (석사・박사)졸업. 후에 동대학원에서 『韓国人学習者の日本語音声に関する研究』로 박사학위 취득(2006년). 현재 덕성여자대학교 일어일문전공 교수(일본어학/음성학 전공).

[주요 논문 및 저서]

「韓国の大学における聴解指導の方法」
「韓国人日本語学習者の自然発話における平叙文のイントネーション」
「韓国人学習者の日本語自然音声に現れたピッチパターンの傾向」
「音声・音韻研究の現状と展望」
『韓国語話者の日本語音声考―日韓両国語の比較から―』(제이앤씨 007)
『韓国人学習者の日本語アクセント』(인문사 2015)
『일본어문장연습』(한국방송통신대학교 출판문화원 2015)
『고등학교 전공 기초 일본어』(경기도 교육청 2018) 등.

한권 완벽대비

일본어 능력시험 N2

초 판 인 쇄 2020년 08월 27일
초 판 발 행 2020년 09월 01일

저   자 정현혁·사카이마유미
발 행 인 윤석현
발 행 처 제이앤씨
책 임 편 집 최인노
등 록 번 호 제7-220호

우 편 주 소 서울시 도봉구 우이천로 353
대 표 전 화 02) 992 / 3253
전   송 02) 991 / 1285
전 자 우 편 jncbook@hanmail.net

ⓒ 정현혁·사카이마유미 2020 Printed in KOREA.

ISBN 979-11-5917-161-1 13730   정가 18,000원